刻不容緩

當氣候危機衝擊社會經濟，
我們如何尋求適合居住的未來？

ON FIRE

THE (BURNING) CASE FOR A GREEN NEW DEAL

NAOMI KLEIN 娜歐蜜・克萊恩————著 洪世民————譯

獻給

亞瑟・曼努埃爾 Arthur Manuel

1951 – 2017

未來並未鑄成一條不可避免的路。恰恰相反，我們可以造就地球史上第六次生物大滅絕，也可以創造繁榮的文明，歷久不衰。從現在起，這兩條通向未來的道路在我們面前展開。

——金・史丹利・羅賓遜（Kim Stanley Robinson），美國科幻小說作家

CONTENTS 目次

緒論——「我們是燎原野火」

二〇一九年三月中旬的一個週五，他們像溪水般慢慢流出學校，洋溢著翹課的興奮與叛逆。這幾條小溪匯入堂皇的林蔭大道，與其他唱歌聊天的青少年會合，身上衣著從豹紋緊身褲到清爽的制服，什麼都有。

小溪沒多久就匯聚成洶湧的河流：米蘭十萬人，巴黎四萬人，蒙特婁十五萬人。硬紙板做成的標語牌在人肉波浪上起起伏伏：「我們只有一個地球！」、「別燒毀我們的未來。」、「房屋失火了！」

有些標語做得比較精細。紐約市的一名女孩舉起一幅豐富的圖畫，畫中有細膩描繪的大黃蜂、花卉和叢林動物。遠看，那彷彿是學校的生物多樣性作業；近觀，那其實在哀悼第六次生物大滅絕：四五%的昆蟲因氣候變遷而絕跡；六〇%的動物在過去五十年內消失。她在圖畫的正中央，畫了一只沙粒就要流光的沙漏。

對這群參與史上第一次全球氣候大罷課（School Strike for Climate）的年輕人來說，學習已經成為一種激進行動。在早期的讀物、課本和高預算紀錄片上，他們學到古代冰河、璀璨珊瑚礁、奇特哺乳動物構成了地球諸多奇景，然後，他們幾乎同時（從教師、兄姊或那些影片的續集）發現奇景已消失泰半，而剩下的大多將在他們三十歲前來到滅絕的關頭。

但驅使這些年輕人集體翹課的不只是氣候變遷的知識。對其中許多學生來說，他們正經歷氣候變遷。南非開普敦立法大樓外，數百名年輕罷課學生齊聲要求他們民選的領導人停止同意新的化石燃料計畫。不過一年前，這座有四百萬居民的城市才陷入嚴重乾旱危機，四分之三的人口打開水龍頭可能一滴水也沒有。「開普敦已接近供水大限」，一份具代表性報紙的標題這麼說。對這些孩子來說，氣候變遷不是書本裡讀到的知識或遠在天邊的恐懼，那就和口渴的感受一般接近，同樣迫切。

太平洋島國萬那杜（Vanuatu）的氣候罷課情況相仿，那裡的居民生活在海岸不斷遭到侵蝕的恐懼中。他們的太平洋鄰居索羅門群島（Solomon Islands）已因海水上升而失去五座小島，還有六座面臨永遠消失的嚴峻危險。

「提高你的音量，而非海平面！」學生齊呼。

在紐約市，上萬名來自數十所學校的孩子在哥倫布圓環（Columbus Circle）會合，齊步行進到川普大廈（Trump Tower），高喊：「人都死了，錢有何用！」對其中較年長的青少年來說，二〇一二年超級颶風珊迪（Superstorm Sandy）重創海岸城市的情景，至今仍歷歷在目。「我家被洪水淹沒，完全不知道是怎麼一回事。」珊卓拉．羅傑斯（Sandra Rogers）回憶：「那真的讓我仔細研究了一番，因為在學校學不到這些事。」

紐約市龐大的波多黎各社群也在那暖和得不合時令的一天大舉上街。有些孩子披著波多黎各的旗幟，要人惦記仍在瑪莉亞颶風（Hurricane Maria）災後受苦的親戚朋友。那場二〇一七年的風暴，中斷島上大半地區的水電達半年之久，基礎設施徹底崩壞，並奪走約三千條人命。

舊金山的氣氛也相當熾烈，上千名罷課學生有類似的生活遭遇：住家附近污染產業引發的慢性氣喘——而罷課幾個月前，當森林大火的煙霧籠罩灣區，他們的病情更趨惡化。類似的證詞也見於太平洋西北地區的罷課：連續兩年夏季，一次比一次兇猛的大火，煙霧都遮蔽了太陽。在北方國界外的溫哥華，年輕人最近成功施壓市議會向大眾宣布「氣候緊急狀態」。

一萬一千多公里外的印度德里，罷課學生勇敢面對始終存在的污染（常是世界最糟），透過白色醫療級口罩咆哮：「只為利益，你們出賣我們的未來！」訪問時，有人提到二〇一八年喀拉拉（Kerala）毀滅性的水災使四百多人喪命。

澳洲腦袋被煤燻壞的資源部長聲稱：「你參加抗爭所能學到最棒的事，就是如何加入失業行列。」但十五萬年輕人不受影響，仍舊湧入雪梨、墨爾本、布里斯班、阿得雷德和其他城市的廣場。

這一代的澳洲人知曉不能再假裝一切都正常不過了。不能了——二〇一九年初，南澳城市奧古斯塔港（Augusta）的氣溫飆到可以烤東西的攝氏四九．五度。不能了——世界最大的自然結構體、由生物組成的大堡礁，已有半數變成在水面下腐爛的亂葬崗。不能了——就在罷課前幾週，他們見到維多利亞州的矮樹叢野火併成叢林大火，迫使數千人逃離家園，塔斯馬尼亞的野火則摧毀了生態系統舉世無雙的原始雨林。不能了——二〇一九年元月，極端的溫度震盪加上水管理不良，使全澳洲的民眾一覺醒來便看到世紀末的意象：達令河（Darling River）上滿滿漂浮著一百萬隻死魚的屍體。

「你們徹徹底底辜負了我們。」十五歲的罷課籌畫人諾斯拉．法瑞哈（Nosrat Fareha）這麼對整個政治階級說。「我們該得到更好的待遇。年輕人連投票權都沒有，卻得承受你們怠惰無為的後果。」

莫三比克沒有學生罷工；三月十五日，即全球聯合罷課當天，莫三比克正舉國防範伊代氣旋（Cyclone Idai）的衝擊：那引發洪水，迫使民眾爬到樹頂避難，最後奪走一千多條人命。短短六週後，仍在清理瓦礫堆的莫三比克民眾又再次遭遇肯尼氣旋（Cyclone Kenneth），另一個破紀錄的風暴重創。

不論居住在世界哪個角落，這個世代都有一個共通點：對他們來說，史上第一次，全球規模的氣候混亂不再是未來的威脅，而是既存的現實。而且，不是在少許不幸的熱點，而是每一座大陸，一切種種都發生得遠比多數科學模型所預測的快。

海洋暖化的速度比聯合國五年前預測的快了四〇％。二〇一九年四月在《環境研究通訊》（*Environmental Research Letters*）發表、以知名冰河學家傑森・鮑克斯（Jason Box）為首的北極狀態研究發現，各種形式的冰正極速地融化，使「北極的生物物理系統正明顯背離二十世紀的狀態，形成一種史無前例的狀態，不僅影響北極圈以內，也牽連北極圈以外」。二〇一九年五月，聯合國的生物多樣性及生態系統服務政府間科學—政策平台（Intergovernmental Science-Policy Platform on Biodiversity and Ecosystem Service）公布報告指出，世界各地的野生生物正驚人地流失中，並警告有一百萬種動植物有絕種之虞。「我們和其他所有物種仰賴的生態系統，健康狀況惡化得比之前更快，」平台主席勞勃・華生（Robert Watson）說：「我們正在侵蝕全球經濟、生計、食安、健康和生活品質的基礎。我們沒有時間了，必須現在展開行動。」

因此，正當美國學童從幼兒園就得實施「校園槍擊演習」之際，許多學生卻因森林大火煙霧瀰漫而停課，或是還不知道颶風是什麼，就學會打包逃難包了。許多瓜地馬拉兒童因長期乾旱摧毀了父母的生計，許多敘利亞兒童因長期乾旱引發內戰，都被迫永遠離開家園。

自各國政府和科學家開始正式集會討論減少溫室氣體排放以避免氣候崩壞，已超過三十個年頭。在這段期間，我們聽過無數次與「孩子」、「孫子」、「未來世代」有關的行動呼籲。我們被告知，該為他們迅速展開行動，欣然接受改變。我們被警告，我們沒有盡到我們最神聖的、保護他們的責任。可以預期，要是我們沒有為他們盡心盡力，他們就會嚴厲地批判我們。

嗯，事實證明這些訴諸情感的懇求完全沒有說服力，至少對政治人物和其背後的金主沒有——他們原本可以採取大膽的措施來阻止我們現今經歷的氣候紊亂，但沒有，自從那些政府會議在一九八八年召開以來，全球二氧化碳排放量已增加四〇%以上，且持續上升。自我們開始以工業規模燃燒煤炭，地球已暖化了大約攝氏一度，而照目前趨勢，地球平均溫度會在本世紀結束前上升四度之多；前一次地球大氣有那麼多二氧化碳的時候，人類並不存在。

至於那些曾被如此雜亂地召喚的孩子、孫子和未來世代呢？他們不再只是行動口號修辭。他們現在能為自己說話（叫嚷、罷課）了。他們也為彼此發聲，儼然形成一股新興的國際兒童運動；也為全球生物網的其他成員發聲：他們如此輕易愛上那些奇妙的動物和自然奇景，卻發現一切正在溜走。

沒錯，一如預言，這些孩子已準備好對那些明知他們將繼承何等危險、枯竭的世界，卻選擇不作為的人物和機構，提出他們的道德判斷了。

這些孩子知道自己對美國的唐諾・川普（Donald Trump）、巴西的雅伊爾・波索納洛（Jair Bolsonaro）、澳洲的史考特・莫里森（Scott Morrison）等人作何感想：那些領導人目空一切、樂此不疲地燒毀這個星球，否認這些孩子八歲時就能輕易理解的基礎科學。而他們的道德判斷，聽在那些發表熱情動人談話、口口聲聲說要尊重《巴黎氣候協定》（Paris Climate Agreement）、「讓地球再次偉大」、隨後又傾注大量補助金和救濟金與許可證給造成生態崩潰的化石燃料與農企巨擘的領導人耳裡（法國的艾曼紐・馬克宏〔Emanuel Macron〕、加拿大的賈斯汀・杜魯道〔Justin Trudeau〕和其他許多人），與咒罵無異。

世界各地的年輕人正在撬開氣候危機的核心，對未來流露深切的渴望：他們原以為那個未來屬於自己，卻因大人未能針對我們正在危急關頭的事實展開行動，一天一天地消逝。

這就是青少年氣候運動的力量。不同於許多掌握權勢的成年人，他們還沒學會打官腔、用迂迴複雜的語言來掩飾當前深不可測的危機。他們了解自己在為生活的基本權利奮戰——過的是充實的生活，而非如十三歲的氣候罷課學生雅莉珊卓雅・維拉塞諾（Alexandria Villaseñor）所說，「逃離災難的生活」。

二〇一九年三月的那天，組織人員估計共有近兩千一百場氣候罷課在一百二十五個國家上演，參與的年輕人多達一百六十萬名。就一項八個月前才由一名十五歲女孩在瑞典斯德哥爾摩發起的運動而言，這是了不起的成就。

葛莉塔的「超能力」

這名女孩叫葛莉塔．通貝里（Greta Thunberg），而對於我們該做些什麼來保護適於居住的未來——不是抽象的「未來世代」概念，而是今天活著的數十億人口的未來——她的故事能帶來許多重要的課題。

一如許多同輩，葛莉塔在八歲左右學到氣候變遷的事。她讀了書，看了關於物種滅絕和冰河融化的紀錄片，深深著迷。她了解到，燃燒化石燃料和肉類為主的飲食是星球不穩定的主要因素。她發現，我們的行動和星球的反應之間出現延遲，而這就表示有更多的暖化現象已成定局，不管我們怎麼做，都無法改變了。

隨著年歲漸長、了解更多，她聚焦在這個科學預測：要是我們維持現有的進程，地球到二〇四〇、二〇六〇和二〇八〇年將有多劇烈的變化。她在心裡盤算這對她自己的人生是何意義：她必須承受哪些衝擊、可能包圍她的死亡、其他將永遠消失的生物；如果她決定成為母親，又有什麼樣的戰慄和匱乏等著她自己的孩子。

葛莉塔也從氣候科學家那裡認識到，可預料的必然結果並非最糟的狀況：假如我們現在就採取激進的行動，富裕國家（如瑞典）每年減少排碳一五％，那將會為她這一代與下一代的未來大幅提升安全的機率。我們仍可能挽救一些冰河，仍可能保護許多島國。或許我們也能避免大規模的作物歉收，不致迫使數億乃至數十億民眾逃離家園。

假如以上都是真的，她推論：「那我們根本不該討論其他事情……如果燃燒化石燃料的後果嚴重到威脅我們的生存，我們怎能繼續像從前那樣？為什麼沒有限制？為什麼沒有立法禁止？」

沒有道理。各國政府，特別是有多餘資源的國家，當然要帶頭衝鋒，在十年內完成快速轉變，以便到她二十多歲時，消費模式和實體基礎建設都能進行釜底抽薪的變革。

但她的政府，自命的氣候領導者，動作卻比那慢得多；真的，全球碳排放仍持續升高。瘋了：這個世界著火了，但不管葛莉塔往哪裡望，人們都在聊名人、拍自己模仿名人的照片、買他們不需要的新車和新衣——彷彿他們有的是時間撲滅火焰。

十一歲的時候，她曾陷入深深的憂鬱。成因很多，包括在一個希望所有孩子如出一轍的學校體系與眾不同（「我是隊伍後方那個隱形的女孩。」），也有對星球迅速惡化——以及當權者莫名無法有所作為——的濃烈悲傷和無助感。

葛莉塔不說話，也不吃東西了。她病得很厲害。最後，她被診斷出選擇性緘默症（selective mutism）、強迫症和一種常被稱為亞斯伯格症候群（Asperger Syndrome）的自閉症。最後一種診斷有助於解釋葛莉塔為什麼會對她所學到的氣候變遷知識那麼耿耿於懷，遠勝於她的同儕。

自閉症患者極端傾向做字面解釋，因此時常難以應付認知失調，也就是我們在智識上所知，與現代生活的實際作為之間的普遍落差。許多在自閉症光譜上的人，較不易模仿身邊眾人的社會行為——甚至根本沒注意到——而傾向鍛造自己獨特的路徑，這常涉及熱切專注於特定感興趣的領域，而且很難把那些領域擱在一旁（又稱為區隔化〔compartmentalization〕）。「對於我們這些在光譜上的人來說，」葛莉塔表示：「幾乎每件事情都是非黑即白。我們非常不善於說謊，也通常不喜歡參與你們其他人似乎樂此不疲的社交遊戲。」

這些特質說明了為什麼有些和葛莉塔得到相同診斷的人會成為造詣深厚的科學家和古典音樂家，將他們卓越的專注力發揮得淋漓盡致。那也有助於解釋為什麼葛莉塔雷射般地專注鎖定氣候崩壞議題時，會完全不知所措，止不住憂慮與悲傷。她看到也感覺到危機的完整意涵，無法轉移注意力。更糟的是，她生命中的其他人（同學、父母、教師）看似不以為意的事實，並未像對社會連結較多的孩子那樣，傳遞令她安心、暗示情況沒有那麼壞的社會訊號。身邊的人明顯漠不關心，只讓葛莉塔的恐懼變本加厲。

聽葛莉塔和她父母說，為緩和她危險的憂鬱，她們首先設法減輕這兩者之間令她難以忍受的認知失調：她對地球危機的認識，以及她和家人的生活方式。她說服父母跟她一起茹素，或至少不吃肉，還有最重要的，不再搭飛機。（她的母親是知名歌劇演唱家，因此這犧牲不小。）

這家人改變生活方式所能減少排入大氣的碳，數量微乎其微。這點葛莉塔心知肚明，但說服家人以開始反映地球緊急情況的方式生活，有助於減輕一些精神壓力。至少現在，以自己小規模的方式，他們不再假裝一切安然無恙。

但葛莉塔最重要的改變與飲食和飛行無關。而是想方設法向世界其他人表明：別再裝作一切都很正常了，因為這樣的「正常」會直接導致大災難。如果她迫切希望有權勢的政治人物趕緊挺身而出對抗氣候變遷，就必須在她自己的生活上反映那種刻不容緩。

於是，十五歲的她決定不要去做世俗認為一切正常時所有孩子都該做的那件事：上學，為長大成人後的未來做準備。

「我們何必為那樣的未來讀書？」葛莉塔不禁納悶。「那個如果沒有人出手相救、也許很快就不存在的未來？當我們的政客和社會顯然對學校裡最好的科學教給我們最重要的事實無動於衷，在學校學那些事情又有什麼用呢？」

二〇一八年八月，新學年開始，葛莉塔沒去上課了。她前往瑞典國會，在外頭紮營，舉著言簡意賅的手寫標語：為氣候罷課。她每週五都來，整天待在那裡。起初，身穿二手店藍色兜帽上衣、綁著雜亂棕色髮辮的她完全遭到忽視，就像個不受歡迎的乞丐，努力爭取飽受壓力和煩擾的民眾的良知。

慢慢地，她唐吉軻德式的抗議得到一點點媒體關注，開始有其他學生和成年人帶著自己的標語來訪。接下來便是演講的邀約——先在氣候團體的集會，接著在聯合國氣候會議，然後是歐盟、ＴＥＤ斯德哥爾摩（TEDxStockholm）、梵蒂岡、英國國會。她甚至獲邀登上瑞士那座名山，在達沃斯年度世界經濟論壇（World Economic Forum）對有錢有力的人士發表演說。

她每一次演說都夾雜一些簡短、無修飾、十足苛刻的話。「你們不夠成熟，不敢實話實說，」她這麼告訴波蘭卡托維治的氣候變遷磋商者：「甚至把那份重擔丟給我們小孩。」面對英國國會議員，她問：「我的英文可以嗎？麥克風有開嗎？因為我開始懷疑了。」

達沃斯的權貴盛讚她帶給他們希望，對此她回答：「我不稀罕你們的希望……我想要你們恐慌。我想要你們感受我天天感受的憂慮。我想要你們展開行動，像你們面臨危機時那樣行動。我想要你們像這棟房子失火了那樣行動，因為它的確失火了。」

對那群話術精湛、把氣候紊亂當成人類普遍目光短淺的問題來談論的執行長、名人和政治人物，她反駁：「要是人人都有過失，就沒有人可被指責，而我們必須指責某些人……特別是某些人物、某些公司、某些決策者，他們非常清楚他們正犧牲何等珍貴的價值來繼續賺多到數不清的錢。」她頓了一下，吸口氣，繼續說：「我想今天這裡有很多人，是屬於那一群人。」

她對達沃斯會議最尖銳的譴責不是靠言語。她不住大會提供的五星級飯店，反倒冒著攝氏零下十八度，睡在外面的帳篷裡，瑟縮在鮮黃色的睡袋中。（「我不是暖氣愛用者。」葛莉塔這麼告訴我。）

當她對會場裡那些西裝筆挺、拿智慧型手機拍她、彷彿她是什麼標新立異之徒的成年人發表演說時，葛莉塔的聲音幾乎不曾顫抖。但她感受之深刻——失落、憂慮、對自然世界的愛——

無庸置疑。「求求你們，」她在二〇一九年四月對歐洲議會（European Parliament）議員感人肺腑的演說中說：「這件事情不可以失敗。」

就算那些演說並未大幅改變堂皇會議室裡那些決策者的行為，但確實改變了場外許多民眾的行動。眼神熾烈的她，幾乎每一段影片都被瘋狂轉傳，就好像經由在我們擁擠的星球大叫「失火了！」，便已經給予無數人他們所需的信心來相信自己的感官，並聞到從緊閉的房門底下飄來的煙。

不僅如此。聽葛莉塔談到我們在氣候方面的集體不作為是怎麼差點偷走她的求生意志，似乎也幫助其他人感覺到自己胸腔裡的生存之火。葛莉塔清晰的聲音證明我們好多人壓抑、隔離起來的恐懼並非空穴來風：生在第六次生物大滅絕時期、被那麼多「我們已經沒有時間」的科學警告包圍，我們著實有害怕的理由。

突然，世界各地的孩子群起仿效葛莉塔這個自願承擔起社會角色的女孩，組織自己的學生罷課行動。遊行示威時，他們很多人舉著厚紙板，引用葛莉塔最銳利的幾句話：我想要你們恐慌、我們的房子失火了。在德國杜塞道夫（Düsseldorf）的一場大規模罷課，示威群眾高舉混凝紙漿做的葛莉塔人偶，眉頭緊皺、髮辮垂懸，就像各地發怒孩子的守護神。

葛莉塔從隱形的女學生變成全球良知代言人的歷程固然不同凡響，若更仔細地檢視，那其中有許多值得我們所有人學習的地方——如果我們希望這個星球安全無虞的話。葛莉塔對全體人類最高的要求就是做她在自己家裡和生活中所做的事：縮小我們對迫切氣候危機所了解，以及我們所作所為之間的差距。第一階段是認清事態緊急，因為唯有體認其急迫性，我們才能激發出能力去做需要做的事情。

某種程度上，她要求我們之中天生意志較平凡的人——較不易特別專注、傾向與道德矛盾共存的人——更像她一點。她這麼要求是有道理的。

在平常、非緊急的時刻，人類心智合理化、區隔化及容易分心的本領是重要的應付機制。這三種心理的戲法都能幫助我們度過每一天。那也對下意識地觀察我們的同儕和模範來判斷如何感受和行動格外有所助益——那些社會線索就是我們結交朋友和打造具凝聚力社群的方式。

但如果目標是對氣候崩壞的現實做出反應，這些特質就是我們集體失敗的原因。它們在我們不該放心的時候要我們放心，在我們不該分心的時候讓我們分心，也在我們的良知不該鬆懈時讓良知鬆懈下來。

這部分是因為，若認真看待氣候紊亂之事，我們的經濟差不多每一個層面都必須改變，而像那樣的事情牽涉到許多龐大的利益。特別是化石燃料公司，而他們已資助一場長達數十年、針對全球暖化事實的假資訊、混淆視聽和擺明扯謊的戰役。

於是，當我們環顧四周，尋找社會上的證據來證明我們的心靈和腦袋告訴我們、關於氣候紊亂的事情時，卻見到琳瑯滿目、互相矛盾的信號，告訴我們不要擔心、氣候變遷言過其實、還有無數更重要的問題等待解決、無數更亮麗而值得關注的物品、反正我們絕對無法改變什麼等等。在我們試著度過這個文明危機時，當代一些最卓越的頭腦卻投注大量心血思索精巧再精巧的工具來讓我們繼續繞著數位的圈圈跑、尋找下一個多巴胺的新寵，而這毫無幫助。

這或許可以解釋氣候危機何以在民眾的想像中占據如此奇特的空間，就連我們這些深怕氣候崩壞的人也一樣。我們這一分鐘分享探討昆蟲末日的文章、轉傳海象因海冰融化使棲息地遭破壞而墜落懸崖的影片，下一分鐘又開始網路購物、執意透過瀏覽推特和Instagram而把我們的心智打成瑞士乳酪狀。或者一面追Netflix上的殭屍末日劇來將我們的恐懼轉化成娛樂，一面默默確定反正未來一定會崩潰，何必費心阻止無可避免之事呢？這也或許可以解釋為什麼正經八百的人可以同時理解我們距離不可逆的臨界點有多近，卻又認為呼籲把這當成緊急情況對待的人不正經又不切實際。

「我想在許多方面，我們自閉症患者才是正常人，其他人都很奇怪。」葛莉塔這麼說，並補充，若能不要那麼容易分心或合理化消除疑慮，將對現況有幫助。「如果必須停止碳排放，那我們就要停止碳排放，對我來說，這非黑即白。就生存而言沒有灰色地帶。我們的文明不是延續，就是終止。我們必須改變。」和自閉症共處絕不簡單——對多數人來說，這是「一場對抗學校、職場和惡霸的無止境戰鬥。但在適合的環境，經過恰當的調整，自閉症可能是種超能力」。

二〇一九年三月突然躍上舞台的青年動員浪潮，並非一個女孩和她看待世界的獨特眼光的成果。葛莉塔隨即指出，她是受到另一個青少年團體的激勵。為了維護自己的未來，那群青少年起身面對另一類的失敗：二〇一八年二月，十七名學生在學校慘遭殺害後，佛羅里達帕克蘭（Parkland）的學生引領一股全美的罷課浪潮，要求更嚴格地管制槍枝。

葛莉塔也不是第一個有極為明確的道德標準而在面對氣候危機時高喊「失火！」的人。這在過去數十年已發生好幾次；事實上，這堪稱每年聯合國氣候變遷高峰會的例行儀式。但或許因為早期的聲音發自菲律賓、馬紹爾群島（Marshall Islands）和南蘇丹（South Sudan）的褐皮膚和黑皮膚的人，那些嘹亮的呼喊頂多只能維持一天。葛莉塔也很快指出，氣候罷課本身是數千位學生領導人、他們的老師和支援組織的成果，其中很多人多年來一直在提出氣候警訊。

誠如英國氣候罷課學生發表的宣言所說：「葛莉塔或許是火星，但我們才是燎原野火。」

從卡崔娜颶風（Hurricane Katrina）水深及腰的紐奧良災後報導直至今天，十五年過去了，我一直試著釐清，是什麼妨礙了人類基本的求生本能——為什麼在我們的房子顯然已經著火的時候，有那麼多人漠然不動。我寫書、拍影片、發表無數次談話、合力創辦組織（「躍進」〔「The Leap」〕），以各種方式致力探索這個問題，試著提升我們的集體行動來因應氣候危機的嚴重性。

對我來說，從一開始就很明顯的是，坊間用來解釋我們如何來到這刀鋒邊緣的盛行理論，完全不夠充分。他們說，我們未能起而行動是因為政客深陷短期選舉週期，或氣候變遷看來太過遙遠，或阻止氣候變遷太過昂貴，或乾淨的技術還沒到位。上述說法都有若干事實，但時間一久便愈來愈不真確。危機並不遠；它已經在砰砰地敲我們的門了。太陽能板的價格已經大跌，不比化石燃料貴了。乾淨的技術和再生能源創造的就業機會遠比煤、石油、天然氣多。至於傳說中高不可攀的成本，這些年來世人已投入無盡的戰爭、銀行紓困和化石燃料補助的金錢不下數兆，為氣候轉變準備的資金卻趨近於零。必須要更多才行。

這本書集結了過去十年的深入報導、內幕分析和公開談話，可說記錄了我個人試圖探查各種障礙的歷程——有些涉及經濟，有些關乎意識型態，但有些牽連到更深層的故事，包括特定人士支配土地及鄰近居民權利的故事，也就是支撐西方文化的故事。這本書的文章會一再提及種種或許能成功顛覆那些說詞、意識型態和經濟利益的應對之道，將看似各自迥異的危機（經濟、社會、生態、民主）編織成一個改變文明的共同故事。今天，這種大膽的願景愈來愈常在「綠色新政」（Green New Deal）的旗幟下進行。

我選擇按照這些文章撰寫的先後順序編排，開頭都有原作的年月。儘管偶爾回歸同一個主題，這個結構反映了當我在外面的世界測試這些概念，並和無數全球氣候正義運動的朋友及同事戮力合作時，我自己分析方式的演化。除了最後幾篇專門探討綠色新政的文章已增加不少篇幅，我抗拒了修改文本的衝動，大致保留原汁原味，僅釐清時間範圍，並四處加注以補充最新的情況。

把文章依時間順序排列有個重要的好處。那會不斷嘮叨地提醒，我們正身處一個發展迅速的危機中，就算有時看來並非如此。在這本書跨越的十年間，我們的地球已承受莫大無法修補的傷害，從北極海冰迅速消失到珊瑚礁相繼暴斃都是。我的家庭出身的地方：加拿大不列顛哥倫比亞的西部海岸，也見到某種大西洋鮭魚大量死亡，而牠們可是背負著數個完整、豐富的生態系統。

過去十年的政治版圖也劇烈改變了。我們見到愈來愈暴戾的強硬右派捲土重來，藉由煽動對族群、宗教和種族少數的仇恨在全球各地擄獲權力，尤其常針對愈來愈多被迫離開家園的民眾展現仇外。我相信，這些全球性的政治趨勢是一場毀滅性的對話。

對我來說，貫穿這本書的暫時性資料就像罷課標語上的沙漏：不斷證明我們的社會無法像自家失火那樣起而行動——而這棟房子可不像某種重複執行的GIF檔那樣在原地燒。大火會積聚愈來愈多的熱，而房屋不可替代的部分是真的會燒成焦土。一去不回，永不復返。

在這本書裡，我的重點主要擺在「英語圈」國家（美國、加拿大、澳洲、英國）及一些非英語系的歐洲國家。這一部分是湊巧——我目前在美國生活及工作、大半生在加拿大度過，也四處參加澳洲、英國和歐洲其他地方的氣候變遷辯論與倡議。

但會凝聚成這樣的焦點，主要還是因為我一直試著努力了解，為什麼面對深具意義的氣候行動，這些國家政府的姿態卻特別好鬥。這些國家全都有好一群人（所幸逐漸萎縮）選擇否定人類行為正導致地球危險暖化的基本事實，在世界多數地方毫無爭議、也不會有人爭論的耀眼事實。

就算斷然否認的狀況愈來愈少、較進步的環保時代看似露出曙光（歐巴馬當政的美國、杜魯道領導的加拿大），這些政府仍看似極難接受排山倒海而來的科學證據：我們必須停止拓展化石燃料的疆界，必須開始慢慢停下現有的生產。澳洲雖已國富民強，仍堅持不顧氣候危機大幅擴增燃煤生產；加拿大開採亞伯達省（Alberta）的油砂；美國開採巴肯（Bakken）石油、壓裂天然氣、進行深海鑽井，一舉躍居世界最大的石油出口國；英國則不顧輿論激烈反對及可能導致地震的證據，執意嘗試水力壓裂。

為理解這些行為，我探究了這些國家在帶頭鍛造全球供應鏈時，有哪些特定手法會催生出位處氣候危機核心的現代資本主義，進行無限制的消費和生態破壞等。故事從非洲人被擄走和原住民的土地被掠奪開始，這兩種殘酷的剝奪方式太有利可圖，創造出額外的資本和力量來開展以化石燃料為動力的工業革命時代，也是人類造成氣候變遷的濫觴。從一開始，這個過程就需要白人基督徒至上的偽科學及神學理論，這也是已故政治理論家切德里奇・羅賓森（Cedric Robinson）主張，這些火勢匯聚成的經濟制度，應該叫「種族資本主義」比較貼近的原因。

除了有理論把人可視為資本家資產加以無限搾取、將虐待合理化之外，也有理論支持自然世界（森林、河流、土地、水生動物）也可用同樣的方式對待。在此之前，關於從森林到魚群等種種一切應如何保護與再生，人類已累積數千年的智慧；從此以後，那些智慧被掃到一邊，迎來一種新的概念：人類有無窮盡的能力可以掌控自然世界，可無窮盡地汲取自然世界的財富，不必擔心後果。

這些觀念會盛行於英語圈國家絕非偶然；它們是根深柢固的神話，編織於國族敘事的深處。那些坐擁豐富自然資源、日後將成為美國和加拿大與澳洲的廣大土地，從初次接觸到歐洲船隻，就被本身自然資源已耗竭的殖民強權，想像成某種替身。就這樣。透過「發現」這些看似無限的「新世界」，神暫時赦免了他們：新英格蘭、新法蘭西、新阿姆斯特丹、新南威爾斯——足以證明歐洲人永遠不會耗盡自然。當這些新領土的某塊地變得枯竭或擁擠，只要拓展疆域，便可再命名和取用新的「新世界」。

我會在本書中從數個不同的觀察角度探討這個獨創性與想像力的罪：英國石油（BP）墨西哥灣漏油事件的黑死病；方濟各教宗（Pope Francis）「生態皈依（ecological conversion）」下的梵蒂岡；川普「抓了就走」的美國；庫克船長（James Cook）的（運煤船改裝）船隻曾觸礁的大堡礁接連死去等等。我也試著理解這些崩解中的神話（人類終於明白自然並非取之不盡用之不竭），與殖民敘事最醜陋、最暴戾的情節——至高無上的白人基督徒有權對他們認定在嚴格人類階級中低於他們的人施暴——在英語圈上演的駭人復興，兩者間有何脈絡可循。

我並非主張當今的生態崩潰要完全歸咎於這些國家，絕非如此。我們的危機是全球的，在同一段時間，也有其他許多國家不顧一切地製造污染（自己挑個產油國，或看看中國和印度遽增的排放）。但氣候崩潰的猛然加劇，與高消費的生活型態如影隨形，且有直接因果關係，而這種生活型態，正是誕生於我在本書寫到的這些國家。況且，這些國家製造極高程度的污染已經好幾個世紀，因此有義務依據其政府全都簽署的《聯合國氣候變遷綱要公約》（UN Framework Convention on Climate Change），先於發展中國家減少碳排放。就像美國官員在二〇〇三年入侵伊拉克時所言：「我們弄壞的，我們賠錢。」

人類的緊急狀態

不過，隨著我們的危機愈扎愈深，一件同樣扎根已久的事情也在改變，而且速度快得令我咋舌。在我寫這段文字的同時，失火的不只是我們的星球。從基層群起宣布人類緊急狀態的社會運動也失火了。除了學生罷課的野火，我們也見到「反抗滅絕」（Extinction Rebellion）崛起，那當場爆炸，掀起一波非暴力的直接行動與公民不服從，包括大規模癱瘓中倫敦（Central London）的行動。反抗滅絕呼籲各國政府將氣候變遷視為緊急狀態來處置、迅速改用為符合氣候科學的百分之百再生能源，並經由民主程序發展計畫、透過公民大會來落實轉型。在其二〇一九年四月最戲劇性的行動後，威爾斯和蘇格蘭都宣布進入「氣候緊急」狀態，英國國會也在反對黨的壓力下馬上跟進。

在這段期間的美國，我們見到「日出運動」（Sunrise Movement）迅雷般崛起。二〇一八年期中選舉，民主黨贏回眾議院多數一週後，日出運動占領了華府最有權力的民主黨員南西・佩洛西（Nancy Pelosi）的辦公室、猛然躍上政治舞台。沒浪費時間慶賀，日出運動人士指控民主黨完全沒有因應氣候緊急狀態的計畫。他們呼籲國會立刻採用快速去碳的政策架構，在速度和範圍上與昔日富蘭克林・羅斯福（Franklin D. Roosevelt）的新政——對抗經濟大蕭條的貧困與塵暴區（Dust Bowl）生態崩壞的全面配套政策——同樣具企圖心的策略架構。

身為作家和活動籌畫者，多年來我一直是全球氣候運動的一分子，而那帶領我參與多次大規模遊行和大規模行動，包括二〇一四年紐約市有四十萬人上街的「全民氣候遊行」（People's Climate March）。我報導也參加過兩次聯合國氣候高峰會，兩會都許下起身對抗人類生存挑戰的崇高承諾（二〇〇九年在哥本哈根、二〇一四年在巴黎）。身為氣候運動團體350.org的董事，我也參與發起化石燃料撤資運動，截至二〇一八年十二月，已成功讓全球投資資金自化石燃料公司出脫八兆美元的持股。我還參與過數次阻止鋪設新油管的運動，其中不乏成功的例子。

我們今天見到的社運正是建基於這段歷史之上，也徹底改變了等式。雖然上述許多運動投入非常多的心血，但主要的參與者仍是自認的環保及氣候運動人士。若超出這兩個圈子，動力往往難以維持到一場遊行或油管抗爭之後。在氣候運動之外，地球危機仍可能一連被遺忘數個月，甚至很少在關鍵選戰期間被提及。

此時此刻，一切已截然不同，而這有兩方面的原因：一是與日俱增的危機感，二則是一種嶄新、前所未有、懷抱希望的感覺。

氣候科學的激進化力量

在日出運動人士占領未來眾議院議長佩洛西辦公室的一個月前，聯合國政府間氣候變化專門委員會（Intergovernmental Panel on Climate Change，簡稱ＩＰＣＣ）公布一份比這個得過諾貝爾和平獎的組織創立三十一年來公布的所有資料，衝擊力都要大的報告。

這份報告檢視了讓全球暖化低於攝氏一．五度內的含意。基於我們已經見到暖化攝氏一度的災難，該組織發現，必須讓暖化維持在攝氏一．五度內，人類才有機會避免毀天滅地的浩劫。

但要做到這點非常困難。根據聯合國世界氣象組織（World Meteorological Organization）的資料，我們正走在讓世界於本世紀結束前增溫三到五度的路上。ＩＰＣＣ發現，要及時調動我們經濟大船的方向、讓暖化低於攝氏一．五度，必須在未來十二年內讓全球碳排放減半——這本書出版時還剩十一年——然後在二〇五〇年前達到淨零碳排。不是一個國家做到就好，要每一個重要經濟體都做到才行。而因為目前大氣中的二氧化碳濃度已大幅超過安全標準，我們也需要把它拉下來，無論是透過未經驗證而昂貴的碳捕捉（carbon capture）技術，或老派的方法：種數十億棵樹和其他碳封存（carbon-sequestering）的植物。

那份報告證實，諸如徵收「碳稅」（carbon tax）等單一技術專家途徑固然扮演了某種角色，但光靠它們絕不可能順利達成快速降低污染的目標。我們需要刻意且立即改變社會製造能源的方式、種植糧食的方式、南來北往的方式，以及建造房屋的方式。我們需要的是，報告摘要的第一句話這麼說：「社會所有面向迅速、廣泛、史無前例的改變。」

這絕非史上第一份如此駭人的氣候報告，也不是第一次有受敬重的科學家明確呼籲急遽減排。我的書架上早塞滿這樣的研究成果。但就像葛莉塔・通貝里的演說，ＩＰＣＣ呼籲徹底社會變革時之嚴厲，以及它規畫完成時限之短促，前所未見地吸引大眾注意。

這一大部分與資料來源有關。在一九八八年各國政府集會承認全球暖化的威脅後，聯合國便創立ＩＰＣＣ為決策者提供最可靠的資訊。為此，該委員會綜合最好的科學提出預測，並且必須得到非常多科學家認同才能公開——即便如此，仍要各國政府簽字認可才能正式發布。

正因過程大費周章，ＩＰＣＣ的預測是出了名的保守，往往低估危機到危險的地步。然而這份引用六千多個資料來源、由近百位作者和評論編輯執筆報告出爐了，斬釘截鐵地說，如果政府只做他們目前保證會做的減排，我們將走向包括海平面上升吞噬沿海城市、珊瑚礁全數覆滅，以及乾旱摧毀全球廣大地區作物等結局。

到全球排放須以減半來避免這些結局的那一日，今天的高中生還不到三十歲。但攸關那樣的減排會不會實現的重大決定——將塑造他們整個人生的決定——早在他們甚至還沒投票權之前就做了。

二〇一九年一連串大型、激進的氣候動員，就是在這種背景下發生。我們一而再、再而三在罷課和抗議時聽到「我們只有十二年」這句話。感謝IPCC言之鑿鑿，也因為直接、反覆體驗過前所未有的天氣，我們對這場危機的概念正在轉變中。有更多人開始理解，這場戰鬥不是為了某種叫作「地球」的抽象概念而戰。我們是為我們的生存奮戰。而我們已經沒有十二年了；現在我們只有十一年。很快就只剩十年了。

進入綠色新政

IPCC的報告固然是強大的驅動力，但或許有個更重要的因素與本書的副標有關：美國及世界各地都有人士呼籲政府實施全面性的綠色新政來因應氣候危機。概念很簡單：經由以科學家要求的速度和規模改變我們社會的基礎建設，人類有千載難逢的機會修正目前在許多方面辜負大眾的經濟模式。這是因為正摧毀我們星球的因素，也正在其他許多方面摧毀人類的生活品質，從薪資停滯、社會不平等加劇、行政效率不彰，到社會凝聚力崩解等等。只要挑戰這些根本的作用力，我們便有機會一併解決多種環環相扣的危機。

藉由對付氣候危機，我們可以在世界各地創造數億個優質工作、投資被系統排除的社群和國家、保障健康照護及兒童保育等等。透過這些轉變，我們建立的經濟既能保護及重建地球的生命維持體系，又能尊重和維繫仰賴那些體系的人類。那也謀求一件較難以歸類但同樣重要的事情：在我們發現自己被封進資訊同溫層而愈來愈分歧，對於我們可以相信什麼，甚至什麼是真的幾乎沒有共同的認定時，綠色新政仍能徐徐注入一種集體的、更崇高的使命感——一組我們可以一起努力的具體目標。就算細節未必如此，綠色新政方案在規模上的靈感是來自富蘭克林．羅斯福所創的新政：用旋風式的政策和公共投資因應經濟大蕭條的窮苦與崩潰，包括推行社會安全和最低薪資法、解散銀行、美國農村電氣化、在城市興建一批低成本住宅、種植超過二十億棵樹木、在塵暴肆虐的地區實施土壤保護計畫等等。

為綠色新政式的變革推出的各類計畫，所展望的是一個困難的轉型工作已被欣然接受的未來，包括犧牲恣意揮霍的消費。但失之東隅，收之桑榆——上班族的日常生活會在無數個方面有所提升：有更多休閒和藝術時間、真正便於使用又負擔得起的公共運輸和住宅，種族與性別財富的差距終於消弭、城市生活不再是與交通、噪音和污染無止境的奮戰。

早在IPCC攝氏一．五度的報告前，氣候運動已著眼於萬一政治人物未能行動，我們面對的未來會有多危險。我們宣傳、分享最新令人戰慄的科學。我們向新油管、油田和煤礦說

「不」；向將捐款和年金投資於那些工程背後公司的大學、地方政府和工會說「不」；向否認氣候變遷和說一套做一套的政客說「不」。這些在過去至關重要，至今依然如此。但在我們發出警報的同時，氣候運動只有相對小眾的「氣候正義」側翼聚焦在我們想要什麼樣的經濟和社會。

於是，當綠色新政於二〇一八年十一月闖入政治辯論，便改變了遊戲規則。期中選舉過後不久，身穿寫了「我們有權得到好工作和適於居住的未來」的T恤，數百位日出運動的年輕成員在魚貫走入國會大廳時，反覆呼求綠色新政。氣候運動歷來的許多「不」，終於有個大又顯眼的「要」來搭配，終於有人闡述在我們接受釜底抽薪的轉變後，世界可能變成什麼樣子，以及如何達成目標的計畫了。

綠色新政將氣候危機連根拔起的方法本身並不新。這種「氣候正義」架構（而非較籠統的「氣候行動」）已經在地方嘗試多年，源於環境拉丁美洲和美國的環境正義運動。綠色新政的概念也已經進入世界各地一些小型綠色政黨的政見中。

我二〇一四年的著作《天翻地覆：資本主義vs.氣候危機》深入探討了這一類整體性的做法。我當時援用的先例來自名叫安潔莉卡・納瓦洛・亞諾斯（Angélica Navarro Llanos）的玻利維亞氣候談判人士，她在二〇〇九年聯合國氣候高峰會發表了義憤填膺的演說：「我們需要一場史上規模最大的動員。我們需要地球的馬歇爾計畫，」她這麼斷言，召喚美國在二次世界大戰後因擔心蘇聯崛起而協助重建歐洲廣大地區的方式。「這項計畫必須以前所未見的規模動員財政與技術轉移。必須讓技術落實於每一個國家的場域，確保我們能一面減排，一面提升民眾的生活品質。我們只有十年的時間。」

結果這十年，在我們的拙劣修補和否認中白白浪費了，而我們永遠要不回因此消逝的奇景——或因此被摧毀的生命和生計。納瓦洛．亞諾斯和她的玻利維亞同胞已眼睜睜看著為拉巴斯都會區（兩百三十萬民眾的家園）提供純淨水源的宏偉冰河以驚人的速度消退。二〇一七年，水庫水位低到這座首都史上第一次實施限水，而玻利維亞不得不宣布緊急狀態。

但這失去的十年並沒有讓納瓦洛．亞諾斯有先見之明的呼籲變得無關緊要——恰恰相反，因為，誠如ＩＰＣＣ的報告清楚闡明，每數億條人命能否維繫，都視我們能否避免地球再暖化半度而定。

自十年前亞諾斯發出呼籲以來，還有另一件事改變了。之前，當社會運動和小國政府做出這些要求時，感覺我們好像是對著政治真空呼喊。那時這顆星球上最富裕國家的政府真的沒有志同道合的夥伴願意拿這種緊急措施款待氣候危機。他們只提供涓滴（Trickle-down）的市場機制。而一旦出現經濟衰退，就連那些不充分的供應也會憑空消散。

今天情況不復如此。美國、歐洲等地都有一個陣營的政治人物——有些只比街頭的年輕氣候運動人士大十歲——準備將氣候危機的急迫性轉化成政策，並把我們這時代多重危機的議題連起來。這個新政治品種中最突出的莫過於亞麗珊卓亞・歐凱秀—柯提茲（Alexandria Ocasio-Cortez），芳齡二十九的她成為美國國會史上最年輕的女議員。

推行綠色新政是她競選的政見之一。一贏得選舉，一小群有時被稱作「小分隊」（squad）的年輕女議員隨即承諾支持這項大膽的倡議，特別是底特律選出的拉希達・特萊布（Rashida Tlaib）和波士頓選出的艾安娜・普雷斯利（Ayanna Pressley）。

於是，當數百名日出運動成員在期中選舉後來到華盛頓舉行示威及靜坐時，這些新選出的民意代表不但沒有和煽動者保持安全距離，還加入他們：特萊布在一次集會發表談話（並帶糖果給大夥兒提振活力），歐凱秀—柯提茲則順道探視在佩洛西辦公室的靜坐民眾。

「我只想讓你們知道，我有多以你們每一個人為榮，你們付出自己，犧牲你們的身體和一切，就為了確保我們會拯救我們的星球、我們的下一代和我們的未來。」她這麼告訴示威者，提醒他們：「我來這裡的旅程是從『立岩』開始」——指她是在參與立岩蘇族（Standing Rock Sioux）的油管抗爭後決定競選國會議員。

緊接著，三個月後，歐凱秀—柯提茲和麻薩諸塞州參議員艾德・馬基（Ed Markey）一起站在國會大廈前，發表綠色新政的正式決議，勾勒出轉型政策的要點。綠色新政決議從可怕的科學和ＩＰＣＣ報告的急迫開始，呼籲美國實施如登陸月球一般充滿決心的去碳計畫，試著在十年內達成淨零排放，並協助全世界在本世紀中葉達此目標。

綠色新政呼籲重金投資再生能源、能源效率與乾淨的運輸，作為全面轉型計畫的一部分。它指出，從高碳產業轉做綠能產業的勞工，薪資和福利應獲得保障，也保證所有想工作的人都有工作。它要求承受污染產業毒害的社區——其中許多是原住民、黑皮膚、褐皮膚的社區——不要只蒙受轉型之利，也要協助在地方層級設計轉型。彷彿這些還不夠似的，它拌入民主黨內日益茁壯的民主社會主義派的重大要求：免費的全民健保、兒童保育和高等教育。

依先前的標準，這個架構大膽、革新得驚人，但它有非常強大的動力，尤其在年輕選民間，而那迅速成為黨內多數派系的石蕊試紙。二〇一九年五月，隨著由誰領導民主黨的競爭如火如荼，主要總統參選人大多表示支持，包括伯尼・桑德斯（Bernie Sanders）、伊莉莎白・華倫（Elizabeth Warren）、賀錦麗（Kamala Harris）、柯瑞・布克（Cory Booker）和陸天娜（Kirsten Gillibrand）。除此之外，亦有一〇五位參眾兩院的議員背書。

綠色新政嶄露頭角，代表現在美國不只有能達成IPCC目標的政治架構，也有將架構轉變成法律的清楚路徑了（儘管還很遠）。計畫簡單明瞭：在民主黨初選選出綠色新政的強力支持者；在二〇二〇年拿下白宮和參、眾兩院；新政府上任第一天就開始推動（就是小羅斯福在知名的「第一個百日」內推行新政的方式，這位新當選的總統在一百天內力推十五項重要法案強渡國會關山）。

如果IPCC的報告是吸引世界注意的響亮火災警報，那綠色新政就是消防安全的開端。

而它不是像我們過去見過太多次的、猶如杯水車薪的零碎方法，而是真正能滅火的全面、完整計畫。如果這個構想能傳播到全世界，那就更棒了——而這已經開始發生了。

事實上，二〇一九年元月，歐洲之春（European Spring）政治聯盟（「二〇二五年歐洲民主運動」〔DiEM25〕的分支，我是DiEM25諮詢委員會的成員）就發動了歐洲的綠色新政：一項廣泛而詳盡的計畫，將迅速去碳的議程嵌入更廣大的社會經濟正義議程中。聯盟宣布：「從貫穿世界生態轉型的綠色投資方案，到終止避稅天堂醜聞的明確行動；從人道、有效的遷徙政策，到在歐洲對抗貧窮的確切計畫；從勞工契約到歐洲女權會議，還有更多更多，對於任何希望打破『別無他法』的信條、為我們的大陸帶回希望的人士而言，綠色新政是非參照不可的文件。」

在加拿大，一個由多個組織組成的聯盟已齊聲呼籲實施綠色新政，新民主黨（New Democratic Party）領袖將此架構（就算不是全部的抱負）作為政綱之一。英國情況相仿，在我寫這句話的同時，作為反對黨的工黨正密集討論是否採納類似在美國提出的綠色新政政見。

過去一年浮出的多種綠色新政版本有一個共通點。先前的政策都是動機上的小扭擰，意在製造系統微乎其微的混亂，綠色新政的措施卻是作業系統的大升級，是捲起袖子、真正完成工作的計畫。市場在這個願景扮演一角，但市場不是這個故事的主角——人民才是。是打造新基礎建設的勞工，是將呼吸到乾淨空氣的居民，將住在可負擔的新綠能住宅、從低（或零）成本公共運輸獲益的民眾。

我們這些倡導這種轉型政見的人，有時會被指控假氣候危機之名來提出社會主義或反資本主義的議程。我的回應很簡單。自長大成人以來，我一直在參與反對現有經濟制度為追求利益摧殘人類生活和土地的運動。我的第一本書，整整二十年前出版的《NO LOGO：顛覆品牌統治的反抗運動聖經》，就記錄了企業全球化的人類及生態成本，從印尼的血汗工廠到尼日河三角洲的油田。我見過十幾歲的少女被當成機器對待來製造我們的機器，見過山地和森林為取得底下的油、煤和金屬而變成垃圾堆。

這些行為痛苦、甚至致命的衝擊不容否認；有人主張這些是必要成本：這種制度會創造大量財富，而利益最後會涓滴而下、改善地球幾乎每一個人的生活。但實際發生的事情是，剝削工廠工人和毀滅山川河流時所表現對生命的漠視，已涓滴而上，吞噬我們整顆星球，把肥沃的土地變成鹽灘、美麗的島嶼變成碎礫，耗盡曾經繽紛燦爛的珊瑚礁的生命和色彩。

我大方承認，我不認為氣候危機和我這些年來所記錄較地方性、市場導致的危機可以分開來看；唯一不同的是悲劇的規模和範圍，因為人類唯一的家園，已命懸一線。對於改變不人道經濟模式的必要性，我一直有非常強烈的急迫感。但那與現在的急迫感性質不同，因為現實是，我們全都活在最後的緊要關頭，改弦易轍可能意味著以超乎想像的規模拯救生命。

這不代表每一項氣候政策都必須摒除資本主義，否則就該拋棄（有些評論家這般荒謬地主張）——我們需要每一種可能降低排放的行動，而且現在就需要。但那確實意味著，如同

IPCC如此強有力證實的，除非我們願意接受經濟與社會的系統性變革，否則不可能完成這項任務。

以史為師，以史為鑑

在減排專家之間，對於可以援用歷史上哪些前例來激起氣候危機需要的那種全面、整體經濟的轉型，有歷久不衰的辯論。很多人顯然屬意小羅斯福的新政，因為那證明一個社會的基礎建設和主要價值觀可以在短短十年內產生多徹底的轉變。而且成效確實顯著。在新政那十年間，有超過一千萬民眾直接受雇於政府；大部分的美國農村第一次獲得電力；新建數十萬棟建物；種植二十三億棵樹；新成立八百座國家公園；數十萬件公共藝術作品被創作出來。

除了立竿見影之效——幫助數百萬受大蕭條摧殘的家庭脫離貧困、這段瘋狂公共投資的時間也留下一個長久的遺產。數十年來，雖然屢屢有人試著拆解它，它仍倖存到現在。史學家尼爾．邁赫（Neil Maher）在著作《自然的新政》（*Nature's New Deal*）中提供了幫助理解現況的描述：

今天，我們在公共事業振興署（Works Progress Administration）鋪的路上開車，讓孩子在公共事業振興署建的學校下車，到公共事業振興署建的圖書館借幾本書，甚至喝著從田納西河谷管理局（Tennessee Valley Authority）建的水庫流下來的水。這些和其他新政的專案……大幅改變了自然環境，也藉由讓美國大眾認識新政、提高民意對羅斯福自由福利國家的支持，改變了美國的政治。

也有人堅持，只有一個前例展現了對抗氣候危機需要多大、多快的改變：二次世界大戰的動員，即西方列強改變其製造部門及消費模式來對抗希特勒的德國。這當然是令人眼花撩亂的變革：工廠更新裝備來製造船艦、飛機和武器。為了騰出食物和燃料給軍隊，民眾戲劇性地改變自己的生活方式：在英國，除非必要幾乎絕不開車；一九三八年到一九四四年，美國和加拿大的公共運輸使用率分別增加了八七％和九五％。一九四三年，美國有兩千萬家庭（代表五分之三的人口）院子裡有「勝利菜園」（Victory garden），種植的新鮮蔬菜占那年蔬菜供給的四二％之多。

有人主張比戰時投入更好的類比是戰後的重建——特別是馬歇爾計畫，堪稱在西歐及南歐實行的新政。在西德，美國政府花費數十億重建一個混合經濟體：除了擁有雄厚的支援，也將削弱對社會主義的支持（並為美國出口物資提供一個成長中的市場）。這個經濟體意味由國家直接創造就業機會、重金投資公共部門、為德國公司提供補助金，以及支持強健的工會。此次成就被公認為華府最成功的外交舉措。

上述每一個先例都有自身顯著的缺失與矛盾。據憂思科學家聯盟（Union of Concerned Scientists）指出，光美軍就是「世界最大的石油消費機構」。而戰爭，基於它對人類、自然和民主的殘害，絕非社會變革的典範。何況氣候的威脅，感覺起來不像行軍中的納粹那麼來勢洶洶——至少在我們的行為來不及產生有意義的衝擊之前。

戰時的動員，以及戰後浩大的重建工作，當然極具企圖心，但也是非常中央集權、由上而下的轉變。如果我們在面對氣候危機時那樣聽從中央政府，恐怕會見到更腐敗、進一步將權力與財富集中在少數大玩家手上的措施，更別說系統性地攻擊人權——我在研究戰爭、經濟衝擊和極端氣候事件過後的災難資本主義時一再見到這種現象。利用氣候變遷趁火打劫（shock doctrine）是確切、當前的危機，我將在本書討論這種危機最初的徵兆。

新政也非理想的類比。新政大部分的計畫和保護措施都是在和社會運動的進退拉鋸中設計出來，不是像戰爭措施那樣單純由高層發號施令。但新政並未達成它的首要目標：將美國經濟拉出大蕭條的泥淖，而且其計畫嚴重偏袒白人男性工人。農業及家務工人（其中許多是黑人）被排除在外，許多墨西哥移民亦如是（約有一百萬），而平民保育團（Civilian Conservation Corps）更排除非裔美國人和女性（只有一個營區讓女性學習製造罐頭和其他家務）。此外，儘管新政方案帶給原住民一些好處，但其土地權卻遭到大規模基礎建設工程及一些保育工作侵害。新政的救濟機構，特別是南部各州的機構，更因對失業非裔及墨裔美國家庭抱持偏見而惡名昭彰。

歐凱秀—柯提茲／馬基的綠色新政決議竭盡所能地勾勒它打算如何避免重蹈這些不正義的覆轍，將「停止當前作為、預防未來，修補過去對原住民、非白人社群、移民社群、去工業化社區、人口減少之農業社區、貧窮低收入勞工、女性、長者、無住所者、身心障礙者和年輕人的壓迫」列為核心目標之一。誠如女性眾議員艾安娜．普雷斯利在波士頓一間市政廳所說：「這不僅是修正……第一次新政的機會，也是改造經濟的機會。」

舉凡從新政到馬歇爾計畫，與上述種種歷史做對照的最大局限在於，那些事件成功開啟且大幅拓展了郊區擴張、拋棄式消費的高碳生活方式，也就是今天氣候危機的核心。如IPCC炸彈般的報告明白指出，殘酷的真相是：「這等規模的必要轉變史無前例，尤其它需要以社會和經濟永續的方式進行」——這句話點出這個事實：全球碳排放唯有在深刻經濟危機期間出現過大幅減少，例如經濟大蕭條和蘇聯解體後，而刺激一連串社會轉型的戰爭既是人道上，也是生態上的浩劫。

我個人的看法是，每一個歷史上的類比固然美中不足，仍對研究和實行有幫助。相較於各國政府迄今對氣候崩潰的反應，每一個例子都呈現出鮮明的對比。過去二十五年來，我們見到複雜的「碳市場」創立；見到偶爾徵收的小額碳稅；見到一種化石燃料（煤）被另一種取代（天然氣）；見到各種誘因驅使消費者購買不同種類的燈泡或節能家電；見到各公司提供較環保的替代品——如果我們願意多付點錢的話。然而，只有少數國家（以德國和中國最為顯著）真正在再生能源上做了足夠的投資，讓事情能以需要的速度進展。

我們慢慢看到少數國家受到強大社會運動的壓力而進行較積極的管理措施。一些國家、州和省已明令禁止或暫停水力壓裂天然氣。值得注意的是，紐西蘭政府已宣布不再核發外海石油鑽探的租約；挪威政府已宣布至二〇二五年全面禁售內燃機汽車的計畫，這個積極的目標若能傳播到其他國家，當然能加快改用電動車的速度。但尚未有富裕國家的國民政府願意開誠布公地討論讓高消費民眾少消費、化石燃料公司付錢清理他們所製造髒亂的必要性。

怎麼可能討論呢？過去四十年的經濟史就是公權力持續不斷削弱、撤銷管制、為富人減稅、將基本服務廉價賣給民營部門的故事。在此同時，工會的力量也被大幅侵蝕，而民眾被訓練得無可奈何：不論問題多嚴重，我們都被告知最好交給市場機制或身價百億的慈善資本家處理，撒手別管，不要試圖從根本解決問題。

這就是那些一九三〇到五〇年代的歷史前例仍管用的根本原因。那些例子提醒我們，當年總能找到辦法處理深刻的危機，今天依舊可以。面對在那數十年穿插出現的共同緊急狀態，應變之道是要求整個社會，從個別消費者到工人，從大型製造商到政府每一個層級，全部投入有明確共同目標的深刻轉型。

以往解決問題的人不會尋找單一顆「銀色子彈」或「殺手級應用程式」；不會胡亂修補、等待市場為他們生出解決之道。在每一個例子，政府都一舉部署火力密集的政策工具（從直接創造公共基礎建設的工作，到產業規畫和公共金融）。這些歷史的篇章向我們證明，當壯志凌雲的目標和強而有力的政策機制密切配合，是可能在非常緊迫的期限內改變社會所有面向的，而我們今天面對氣候崩潰，就是需要這麼做。不這麼做是種選擇，而非人性之必然。哥倫比亞大學和美國航太總署（NASA）戈達德太空研究所（Goddard Institute for Space Studies）氣象科學家凱特．馬維爾（Kate Marvel）說：「我們並非命中注定（除非我們選擇如此）。」

這些前例提醒我們一件同樣重要的事：我們不必想好每一個細節才開始行動。這些早期的動員，每一場都有好幾次起跑失誤、即興創作和修正路線。而如我們後來所見，最進步的應對方式唯有在受到組織民眾不間斷的壓力時才會發生。重要的是立刻開啟過程。葛莉塔．通貝里說：「沒有把事情當緊急情況處理，我們就不可能解決緊急情況。」

那不代表我們只需要漆成綠色的新政，或是有太陽能板的馬歇爾計畫。我們需要不同性質的轉變。我們需要遍布各地、盡可能歸社區所有的風力和太陽能，而非新政那種高度集中、壟斷的攔河築壩式的水力和化石燃料的動力。我們需要設計優美、種族融合、零排碳的城市住宅，由各種膚色的社群經民主程序興建，而非戰後那種雜亂擴張的白人郊區和種族隔離的城市住宅計畫。我們需要將動力和資源移交給原住民社區、小農、牧場主人和永續漁業的漁民，讓他們可以主導種植數十億棵樹、復育濕地、再生土壤的過程——而非將保育的掌控權交給軍隊及聯邦機構，就像新政平民保育團獨攬大權那樣。

而就在我們堅持要將緊急情況正名為緊急情況之際，我們也需要不時防止緊急狀態變成例外狀態（state of exception），讓強大的利益團體利用大眾的恐懼和驚慌來剝奪人民辛苦掙來的權利、強推有利可圖的偽解決方案。

換句話說，我們需要我們從未試過的行動，而要展開行動，我們必須奪回會成功的感覺和做得到的精神——那自雷根總統（Ronald Reagan）聲稱「英文最危險的九個字是『我是政府派來幫忙的』（I'm from the government and I'm here to help）」之後就消失無蹤了。藉由喚醒這些（及其他）迅速集體變革時期的記憶，我們可以從中汲取豐富的靈感和嚴肅的教訓。

我們該從一九三〇及四〇年代記取的教訓是，當系統性危機致使政治與意識型態的真空大開，就像今天這樣，能得到氧氣的不只是像綠色新政這種人道而充滿希望的構想。殘暴而充滿仇恨的構想也能。這就是在二〇一九年三月十五日以兇狠的力道刺穿第一波全球罷課的事實。

生態法西斯的幽靈

在紐西蘭基督城，氣候罷課一開始和其他許多城鎮相仿：喧鬧的學生在上課期間湧出學校，舉著要求新時代氣候行動的標語。有些學生溫柔真摯（「我支持我站立的地方」），有些則沒那麼溫柔真摯（保持地球乾淨。地球不是天王星！）。

下午一點，約兩千個孩子進入位於市中心的大教堂廣場（Cathedral Square），圍著臨時搭建的舞台和捐贈的音響系統聽演說和音樂。

那裡各年齡層的學生都有，一所毛利人的學校也集體出走。「我以基督城全體民眾為榮。」發起人之一、十七歲的米雅・蘇德蘭（Mia Sutherland）這麼告訴我。「這些人好勇敢。要走出來不容易。」她說活動在大家齊聲唱著十二歲的露西・葛雷（Lucy Gray）所寫的罷課頌歌〈起來〉（Rise Up）時來到最高潮，她也是最早呼籲基督城罷課的學生。「大家看起來好開心。」蘇德蘭回憶道，並表示在這個工業化世界青年自殺率最高的國家，這情景實在太罕見。

熱愛戶外活動的蘇德蘭是在了解氣候紊亂將衝擊到她珍愛的自然世界時開始焦慮。但當她獲悉海平面上升和氣旋的威力，以及全部太平洋國家都面臨危險，那就成為人權議題了。「在紐西蘭的我們，是太平洋島嶼大家庭的一分子，」她說：「他們是我們的鄰居。」

那一天，在廣場出現的不只是學童；還有一票政治人物，包括市長在內。但蘇德蘭及其他發起人決定不要讓他們發表演說：這是讓孩子拿麥克風、政治人物聆聽的日子。身為司儀，點學生上台是她的職責，而她也一再這麼做。

正當蘇德蘭鼓起勇氣準備發表當天最後一項聲明，一個朋友拉了她一下，告訴她：「你得停了。趕快！」蘇德蘭搞糊塗了——他們太大聲了嗎？那可是他們的權利欸！說時遲那時快，一名警官走上舞台，一把搶走她的麥克風。每個人都得離開廣場，警官透過音響系統宣布。回家去。回學校去。但離海格利公園（Hagley Park）遠一點。

兩百名學生決定一同轉往市政廳讓抗議持續下去。還搞不清楚狀況的蘇德蘭跳上巴士——而就在這時，她看到手機上的頭條消息，距她所站之處十分鐘的路程外，發生槍擊案。

這群罷課學生要到好幾個鐘頭以後才理解那天發生的事情有多可怕——以及警官為什麼叫他們離努爾清真寺（Al Noor Mosque）附近的公園遠一點。現在我們知道，就在學生進行氣候罷課的同時，一名二十八歲現住紐西蘭的澳洲男子開車到那座清真寺，走進去，趁主麻日（週五禱告）期間開槍。經過六分鐘的屠殺，他靜靜離開努爾，開車到另一座清真寺繼續逞兇。最後共有五十人死亡，包括一名三歲幼童。另一名幼童則在數週後於醫院過世。另有四十九人重傷。這是紐西蘭現代史上最大的屠殺事件。

在兇手（張貼在諸多社群媒體）的宣言，及刻在武器上頭的文字裡，他表達了對其他類似屠殺事件兇手的崇拜：二〇一一年於奧斯陸商業區和挪威一場夏令營（七十七人死亡）；二〇一五年於南卡來羅納州查爾斯頓（Charleston）的以馬內利非裔衛理公會教堂（Emanuel African Methodist Episcopal Church）（九個人被殺）；二〇一七年於魁北克市清真寺（六人喪命）；以及二〇一八年於匹茲堡生命之樹（Tree of Life）猶太教堂（十一人遇害）。一如上面這些恐怖分子，基督城的槍手執迷於「白人種族滅絕」（white genocide）的概念——在以白人為多數的國家，非白人人口愈來愈多，會對白人構成威脅——而他將那歸咎於移入的「侵略者」。

基督城的戰慄一部分屬於這種愈演愈烈的極右派仇恨犯罪模式，但也在兩方面不大一樣。一是從這名殺手計畫和執行的過程來看，他顯然要在網路上造成轟動。瘋狂濫殺之前，他在8chan的留言版宣布：「是停止貼一些狗屎，製造真人實事的時候了。」彷彿這場殺戮只是等著被分享的駭人聽聞的迷因而已。然後，在頭戴式攝影機的幫助下，他在臉書直播殺人，對臉書、YouTube和推特上他幻想的粉絲講述他的壯舉（「好，派對開始！」），並且口齒伶俐地點綴網路笑話（「各位夥伴，記得訂閱PewDiePie啊。」他說，策略性地以YouTube當紅名人為餌）。

在他的影片透過網路直播時，觀看者並未在過程舉報犯罪，反而不斷用表情符號、納粹主題的卡通梗圖和「射得漂亮」等鼓勵性評論幫他加油。就好像在看第一人稱的射擊遊戲一樣——殺手事先曾在宣言中嘲笑這種類比，也半諷刺半開玩笑地打說是電動叫他這麼做的。這種後設的幽默持續到在他被捕之後，他在第一次出庭應訊時對攝影機比了「ＯＫ」的手勢，此舉意在引爆一波無憑無據的辯論：每一個曾經比過這個手勢的人，是否骨子裡都是白人至上主義者。

不管怎麼看，這都是為了在網路爆紅而幹的殺人案——它當然爆紅了，槍手的支持者紛紛和臉書、YouTube、Reddit及其他網站的審查員及管理員玩起貓捉老鼠。YouTube後來報告，在攻擊發生後的二十四小時內，那段殺人影片平均每秒被上傳一次。

基督城屠殺案的超媒介（hypermediated）性質，以及殺手明顯要將其「真人實事的貼文」遊戲化的企圖，與他犯下駭人罪行的尖銳事實，形成令人難以忍受的對比——子彈劃破血肉、家人悲不可抑、一個全球穆斯林社群發布語帶威脅的訊息說它的成員在哪裡都不安全，連在禱告的聖殿都不安全。

這起事件也和同一時間為不同目的聚集的年輕氣候罷課學生形成揪心的對比。當殺手開心地玩弄事實、虛構和陰謀，把事實當假新聞處理，罷課學生卻煞費苦心地堅持像是溫室氣體和碳足跡累積、生物絕種不斷加劇等殘酷事實真的至關重要，並要求政治人物縮小言行之間的差距。

葛莉塔．通貝里已幫助許多學生意識到人類史上這一刻的嚴重性，不再逃避最深的恐懼，挺身而出，平和地為所有孩子爭取權益。基督城的殺手則運用極端的暴力剝奪人性，而且似乎覺得不痛不癢。

我在那可怕一天的六週後訪問米雅．蘇德蘭，她還是很難把罷課和屠殺拆開；兩件事不知怎麼在她的記憶中交織在一起了。「沒有人能在心裡把它們分開。」她告訴我，聲音弱到幾乎聽不見。

當激烈的事件緊鄰彼此發生，人類的心智常會試圖建立兩者根本不存在的關聯性，這種現象稱作錯覺聯想（apophenia）。但在這個例子，兩者是有關聯的。事實上，罷課和屠殺都可以被理解為對同樣一些歷史力量的鏡射性反應。而這就是基督城殺手和他公開的靈感來源、信奉白人至上的大規模殺人兇手的另一項差異。跟他們不一樣，他對外自稱「族群民族主義的生態法西斯」。在他雜亂無章的宣言中，他將他的行動設定為變種的環境保護運動，抱怨人口成長，並宣稱：「移民持續湧入歐洲是環境戰爭。」

要澄清的是，這名殺手並非受環保憂慮驅使——他的動機是純粹的種族主義仇恨——但生態崩壞似乎是助長那種仇恨的因素之一，就像我們一直認為生態崩壞是世界各地武裝衝突仇恨與暴力的催化劑一樣。我擔心的是，除非我們的社會開始對生態危機做出重大的改變，類似這種白人權力生態法西斯主義將層出不窮，作為拒絕履行集體氣候責任的強烈藉口。

事情會變成這樣，是暖化的困難微積分所致。這場危機絕大部分是幾個最富裕社會聯手製造的：世界最富裕的一〇%人口製造了近五成的全球碳排放；最富裕的二〇%造就了七成。但這些碳排放的衝擊會先傷害、且最嚴重地傷害最貧窮的人口，迫使愈來愈多民眾離開家園。此時此刻就有很多人在路上。二〇一八年世界銀行（World Bank）一份研究估計，到二〇一五年，撒哈拉以南的非洲、南亞和拉丁美洲將有超過一億四千萬人因氣候壓力而離鄉出走——許多人認為這估計得保守了。多數人會待在自己的國家，擠進已經超載的城市和貧民窟；許多人會試著到他處謀求更好的生活。

不管在哪個道德宇宙，只要是遵循基本人權原則的道德宇宙，這些因別人製造的危機而受害的民眾，都該得到正義。那樣的正義應當化為多種形式。首先，正義需要最富裕的一〇到二

○%人口透過迅速減排——技術允許多迅速，就多迅速（也是綠色新政的前提）——來停止危機深化的根本成因。正義需要我們遵從玻利維亞氣候談判員十年前呼籲的「地球的馬歇爾計畫」：在南方世界（Global South）廣為分配資源讓當地社區得以強化抵抗極端天候的能力、用乾淨的技術掙脫貧窮，並盡可能維護本身的生活方式。

萬一已經不可能維護——土地太乾枯而無法種植作物、海水升得太快而無法讓它們退回去——那麼正義就需要我們清楚地認識，所有人類都有遷徙和尋求安全的人權。意思是，他們一抵達目的地就該得到庇護所和身分。事實上，有鑑於他們蒙受那麼大的損失和苦難，他們該得到的遠不只這一些：他們該得到善意、補償和衷心的道歉。

換句話說，氣候紊亂需要計算保守人士最排斥的領域：財富重新分配、資源共享和賠償。這點，有愈來愈多強硬右派人士一清二楚，而這正是他們發明各式各樣的歪理強辯這為何不能發生的原因。

第一階段是高呼「社會主義的陰謀」、斷然否認事實。我們在這個階段已經待上好一陣子了。這就是二〇一一年在挪威夏令營開火的反社會分子安德斯・布瑞維克（Anders Breivik）所採取的方針。他深信除了移民，西方白人文化也因為歐洲和英語圈國家屢屢被要求支付「氣候債」而衰弱。他的宣言有一段以「綠色是新紅軍——停止環境共產主義！」為標題，引用了好幾位知名氣候變遷否認者的話，認為氣候融資的要求是在「『懲罰』歐洲國家（包含美國）的資本主義和成就」。他宣稱，氣候行動是「新的財富重分配」。

但如果斷然否認在二〇二一年是可行的策略，九年後（其中六年在史上最熱的十年中占了六個名次）的今天已不復如此。但那不代表過去的否認者會突然依據有共識的國際架構來回應氣候危機。更可能的是，許多目前否認氣候變遷的人，將驟然轉向基督城殺手信奉的那種邪惡的世界觀：承認我們確實面對天翻地覆的未來，而正因如此，以白人為主的富裕國家更有理由捍衛他們的邊界和白人基督徒的身分，對任何「侵略者」宣戰。

那些人不會再否認氣候科學，而會否認這個概念：史上碳排放最多的國家虧欠深受那種污染之害的黑皮膚和褐皮膚的民眾。而要否認這點，唯有基於這種邏輯：那些不信基督的非白人是次要的，是「他者」，是危險的侵略者。

多數歐洲及英語圈國家，已經抱持這樣的強硬態度。歐盟、澳洲和美國的移民政策都採用「威懾預防」（prevention through deterrence）的變化形。其粗暴的邏輯是只要盡可能冷酷、殘酷地對待移民，絕望的民眾就會斷了越過邊境尋求安全的念頭。

出於這種考量，他們任由移民在地中海溺死或在崎嶇的亞利桑那沙漠中脫水而亡。而如果他們倖存了，就會被扔進相當於酷刑的狀態：在利比亞營區——歐洲國家現在都把企圖登上歐洲海岸的移民送去那裡；在澳洲的外海島嶼拘留營；在德州沃爾瑪商場（Walmart）改造而成、又大又深的兒童監獄。現今在義大利，移民要是真的抵達某個港口，一律不准上岸，而是囚禁於救生艇上——有法院判定這樣的境遇與綁架無異。

在此同時，加拿大的總理在推特貼出他本人歡迎難民和拜訪清真寺的照片——就算他的政府重金投資邊界軍事化和拉緊《安全第三國協議》（Safe Third Country Agreement）的套索：該協議禁止尋求庇護者在跨越加拿大官方邊界時要求保護——如果他們是來自川普的美利堅合眾國這個「安全」國家的話。

在歐洲及英語圈周圍設防的目標再清楚不過：說服人民待在原地別動，不論那裡有多悲慘，有多致命。在這種世界觀底下，緊急狀態不是人民的受苦，而是他們想逃離苦難卻困難重重。

這就是為什麼，在基督城大屠殺不過幾小時後，川普可以不把極右派暴力高漲當回事，立刻轉移話題，說起移民在美國南部邊境的「侵略」和他最近宣布的「國家緊急狀態」——此舉意在動用數十億美元興築邊界圍牆。三週後，川普在推特發文：「我們的國家滿了！」而在此之前，義大利內政部長馬泰奧・薩爾維尼（Matteo Salvini）才這麼在推特上回應一小群在海上獲救的移民抵達之事：「我們的港口從過去到現在都是關閉的。」

詳盡研究基督城殺手宣言的調查記者穆塔扎・侯賽因（Murtaza Hussain）強調，那份宣言充斥著絕不邊緣的概念。他的文字寫道：「既簡單明瞭，又令人熟悉到頭皮發麻。他指外來移民為侵略者的言論，可以在美國總統及歐洲極右派領導人所用的語言中找到呼應……對於納悶他是在哪裡被激進化的人來說，答案昭然若揭。那就在我們理所當然地醜化少數族群，包括穆斯林和其他族群的的媒體和政治之中。」

氣候暴行

驅動大規模移民的因素很複雜：戰爭、幫派暴力、性暴力、愈趨嚴重的貧窮。顯而易見的是氣候紊亂不斷強化其他種種危機，而天氣愈熱，情況只會愈糟。但地球上最富裕的國家非但不伸出援手，還看似鐵了心要在每一條陣線深化危機。

他們無法提供有意義的新援助，讓較貧窮的國家能更妥善地保護自己對抗極端天候。當一貧如洗、負債累累的莫三比克遭氣旋伊代重創，國際貨幣基金（International Monetary Fund）提供該國一億一千八百萬美元，而這是一筆該國必須設法償還的貸款（非補助金）；千禧債務減免運動（Jubilee Debt Campaign）描述此舉是「令人震驚，足以控訴國際社會的事證」。更糟的還在後頭：二〇一九年三月，川普宣布他打算將目前提供給瓜地馬拉、宏都拉斯、薩爾瓦多的援助——其中部分充作協助農民對抗乾旱的計畫——大砍七億美元。國土安全部也就其優先順序做過同樣直率的表態：二〇一八年六月，颶風季節來臨時，該部把原本分配給聯邦緊急事務管理署（Federal Emergency Management Agency）以便因應國內天然災害的一千萬美元，挪給移民及海關執法局（Immigration and Customs Enforcement）支付拘留移民所需費用。

無庸置疑，這是氣候野蠻時代的濫觴。而除非在政治上，以及主導政治的根本價值觀上發生徹底的變革，富裕世界就會以這種方式「適應」進一步的氣候紊亂：徹底釋放有毒的意識型態，排定人類生命的相對價值，替拋棄人性的可怕行徑找理由。而從邊境開始的蠻橫，遲早會侵染整個社會。

這些白人至上主義的觀念不是新的，也從不曾離開。對於身在英語圈的我們來說，它們更是深嵌於我們國家生存的法律基礎（從基督發現論〔Doctrine of Christian Discovery〕到無主地〔terra nullius〕）。它們的力量隨歷史演進起起伏伏，視哪些不道德的行為需要意識型態的辯護而定。而正如這些有毒的觀念曾在需要幫奴隸制度、竊占土地和種族隔離合理化時泉湧而出，現在它們又因為了幫氣候頑抗和邊境暴行辯解捲土重來。

我們此刻愈演愈烈的殘酷，再強調也不為過；如果始終沒有人提出質疑，那對集體心理造成的長期傷害也非同小可。在有些政府否認氣候變遷、有些政府聲稱會有所作為，卻一面封鎖邊境不肯面對氣候變遷效應的劇場背後，有個我們必須面對的首要問題。在已經開啟的崎嶇未來，我們要做什麼樣的人？是要共享剩下的東西，試著互相照應；還是要獨占剩下的東西，只照顧「我們自己」，把其他人鎖在外面？

在這個海平面上升、法西斯主義興起的時代，這些是眼前赤裸裸的選擇。除了日益普遍的氣候暴行，我們有其他選項，但考慮到我們才剛起步，沒必要假裝那些選項很簡單。我們要耗費的心力，遠比收碳稅或總量管制與排放交易來得大。我們必須同時對污染、貧窮、種族主義、殖民主義和絕望全面開戰。

或許最重要的是，若我們不希望未來再殘酷地拿最易受傷害也最無過失的人當代罪羔羊，就必須堅忍不拔地與最有權勢、該為氣候危機負最大責任的玩家正面對決。挑戰化石燃料業者的任務或許看似令人卻步：它擁有無限的財富可遊說政客通過鎖定社運人士的嚴苛法律，和購買混淆視聽的公關廣告。但只要持續施予各種壓力，這個產業並不像乍看下那麼堅不可摧。

過去五年，氣候正義運動的核心策略是證明這些公司是不道德、利益不合法的業者，因為他們的商業模式，須仰賴破壞人類文明才能運作。那個策略已說服數百家機構保證出脫化石燃料的持股。最近，日出運動和其他運動把焦點擺在讓民選政治人物做出「不收化石燃料的錢」的保證，已有過半民主黨領導階層的競爭者同意簽署。如果拒收化石燃料獻金、迴避化石燃料的說客成為執政黨的政策，該產業對政策的掌控權勢將大幅削弱。而如果在大眾及法規壓力下，媒體能像過去停播菸草廣告那樣停播化石燃料公司的廣告，該產業特大號的影響力將進一步被侵蝕。

隨著使辯論偏頗的錯誤資訊逐漸減少，石油與國家的區隔愈來愈清楚，對於可用何種健全規章迅速制服這頭猛獸的途徑也會明確許多，因為所有採掘企業都是在不容妥協的「不成長就得死」的框架中運作：他們必須一再向投資人保證他們的產品有高度需求，不只今天，未來也是如此。這就是為什麼在估算每一家化石燃料公司的價值時，不只要看它目前製造中的項目，還要看它「貯藏」多少石油和天然氣——它已經發現、買下，供未來數十年開發的礦床。

根據總部設在華盛頓的石油變化國際（Oil Change International）執行長史蒂芬·克萊茨曼（Stephen Kretzmann）的說法，一旦政府以我們必須迅速百分之百改用再生能源為由拒絕核發探測和鑽井許可，投資人就會開始跳船。「這個產業受限於金融與政治的情況，暴露出他們最長久的迷思：我們會永遠需要他們。事實上，反過來才對。往後十年真正的氣候領導人需要有勇氣名副其實地撤銷石化產業的所有執照（社會上、政治上、法律上）來緊急遏止該產業之擴張，並管理未來數十年的生產衰退，以公平合理的方式對待員工和第一線的社區。」可能也有必要接管一些公司，確定剩餘的利潤會用於土地和水的整治與勞工年金，而非進入投資人的口袋。如此一來，民眾就會撇過頭去，不再執著於定義了前半個世紀的自由市場基本教義了。

罷課抗爭所傳遞的訊息是，許多年輕人已為這種深刻的變革做好準備了。他們非常清楚，他們繼承的危機，絕不只有第六次生物大滅絕。他們也是在市場狂喜的瓦礫堆中長大的：無限提高生活水準的夢想已經讓給日益猖獗的撙節和經濟不安全了。還有技術烏托邦主義——展望一個處處連結與共生、沒有摩擦的未來——已蛻變成對欣羨之物、持續不斷的企業監控、日益加劇的網路厭女和白人至上等演算法的癮頭了。

「只要你做過功課，」葛莉塔・通貝里說：「就會了解我們需要新的政治。我們需要新的經濟學，一切都以我們正迅速衰退、極度受限的碳排放預算為基礎。但這還不夠。我們需要全新的思考方式……我們必須停止互相競爭，必須開始合作，公平、公正地共享這個星球所剩的資源。」

因為我們的屋子失火了，而這一點也不令人意外。地基蓋在錯誤的前提、打折扣的未來和獻祭的人民上，它從一開始就是草草堆砌，大野狼一吹就倒了。現在要救出所有家當已經太遲，但我們仍能挽救彼此和其他許多物種。讓我們把火撲滅，在原地建造不一樣的東西吧。打造一個裝飾沒那麼華麗、但有空間容納所有需要庇護和照顧的人的地方吧。

讓我們一起鍛造全球綠色新政吧——這一次，是為地球上的每一個人。

世界的一個洞

這個海底破洞不只是一場工程意外或機械故障。它是地球這個生命有機體所承載的因暴力所致的傷口。

二〇一〇年四月二十日，英國石油租用的深水地平線（Deepwater Horizon）外海鑽井平台在墨西哥灣鑽探史上試鑽最深的油田時發生爆炸。十一名員工在猛烈大火中喪命，油井破裂，使原油從海床失控湧出。在多次嘗試失敗後，油井終於在七月十五日加蓋，留下四百萬桶（一億六千八百萬加侖）的原油，是史上美國海域最大的漏油事件。

二〇一〇年六月

每個被召來開縣政會議的人都被再三叮嚀，要對英國石油和聯邦政府派來的紳士以禮相待。這些傑出人士可是百忙之中抽空在週二晚上前來路易斯安那州普拉克明縣（Plaquemines Parish）一所高中的體育館。這裡是褐色污染蔓延沼澤的眾多社區之一，也是被喻為美國史上最大環境浩劫的一部分。

「你希望別人怎麼跟你講話，就怎麼跟別人說話。」在開放提問前，會議主席最後一次懇求。於是有好一會兒，現場以漁業家庭為主的群眾展現了非凡的自制。他們耐心聆聽和藹可親的英國石油公關專員拉瑞·湯瑪斯（Larry Thomas）告訴他們，他銜命來「更妥善地」處理他們營收損失的索賠——然後把所有細節轉給顯然沒那麼友善的轉包商。他們聽完環境保護署的代表發表的言論：被大量噴灑在油污上的化學分散劑真的安全無虞。而這與他們讀到未經檢驗和英國禁用的產品資訊恰恰相反。

但在海岸防衛隊的艾德·史坦頓（Ed Stanton）第三次上講台向他們保證「海防隊會確定英國石油把它清理乾淨」時，耐心開始用罄。

「寫下來！」有人高喊。這會兒冷氣自己關了，冰桶裡的百威啤酒也快喝完了。一位名叫麥特·歐布萊恩（Matt O'Brien）的捕蝦漁民接近麥克風。「這種話我們不必再聽了。」他這麼說，雙手叉腰。重要的不是他們得到什麼樣的保證，他做出解釋：「我們就是不相信你們這些人！」此話一出，全場爆出大聲歡呼，還以為是油人隊（不幸正是該校美式足球校隊的隊名）剛達陣了。

這次攤牌至少有宣洩作用。數週以來，居民只能聽輪番來自華盛頓、休士頓和倫敦的加油打氣和誇張的承諾。每一次打開電視，英國石油執行長東尼・海華德（Tony Hayward）都在上頭義正詞嚴地說他會「做正確的事」。或者見到歐巴馬總統表達十足的信心，說他的行政部門會「讓墨西哥沿岸的狀況比以前更好」，說他「會確定」那「恢復得比危機之前更強壯」。

那些話聽起來很棒。但對於那些因謀求生計之故，必須密切接觸濕地棘手化學物質的民眾而言，那些話也荒謬至極，荒謬得惱人。一旦油污像數公里外那樣，覆蓋住草地沼澤的基部，就沒有奇蹟般的機器和化學合成物可以安全地把油清掉了。你刮得掉開放水域表面的油污，耙得走沙灘上的油污，但被油包覆的沼澤只會靜靜待在原地，慢慢死去。以那面沼澤做繁殖場的無數物種（蝦、蟹、牡蠣、有鰭魚），幼體都會中毒。

事情已經在發生了。那天稍早，我乘一艘淺水船穿過附近的沼澤。魚在白色的攔油索裡跳來跳去——那是一條條英國石油用來吸附油污的白色厚棉和網線。那骯髒的圓圈似乎像套索一樣，在魚的四周愈拉愈緊。不遠處，一隻紅翅膀的黑八哥停在沼澤一片約兩公尺長的葉片上。死亡已沿著莖蔓延上來；那隻小鳥就像站在一支引燃的炸藥棒上。

然後是草地本身，或曰蘆葦（Roseau cane）——這種葉片高而銳利的植物名稱。要是油滲入沼澤夠深，那不只會毀掉地面上的草，也會扼殺根。那些根支撐著整面沼澤，讓這片綠地不致崩進密西西比河三角洲和墨西哥灣。因此，像普拉克明縣這樣的地方不僅可能會失去漁場，也會失去大半能減輕像卡翠娜颶風那樣強烈風暴衝擊的天然屏障——換句話說，可能失去一切。

受創這麼嚴重的生態系統，要花多久時間才能像歐巴馬總統的內政部長所保證的「復原、完好如初」呢？我們完全不清楚這樣的事情有沒有一絲可能，至少不知道在我們腦袋能輕易理解的時間範圍裡是否可能做到。阿拉斯加的漁場尚未完全從一九八九年埃克森油輪瓦迪茲號（Exxon Valdez）漏油事件中復原，且有些物種一去不返。現在政府科學家預估，每四天就有像瓦迪茲號總漏油量那麼多的油進入墨西哥灣沿海水域。比這次更糟的預後出自一九九一年波斯灣戰爭的漏油事件，當時估計有一千一百桶的石油被倒進波斯灣，是史上最大的溢油事件。石油進入沼澤地，留在那裡，拜螃蟹挖的洞所賜，愈鑽愈深。這不是完美的對照，因為那起漏油做的清理少之又少，但根據那場浩劫十二年後進行的一項研究，有將近九〇%受影響的鹽沼及紅樹林仍嚴重受創。

這情況我們非常了解。不但不會「完好如初」，墨西哥灣沿岸更可能萎縮。它富饒的水域和擁擠的天空將比今天還要了無生氣。拜侵蝕所賜，許多社區在地圖上占有的實體空間也將削減。沿岸的傳奇文化將進一步萎縮、凋零。畢竟，在沿岸上上下下的漁家不是只在這裡採集食物。他們也支撐了一個錯綜複雜的網路，包括家庭傳統、飲食、音樂、藝術，以及瀕臨絕種的語言——就像支撐沼澤土地的草根。沒有漁業，這些獨特的文化就失去它們的根、它們立足的土地了。（至於英國石油，它很清楚復育的局限。該公司的「墨西哥灣區域漏油因應計畫」〔Gulf of Mexico Regional Oil Spill Response Plan〕特別吩咐承辦人不要做出「財產、生態或其他一切都會恢復正常的承諾」——這無疑就是他們始終愛用「做正確的事」等敷衍話術的原因。）

若說卡翠娜颶風掀開了美國種族主義的紗簾，那英國石油之災就揭露了某件藏得更深的事物：就連我們之中最聰敏善謀的人，對於各種錯綜複雜、互相連結的自然力也無法掌控，只會亂弄一通。英國石油花了好幾週還塞不住它在地球搞出的洞。我們的政治領袖無法命令魚類存活，或叫瓶鼻海豚不要集體暴斃。再多的賠償金也取代不了失根的文化。而在我們的政治人物及企業領導人尚未接受這些令人汗顏的事實之際，那些空氣、水和生計都被污染的民眾，幻想正迅速破滅。

「所有東西都快死了。」當縣政會議終於步入尾聲，一位女性這麼說。「你們怎能告訴我們，我們的灣區有復原力，會恢復原狀？因為來到這裡的你們，沒有人對我們灣區將發生的事有一丁點的了解。你們面無表情地坐在這裡，假裝知道你們根本不知道的事。」

墨西哥沿岸的危機跟許多事情有關：貪腐、解除管制、對化石燃料成癮。但這一切都與一件核心事實相關：我們的文化極其危險地自認完全了解和掌控自然，因此可以激進地操縱它、改造它，而維繫我們的自然系統只會承受微乎其微的風險。但正如英國石油的災難所揭露，自然永遠比最精細的數學和地質模型想像的還要不可預測。在國會作證期間，英國石油的海華德說：「我們會用最好的頭腦、最專業的技術來解決」這場危機，「除了一九六〇年代的太空計畫可能是例外，很難想像承平時代有哪個地方集合更大、更專業的團隊」。但面對地質學家吉兒・施耐德曼（Jill Schneiderman）形容為「潘朵拉的井」的狀況，那些專家就跟在縣政會議面對憤怒群眾的男人一樣：一副了然於心，實則什麼都不知道。

英國石油的企業宗旨

在人類歷史的弧線上，「自然是我們可任意改造的機器」的觀念是相對近代的奇想。環境史學家卡洛琳・麥茜特（Carolyn Merchant）在她開創性的一九八〇年著作《自然之死》（*The Death of Nature*）中提醒讀者，十七世紀以前，地球都是被視為有生命的，通常是化為母親的形象出現。當時的歐洲人，就像世界各地的原住民一樣，相信這顆星球是活生生的有機體，充滿賦予生命的力量，但也有滿腔怒氣。基於這個理由，對於會使「母親」變形或褻瀆「母親」的行為，有強烈的禁忌，包括採礦在內。

隨著自然的一些（但絕非全部）奧祕在十七世紀科學革命期間被解開，隱喻改變了。隨著自然開始扮演機器的角色，不再神祕或有神性，它的成分可以築壩、採掘、改造而不受懲罰。

自然有時仍會像個女人，但是個容易支配、征服的女人。法蘭西斯・培根爵士（Sir Francis Bacon）最精煉地濃縮了這種道德觀，他在一六二三年《學問的尊嚴與進步》（*De dignitate et augmentis scientiarum*）一書中寫道：自然該「被藝術和人類之手加以抑制、鑄造，做得跟新的一樣」。

這段話大可拿來當英國石油的企業宗旨。大膽占據該公司所謂的「能源邊境」，它涉足合成製造甲烷的微生物，宣布「新的研究領域」將是地球工程（geoengineering）。當然，它也誇耀自己在墨西哥灣的泰伯勘油井（Tiber），現在它有「石油天然氣產業史上鑽得最深的一口井」，在海床底下的深度，跟噴射機在空中飛行的高度一樣。

但在企業的想像裡，只有一點點剩餘的寶貴空間保留給未雨綢繆（如果這些改變生命和地理基石的實驗出了差錯，會發生什麼事？）。如我們已經發現的，在深水地平線鑽井平台爆炸後，該公司沒有既定的系統能有效反應這個事態。在解釋公司為什麼連在岸上待命的封堵穹頂（containment dome）都沒有時（後來使用結果失敗），英國石油發言人史提夫・林哈特（Steve Rinehart）說：「我覺得沒有人預見到我們現在面臨的情況。」顯然，防噴器（blowout preventer）會失敗「似乎是無法想像的事」，所以，幹嘛預作準備呢？

這種拒絕計議失敗的思維顯然直接來自高層。一年前，執行長海華德告訴一群史丹佛大學研究生，他辦公桌上有塊牌子寫著：「如果你知道自己絕不會失敗，會做何嘗試呢？」這絕非一句良性、啟發性的口號，而是精確描述英國石油和其競爭對手在現實世界的行為。在最近國會山莊（Capitol Hill）的聽證會上，麻薩諸塞州參議員艾德．馬基盤問石油天然氣公司高層代表，問他們如何分配資源，結果發人深省。過去三年，他們花了「三百九十億美元探勘新的石油和天然氣。但投資於研發安全、意外預防和漏油對策的金額，每年平均只有區區兩千萬」。

這樣的順位足以解釋，英國石油最早為探勘命運多舛的深水地平線鑽油井交給聯邦政府的計畫，為什麼讀起來會跟反映人類傲慢的希臘悲劇一樣。「風險甚小」一詞出現了五次。就算發生漏油，英國石油也自信滿滿地預判，拜「已獲證明的設備和技術之賜」，有害的效應將微乎其微。把自然呈現為可預期、凡事欣然贊同的次要合夥人（或轉包商），那份報告愉快地解釋，萬一發生漏油，「洋流和微生物降解作用會把油清出水層，或將成分稀釋回背景濃度」。在此同時，對魚類的影響「可能未達致死」，因為「成魚和貝類有能力避開油污並代謝碳氫化合物」。（照英國石油的說法，對水生生物來說，漏油不會是急迫的威脅，而像是一頓吃到飽的百匯。）

最棒的是，萬一發生真發生大規模漏油，因為公司預計會有快速的反應（！），也因為鑽油井與海岸距離甚遠（約七十七公里），顯然「幾乎沒有碰觸或衝擊海岸線的風險」。這是所有主張中最驚人的了。在一個海風風速常超過每小時七十公里的海灣，更別說颶風，英國石油完全不尊敬海洋潮起潮落、洶湧起伏的能力，不認為油有辦法完成區區七十七公里的旅程。（一塊深水地平線平台爆炸的碎片在三〇六公里外的佛羅里達海灘被發現。）

但如果英國石油提交預測的對象不是急欲相信人定勝天的政治階級，一切的混亂也不可能發生。其中有些人，例如共和黨的麗莎・穆爾科斯基（Lisa Murkowski），比其他人更急。這位阿拉斯加參議員對產業四度空間的震波成像（seismic imaging）驚嘆不已，盛讚深海鑽探已經達到人為掌控的高標準。「那比迪士尼更出色，你可以運用技術、追求蘊藏數千數萬年的資源，而且以對環境無害的方式追求。」她這麼告訴參議院能源委員會。

二〇〇八年五月以來，不假思索的鑽探當然是共和黨的一貫政策。當油價飆到史上新高，保守派領導人紐特・金瑞契（Newt Gingrich）宣布這句口號：「這裡鑽、現在鑽、少花錢」，特別強調「現在」。這項廣受歡迎的運動是在大聲反對告誡、反對研究、反對審慎的行動。套用金瑞契的話，在自家可能有石油天然氣的地方——鎖在落磯山脈的頁岩裡、北極國家野生動物保護區（Arctic National Wildlife Refuge）中，和近海的深處——鑽探，是萬無一失可同時降低油價、創造就業和痛擊阿拉伯人的方式。既然可一舉三得，只有娘娘腔才會在乎環境：如參議員米奇・麥康諾（Mitch McConnell）所說：「在阿拉巴馬、密西西比、路易斯安那和德克薩斯，人們認為鑽油平台很漂亮。」在共和黨全美代表大會於二〇〇八年喊出惡名昭彰的「鑽啊，寶貝，鑽啊」口號之際，該黨的基層已深陷美國自己開採化石燃料的狂熱中，假如有人帶來夠大的鑽頭，他們說不定就在議場地板下鑽起來了。

最後，歐巴馬讓步了。在天殺的糟糕時機點——深水地平線爆炸三週前，總統宣布開放國家先前被保護的地區供海域鑽探。他解釋，這種作為沒有他想像的那麼危險。「今天的鑽油平台一般不會造成漏油。它們的技術非常先進。」但那對莎拉・裴琳（Sarah Palin）來說還不夠。她嘲笑歐巴馬政府打算進行更多研究才在某些地區鑽探的計畫。「我的天啊，各位，這些地方已經被研究到爛掉了。」她在爆炸前十一天這麼告知於紐奧良舉行的南部共和黨高階會議。「讓我們鑽吧，寶貝，鑽啊，不要熄火，寶貝，不要熄火！」眾人歡欣鼓舞。

英國石油的海華德在國會作證時說：「我們和整個產業會從這次可怕的事件記取教訓。」你可能會想像這等規模的災難會對英國石油高階主管和「現在就鑽」的群眾灌輸一種新的謙遜感。但完全沒有這樣的跡象。企業和政府對這次災難的反應，仍充斥著一開始釀成井噴事件的那種傲慢和過度樂觀的預測。

「墨西哥灣是非常遼闊的海洋，」我們聽到海華德這麼說。「相較於總水量，我們漏進去的油量和放進去的分散劑劑量微乎其微。」換句話說：別擔心，她可以承受。在此同時，發言人約翰・柯瑞（John Curry）堅持飢餓的微生物會吃光這個水系裡所有的油，因為「自然會有改善情況的辦法。」但自然並未配合。深海的湧流毀掉英國石油所有嘗試控制的作為，即俗稱的「蓋帽」、「封堵穹頂」和「垃圾彈」（junk shot）。（三個月後終於把井口蓋住。）海洋的風勢和洋流也讓英國石油鋪設來吸收石油的輕質攔油索形同兒戲。「我們告訴他們，」路易斯安那採蠔人協會（Louisiana Oystermen Association）主席拜倫・安卡拉德（Byron Encalade）說：「油會從攔油索上頭或底下過去。」確實如此。密切追蹤清理工作的海洋生物學家瑞克・史坦納（Rick Steiner）預估：「這些攔油索十之七、八完全起不了作用。」

然後是爭議性的化學分散劑：超過一百三十萬加侖的化學藥劑在該公司「怎麼會這樣？」的標準態度下被倒進海裡。如同普拉克明縣政會議上憤怒的居民所正確指出，藥劑沒做過幾次測試，也少有研究探討這種史無前例的分散油量對海洋生物的影響。目前也沒有方法清除水面下的油污與化學物質的有毒混合物。沒錯，快速倍增再倍增的微生物確實會大啖水面下的油，但在這個過程中，他們也會吸收海水的氧氣，對海洋健康造成全新的威脅。

英國石油甚至妄想自己可以阻止覆滿油污的海灘及鳥類等有損形象的畫面逃出災區。例如，當我和一組電視工作人員在船上時，另一艘船向我們逼近，船長問：「你們是為英國石油工作的嗎？」當我們回答不是，在此開放水域得到的回應是「那你們不能在這裡」。但當然，諸如此類的拙劣手法失靈。就是有太多地方有太多油了。「你沒辦法叫上帝的空氣往哪裡流，沒辦法叫水往哪裡流。」環境正義運動人士狄波拉．拉米瑞茲（Debra Ramirez）告訴我。這是她住路易斯安那莫斯維爾（Mossville）時學到的課題。那裡被十四間湧出排放物的石化工廠圍繞，而她看著疾病在鄰居之間傳播。

否認的浪潮沒有減弱的跡象。路易斯安那州的政治人物憤慨地反對歐巴馬暫時凍結深海鑽探的命令，指控他在漁業及觀光業都面臨危機時扼殺碩果僅存的大產業。裴琳在臉書上若有所思地說：「沒有哪一種人類的努力是毫無風險的。」德州共和黨眾議員約翰．庫爾伯森（John

Culberson）形容這場災難是「統計學的異常」。但明顯最反社會的反應來自資深華盛頓評論員李韋林．金恩（Llewellyn King）：我們不必迴避高工程風險，他說，而該驚嘆「我們竟然可以造出如此不同凡響的機器，可以把地底的蓋子掀掉呢」。

止血

所幸，很多人從這場災難學到截然不同的教訓，不是驚嘆人類改造自然的能力，而是發現在面對激烈釋放的自然力時，我們有多無能為力。此外還有這種感覺：這個海底破洞不只是一場工程意外或機械故障。它是地球本身這個生命有機體因暴力所致的傷口。而拜英國石油的實況轉播所賜，我們全都看得到地球的內臟，一天二十四小時泉湧而出。

護水聯盟（Waterkeeper Alliance）的保育人士約翰．華申（John Wathen）是少數幾位在災害發生頭幾天便飛到漏油上空的獨立觀察員之一。在拍攝海防隊委婉地稱為「彩虹光澤」的一條條濃濁紅色油光後，他注意到很多人已經感覺到的：「墨西哥灣似乎在淌血。」這種意象一再於對話和訪問中出現。紐奧良環境權利律師莫妮克．哈登（Monique Harden）拒絕稱此次災害為「漏油」，而說：「我們在出血。」有人說到「止血」的必要。而我個人在和美國海防隊一起飛越深水地平線沉默的海域時驚覺，油在海浪中形成的螺旋狀，像極了石洞壁畫：一顆喘氣的肺、一雙凝視上方的眼、一隻史前的鳥。訊息自深處傳來。

這當然是墨西哥灣的傳說中最奇怪的轉折：它似乎在喚醒我們注意這個事實：地球從來不是機器。在被宣告死亡四百年後，在路易斯安那生靈塗炭的時候，地球活過來了。

跟著石油穿過生態系統的經驗本身，即是一堂深層生態學的速成課。每一天，我們都學到更多，這個看似是世界一塊孤立地區的可怕問題，實際上會如何以我們多數人想像不到的方式放射出去。這天我們得知石油會抵達古巴，然後是歐洲。隔天我們聽到遠在大西洋北方加拿大愛德華王子島的漁民憂心忡忡，因為他們在外海捕的藍鰭金槍魚（bluefin tuna），正是誕生於數千公里外被石油污染的墨西哥灣水域。我們也獲悉，對鳥類而言，墨西哥灣沿岸濕地相當於忙碌的空運中心。一百一十種遷徙性的鳴鳥，和七五%遷徙性的美國水禽，每一隻似乎都會在此中途停留。

晦澀難解的混沌理論家告訴你一隻在巴西拍動翅膀的蝴蝶可能引發德克薩斯的龍捲風是一回事，看著混沌理論在眼前上演又是另一回事。卡洛琳．麥茜特這樣表述這個課題：「正如英國石油悲慘、遲來的發現，問題在於，自然這種活躍的力量是不能這樣限制的。」在生態系統內，可預料的結果非常稀有，「不可預測、混亂的事件**才是**常態。」而為免我們還不了解，幾天前，一道閃電像一個驚嘆號般擊中一艘英國石油的船，強迫它中止封鎖行動。而沒有人敢揣測颶風會怎麼對待英國石油的「毒湯」。

我們必須強調的是，這條特殊的啟蒙途徑有種獨特的荒誕。有人說美國人是經由轟炸外國來得知那些國家位於哪裡。現在看起來，我們正透過毒害自然的循環系統來學習它們。

一九九〇年代晚期，哥倫比亞一群與世隔絕的原住民因一場近乎阿凡達式的衝突占據世界頭條。從他們在遙遠安地斯山脈雲霧森林裡的家園，烏瓦族（U'wa）讓世人知道，要是西方石油（Occidental Petroleum）執行在他們的領土鑽探石油的計畫，他們會集體跳崖自殺。族老解釋，原油是「ruiria」，即「大地母親的血」。他們相信所有生命，包括他們自己，都是從「ruiria」流出來的，因此掘取石油會致使他們滅亡。（西方石油最後撤出那個地區，指當地的石油沒有他們原本以為的多。）

幾乎所有原住民文化都跟科學革命前的歐洲文化一樣，有和住在自然世界——岩石中、山中、冰河裡、森林裡——的神靈有關的神話。康考迪亞大學（Concordia University）人類學家卡蒂雅．聶維斯（Katja Neves）指出，那種習俗有其實用目的。當我們說大地「神聖」，就是在面對我們無法充分領略的力量時表達謙遜。一旦神聖的事物存在，它會要求我們繼續小心行事，甚至敬畏。

如果我們許多人終於記取這次的教訓，意義將非常深遠。民眾對增加近海鑽探的支持度已經驟降，「現在就鑽」的狂熱高峰掉了二二％。但這個議題還沒有死。很多人仍堅持，拜巧妙的新技術和嚴格的新管制之賜，現在於北極海鑽探是最安全的——就算北極冰層下的清理會比此刻於墨西哥灣進行的清理複雜得多。不過，或許這一次我們不會如此輕易放心，這麼快就拿碩果僅存的避風港一賭。

地球工程情況相仿。在氣候變遷的協商緩慢進行的同時，我們應該會聽到歐巴馬能源部科學副部長史蒂芬·庫寧（Steven Koonin）說更多話。他是這個概念的首要擁護者之一：氣候變遷可用技術花招，例如在大氣釋放硫酸鹽和鋁分子等等加以對抗——那當然百分之百安全，就跟迪士尼一樣！他碰巧也是英國石油的前任首席科學家，井噴意外十五個月前還在監督英國石油據稱安全的深海鑽探任務。或許這一次，我們會選擇不要讓優秀的博士拿地球的物理化學做實驗，改而選擇降低消費、改用就算失敗也不會毀天滅地的再生能源。

這場災難最正面的結果將是不僅加速推動風力之類的再生能源，也完全接受科學的預防原則（precautionary principle）。與海華德「如果你知道自己絕不會失敗」的信條恰恰相反，預防原則主張「當某項活動會提高環境或人類健康受到損害的威脅」，我們該當作失敗有可能，甚至很可能發生那般謹慎行事。或許我們可以在海華德簽賠償支票時，順便送他一塊新的桌牌：你一副了然於心，實則什麼都不知道。

後記

當我為這份報告造訪墨西哥灣沿岸地區時，漏油仍在持續，衝擊會延續多久依然未知。九年後，事實證明有些最可怕的預測正確無誤。美國國家野生動物協會（National Wildlife Federation）的研究指出，災後數年，有四分之三懷孕的瓶鼻海豚無法生出能存活的後代。到了二〇一五年，報告顯示漏油事件是至少五千隻哺乳動物死亡的因素之一——其中許多是海豚。

另外，有兩兆到五兆隻幼魚，以及超過八十億隻牡蠣在災後喪命。依據二〇一五年自然資源保護委員會（Natural Resources Defense Council，簡稱NRDC）的報告，這造成漁業年收約兩億四千七百萬美元的損失。而正如當年我碰到的漁民擔心發生的事，根據NRDC一項研究，所有產在墨西哥灣的藍鰭金槍魚卵，約有一二%在二〇一〇年的產卵季被油污染，對種群的長期影響仍不得而知。

我在被油污染的草地沼澤上見到的鳥，可能也過得不怎麼好。二〇一三年路易斯安那州立大學的研究發現，漏油事件後，築於油污染沼澤區的麻雀巢幼鳥，只有五%存活下來——未受油直接影響的濕地則約有五〇%。墨西哥灣研究倡議（Gulf of Mexico Research Initiative）的研究發現顯示，離海岸遠達九公尺的沼澤草地盡被摧毀，而仍有大量石油深埋在沉積物裡，並於二〇一二年哈維颶風（Hurricane Harvey）期間被翻攪、釋放出來（很可能在未來的災害中再次釋放）。據二〇一七年佛羅里達州立大學一項研究，受漏油衝擊的沿岸沉積物，損失了高達五〇％的生物多樣性。

資本主義vs.氣候

就是沒有辦法拿一種誹謗集體行動、尊敬完全市場自由的信仰體系，解決一個需要空前規模的集體行動和積極約束市場力量才能解決的問題。市場力量，正是當初造成這場危機、現在又讓它雪上加霜的因素。

二〇一一年十一月

第四排的男士有問題。

他介紹自己名叫理查・羅斯柴爾德（Richard Rothschild）。他告訴大家他要參選馬里蘭喀拉爾縣（Carroll County）的縣長，因為他已做成結論：對抗全球暖化的政策其實是在「攻擊中產階級美國的資本主義」。他對群集華府萬豪酒店（Marriott Hotel）的討論小組提出這個問題：「這整個運動有沒有可能是一座綠色的特洛伊木馬，肚子裡裝滿紅色的馬克思社經教義呢？」

這裡是哈特蘭研究所（Heartland Institute）的第六次氣候變遷國際會議（Sixth International Conference on Climate Change），對於竭力否認「人類行為正使全球暖化」這個壓倒性科學共識的人士來說，這是最重要的集會。在這裡，羅斯柴爾德的問題是明知故問。就像在德國中央銀行官員的會議上問希臘人靠不靠得住一樣。儘管如此，討論小組不會放過這個告訴提問者他說得有多正確的機會。

企業競爭研究所（Competitive Enterprise Institute）的資深研究員克里斯．何納（Chris Horner）專門以麻煩的訴訟和資訊自由法（Freedom of Information Act）的「釣魚式盤問」（fishing expedition）來騷擾氣候科學家。他調整了桌上的麥克風。「你可以相信這和氣候有關，」他幽幽地說：「很多人也這麼相信，但那不是合理的信念。」過早泛白的髮讓他看起來像右派版的安德森．古柏（Anderson Cooper），何納喜歡引用索爾．阿林斯基（Saul Alinsky）：「真正的問題不在這裡。」真正的問題，顯然是「沒有哪個自由社會會做這個議程要求的事……第一步是去除這些叨絮絮、一直擋路的自由。」

依照哈特蘭的標準，「氣候變遷是竊取美國自由的陰謀」是平淡無奇的主張。在這為期兩天的會議中，我將得知歐巴馬支持在地經營生物燃料提煉廠的競選承諾實為「綠色社區主義」，就類似「毛澤東要家家戶戶在後院設置煉鋼站」的計畫（出自卡托研究所〔Cato Institute〕的派崔克・麥克斯〔Patrick Michaels〕）；氣候變遷是「國家社會主義的掩護馬」（出自前共和黨參議員、退休太空人哈利森・施密特〔Harrison Schmitt〕）；還有環保人士就像阿茲特克的祭司，犧牲無數人的性命來安撫神明、改變天氣（出自否認派權威網站ClimateDepot的編輯馬克・摩蘭諾〔Marc Morano〕）。

但最重要的是，我將聽到第四排這位縣長所述意見的各種說法：氣候變遷是一座設計來廢除資本主義、以某種生態社會主義取而代之的特洛伊木馬。會議講者拉瑞・貝爾（Larry Bell）在他的新書《腐化的氣候》（*Climate of Corruption*）裡說得簡單扼要：氣候變遷「跟環境狀況沒什麼關係，跟為了重新分配全球財富的利益而桎梏資本主義、改變美國人的生活方式比較有關係」。

沒錯，當然，有種託詞是，這些代表駁斥氣候科學，是基於對數據資料的見解嚴重分歧。會議發起人也不遺餘力地模仿可信的科學會議，稱這次集會為「修復科學方法」甚至採用組織頭字語「ICCC」，只和世界氣候變遷權威：聯合國政府間氣候變化專門委員會的「IPCC」差一個字。但這裡呈現的科學理論都很古老，而且不被採信很久了。也沒有人試著解釋為什麼每一位講者說的內容好像互相矛盾。（到底是沒有暖化，還是有暖化但不成問題？如果沒有暖化，那太陽黑子致使溫度升高的討論又是怎麼回事？）

事實上，在溫度圖投影出來時，有幾位最年長的觀眾似乎在打瞌睡。他們唯有在運動的搖滾明星上台時——不是三流科學家而是一流的意識型態戰士，比如摩蘭諾和何納——才生龍活虎。這是這場集會的真正目的：為強硬否認派提供一場論壇，蒐集修辭的球棒，好在未來數週、數個月拿來毆打環保人士和氣候科學家。先在這裡測試過的論點將塞滿每一篇、每一段含有「氣候變遷」或「全球暖化」等關鍵字的文章和YouTube影片的評論區。它們也將從數百位右翼評論員和政治人物的嘴裡說出來——從瑞克・裴瑞（Rick Perry）和米歇爾・巴赫曼（Michele Bachmann）等共和黨黨內總統參選人，到理查・羅斯柴爾德等縣長。在會場外的一場專訪，哈特蘭研究所所長約瑟夫・巴斯特（Joseph Bast）驕傲地為「數千文章、社論和演講」居功……「那些都得到會議參與人士的傳達或啟迪」。

總部設於芝加哥的智庫哈特蘭研究所致力於「促進自由市場的解決方案」，自二〇〇八年以來一直在舉行這樣的會談，有時一年兩次。這個策略似乎一直頗見功效。在第一天的會談尾聲，摩蘭諾——成名作是率先宣傳在二〇〇四年總統大選擊沉約翰・凱瑞（John Kerry）的「快艇老兵說真相」（Swift Boat Veterans for Truth）故事——率領與會人士呼喊一連串勝利口號。排污交易：必亡！哥本哈根高峰會的歐巴馬，必敗！氣候運動：找死！他甚至以投影亮出了兩句氣候社運人士用來鞭策自己的話（革新派常幹這種事），敦促觀眾「慶祝！」。

沒有氣球或五彩碎紙從天花板落下，有些可惜。

當民眾對重大社會或政治議題的意見發生轉變時，趨勢通常是相對漸進的。若出現猛然轉向，大多是戲劇性事件所引發。這就是民意調查專家何以對過去短短四年氣候變遷的民意走向如此驚訝。二〇〇七年哈里斯民意調查（Harris poll）發現，有七一%的美國人相信持續燃燒化石燃料會導致氣候變遷。二〇〇九年，數字驟降至五一%。二〇一一年六月，同意的美國人剩下四四%——離半數還有一段距離。據皮優民眾與媒體研究中心（Pew Research Center for the People and the Press）民調研究主任史考特·基特（Scott Keeter）表示，這是「近代輿論史上在短時間內最大的轉向之一」。[1]

更驚人的是，這個轉向幾乎完全在政治光譜的一端發生。近至二〇〇八年時（那一年金瑞契和佩洛西合開了一個氣候變遷的電視節目），這個議題在美國仍得到兩黨連袂支持。那段日子無疑結束了。今天，有七〇到七五%認同民主黨和自由派的人士相信人類正在改變氣候，比

---

1 之後數字止跌回升，並在二〇一九年初迅速變動。二〇一九年元月耶魯氣候變遷傳播計畫（Yale Program on Climate Change Communication）所做的研究發現，有七二%的美國人形容氣候變遷對他們「有切身的重要性」——比二〇一八年三月增加九%。過半民眾也理解氣候變遷的主因是人類活動。那份研究也發現「有近半美國人（四六%）表示他們親身經歷過全球暖化的效應，比二〇一五年三月足足增加一五%」。意義同樣重大的是，二〇一七年皮優研究中心的民調發現，六五%的美國人支持發展非化石燃料的能源，只有二七%支持加強開採化石燃料。

例十年來維持穩定，甚至微幅上揚。反觀共和黨員，特別是茶黨人士，已壓倒性地選擇拒絕科學共識。在某些地區，只有二〇%認同共和黨的民眾接受科學。[2]

情感強度上的轉變同樣重要。以往絕大多數人都說他們在乎氣候變遷——只是沒那麼在乎。當美國人被要求依優先順序排列他們關心的政治議題時，氣候變遷幾乎都敬陪末座。[3]

但現在，有一大群志同道合的共和黨人激情、甚至執迷地在意氣候變遷——不過他們在意的是揭發這個自由派所捏造、強迫他們更換燈泡和住蘇維埃式的廉價公寓還放棄休旅車的「騙局」。對那些右翼人士來說，反對氣候變遷儼然成為他們世界觀的核心，一如低稅、擁槍、反墮胎。許多氣候科學家表示收到死亡威脅，一些作者只是寫了節約能源之類看似無害的文章，也遭到恐嚇（例如史丹・考克斯〔Stan Cox〕寫了一本批判冷氣的書，便有人寫信跟他說：「你可以從我冰冷死去的手裡，取走我的調溫器。」）

這場文化戰爭打得如此慘烈是最壞的消息，因為當你質疑對方就其意識型態核心議題所採取的立場，事實與論點就形同進一步的攻擊，很容易偏離方向。（否認者甚至找到方法駁斥一項證實全球暖化事實、部分由保守派的億萬富翁科赫兄弟〔Koch，指科氏工業集團 Koch Industries〕出資，以一名同情「懷疑」立場的科學家為首的新研究。）

這種激情效應在共和黨領導人的選戰中充分發酵。在總統選戰起跑數天後，家鄉名副其實地野火燎原時，德州州長瑞克・裴瑞取悅他的基層支持者，宣布氣候科學家一直在竄改資料，

「好讓美金滾進他們的計畫」。在此同時，唯一一貫為氣候科學辯護的候選人洪博培（Jon Huntsman）沒多久就退選，而米特・羅姆尼（Mitt Romney）的選情能得救，部分歸功於他不再堅持先前支持氣候變遷科學共識的論述。

但右翼氣候陰謀的效應遠遠擴及共和黨以外。民主黨員對此主題大多三緘其口，不想趕跑中間選民。媒體和文化產業有樣學樣。二〇〇七年時，名人搭油電混合車出席奧斯卡金像獎（Academy Awards）；同年，《浮華世界》（*Vanity Fair*）發行「年度綠色專刊」，而美國三大電視網針對氣候變遷做了一百四十七篇報導。而後不復如此。二〇一〇年，三大電視網只做了三十二篇氣候變遷的報導；豪華禮車堂皇地回到奧斯卡；而《浮華世界》「年度綠色專刊」從二〇〇八年就沒有再發行了。

這令人不安的沉默一直持續到史上最熱的十年和又一個全球怪異天災頻傳、破紀錄熱浪來襲的夏季結束。在此同時，化石燃料產業正趕著投資數百億美元於新的基礎建設：從美洲大陸最污穢、最高風險的源頭開採石油、天然氣及煤礦（七十億美元的基石ＸＬ輸油管〔Keystone

2 兩黨的分歧依舊鮮明，只有二六％的保守派共和黨員相信氣候變遷的科學共識。但在認同自由派／溫和派共和黨的民眾間，否認的人數顯著減少。根據一項耶魯的研究，現在有五五％承認人類在全球暖化扮演的角色。

3 這或許是近來最大的變化：二〇一九年初皮優研究中心一份民調顯示，有四四％的美國選民認為氣候變遷應列為首要之務，比二〇一一年上升二六％。最引人注目的是，二〇一九年四月ＣＮＮ進行的民調顯示，在總統初選前，氣候變遷是民主黨已登記選民的首要議題，排名甚至高過醫療。

XL pipeline」只是最受矚目的例子）。在亞伯達的油砂（tar sand）、在波弗特海（Beaufort Sea）、賓夕法尼亞的天然氣田和懷俄明、蒙大拿的煤田，這個產業正在豪賭：制定嚴格氣候法規的希望十分渺茫。

如果這些計畫準備開採的深埋碳被釋放進大氣層，啟動災難性氣候變遷的機會將大大提升（航太總署的詹姆斯・韓森〔James Hansen〕說，光是開採亞伯達油砂裡所有的石油，基本上就足以讓氣候「玩完了」）。

以上種種意味著氣候運動需要強勢回歸。而氣候運動要強勢回歸，左派必須向右派學習。否認者透過讓氣候與經濟掛勾來取得牽引力：他們聲稱，氣候行動會消滅資本主義、扼殺就業、讓物價飆漲。但隨著愈來愈多人認同「占領華爾街」（Occupy Wall Street）抗爭人士的主張：資本主義本身就是就業不穩定和勞役償債（debt peonage）的源由，這是個門戶大開的機會，讓左派從右派奪取經濟領土。這需要有說服力的論述證明氣候危機的真正解方，也是建立更公平、更開明的經濟制度的最大希望——能消弭深刻不平等、強化及改造公共領域、創造充足且有尊嚴的工作，和徹底駕馭企業力量。這也需要改變這樣的觀念：氣候行動只是爭取革新派關注的一長串崇高理念之一。一如否認氣候真相已成為右派的核心身分認同議題，與維護現有權力及財富體制緊緊糾纏在一起，對革新派來說，氣候變遷的科學事實也必須在條理分明地陳述貪婪無度的危險和真正替代方案的必要時，占據最中間的位置。

這樣的轉變或許不像它表面貌似的那般艱難。事實上，如果你去問哈特蘭那幫人的話，氣候變遷會形成某種幾乎無可避免的左派革命，這就是他們決心否認到底的原因。或許我們該更仔細聆聽他們的理論——他們或許了解我們多數人仍不明白的事情。

否認派不是因為發現什麼隱祕的社會主義計畫才認定氣候變遷是左派的陰謀。他們嚴格檢視了世界必須做些什麼以符合氣候科學所要求那麼激烈、急劇地降低全球排放，而做出這樣的分析。他們斷定，唯有採用與他們「自由市場」信仰對立的方式徹底重整經濟政治秩序，才能把全球排放降低到那種程度。如英國部落客及哈特蘭固定成員詹姆斯・德林波勒（James Delingpole）指出：「現代環境保護理論成功地推動許多親左派的理念：財富重分配、較高的稅、更強烈的政府干預和管制。」哈特蘭的巴斯特說得更直接：對左派來說，「氣候變遷完美無比……因為氣候變遷，我們該做**左派**想做的每一件事」。

這是頗令我為難的事實：他們沒有錯。在我進一步說明前，先讓我徹底做個澄清：如同全球九七%氣候科學家所表明，哈特蘭一派在科學方面錯得離譜。經由燃燒化石燃料和燒毀我們的森林釋放到大氣的吸熱氣體，已經致使氣溫上升。如果我們不在這個十年結束前轉換一條截然不同的能源途徑，一定會迎來痛苦的世界。

但說到那些科學發現帶來的政治影響，特別是能源消耗與經濟制度的根本邏輯所需的那種深刻改變，齊聚萬豪酒店的群眾，或許比許多專業環保人士肯面對現實得多，那些環保人士先描繪了全球暖化大決戰的全貌，然後向我們保證，只要買「綠色」產品、建立聰明的污染市場，就可以避免大災難。

地球的大氣無法安全地吸收我們不斷大量傾注的碳，這個事實其實是一個更大危機的症狀。這個危機源於我們經濟模式所立基的虛構核心：自然是取之不盡、用之不竭的，我們永遠能找到更多我們需要的東西，如果某樣東西用完了，可無縫接軌以另一種我們可以無止境開採的資源取代。而我們過度利用、超過其復原能力的不只是大氣——還有海洋、淡水、表層土和生物多樣性。這種盡情擴張、大肆開採的心態長久支配了我們與自然的關係，而氣候危機基本上正是要大家質疑這種心態。那麼多顯示我們已過分逼迫自然的科學研究，需要的不只是綠色產品和以市場為基礎的解決方案，還需要一些新的文明範式，不再以支配自然為基礎，而是尊重自然的再生循環——並對自然的極限保持敏銳，包括人類智慧的極限。

因此在某種程度上，克里斯·何納告訴哈特蘭同志「問題」不在氣候變遷，這句話是對的。事實上，氣候變遷根本不是問題所在。氣候變遷是一個訊息，一個告訴我們，許多西方文化最珍愛的觀念不再可行的訊息。對我們這些在啟蒙進步理想薰陶下長大，不習慣野心受到自然限制的人來說，這些是極考驗心智的啟示。對國家集權的左派和新自由主義的右派來說都是如此。

雖然哈特蘭一派喜歡召喚共產主義的幽靈來恐嚇美國人的氣候行動（一場哈特蘭會議的嘉

賓，前捷克總統瓦茨拉夫．克勞斯〔Vaclav Klaus〕說，試圖阻止全球暖化，就類似「共產主義的中央計畫人員企圖掌控整個社會」。），但真相是，蘇維埃時代的國家社會主義對氣候而言是場災難。它和資本主義一樣熱情洋溢地吞噬資源，也和資本主義一樣滿不在乎地嘔出廢棄物：在柏林圍牆倒塌之前，捷克和俄羅斯的人均碳足跡甚至比英國、加拿大和澳洲還要高。雖然有人指著中國炫目的再生能源計畫，主張唯有中央集權的政權能完成綠能工作，但中國的指揮控制型經濟仍持續與自然全面交戰，包括極具破壞性的大壩、超級高速公路和以榨取為基礎的能源計畫，尤其是煤礦。4

回應氣候威脅固然需要有人願意進行所有層級的產業計畫和強大的政府行動，但有些最成功的氣候解決方案是引導這些干預工作，將權力及掌控權有系統地分散、下放給社區層級，不論是透過社區掌控的再生能源、生態農業，或真正對使用者負責的運輸系統。

這就是哈特蘭一派有充分理由害怕之處：要做到這些新的系統，就需要切碎主宰全球經濟三十多年的自由市場意識型態。緊接著還要全面觀察嚴肅的氣候議程在下面六大領域的意義：

---

4 哥倫比亞大學的全球能源政策中心（Center on Global Energy Policy）近來報告一些鼓舞人心的趨勢：中國現在是風力、太陽能和水力發電的世界領導者。之前穩定增加的煤消耗，在二〇一七年掉了三、四%。然而，雖然大眾對有毒空氣污染的憤怒已順利關閉許多中國的燃煤發電廠，也順利阻止許多新廠的興建，但一份報告也指出，目前有一百間新電廠正在其他國家興建，而中國介入頗深。換句話說，就像北美及歐洲將碳排放連同其製造業外包給中國，現在中國也將其碳排放外包給世界更貧窮的地區了。

公共建設、經濟計畫、企業管制、國際貿易、消費和徵稅。對於齊聚哈特蘭會議的強硬右派意識型態人士來說，這樣的結果可說是理智上的災難。

一、振興並重新投資公共領域

做了這麼多年資源回收、碳補償和換燈泡，顯然，個人行動絕對無法充分反應氣候危機。氣候變遷是集體的問題，需要集體行動。這個集體行動必須發生的其中一個關鍵，是投下重金於大規模降低排放的投資。意思是地鐵、有軌電車和輕軌系統不僅要四通八達，還要讓人人負擔得起，甚至免費；要沿著那些運輸路線興建節能、可負擔的住宅；要有承載再生能源的智慧電力網；要有大規模研究確定我們用的是最好的方法。

私部門不適合提供上述大部分的公共設施是因為那些設施需要大規模的預付投資，而如果這些設施真的要普及大眾，有些可能毫無利潤可言。但它們絕對符合公共利益，這就是它們該由公部門負責的原因。

傳統上，保護公部門的戰鬥已被定型為不負責任的左派和務實者之間的衝突：前者只想無節制地花錢，後者了解那樣的生活無法量入為出。但氣候危機的嚴重性迫切需要徹底翻新的現實主義概念，以及對極限截然不同的理解。政府預算赤字遠不如我們在維持生命所需的複雜自然系統中所製造的赤字危險。要改變我們的文化、尊重自然的極限，需要群策群力——需要我們自己擺脫化石燃料，支持社區公共建設來因應未來的風暴。

二、記得如何計畫

除了扭轉三十年的私有化趨勢，對氣候威脅的嚴肅應對方式還包括找回一種在過去數十年市場基本教義主宰期間被無情打壓的東西：計畫。大量的計畫。產業計畫。土地利用計畫。而且不只是國家和國際層級。世界每一座城市、每一個社區都需要制定如何脫離化石燃料的計畫，也就是「城鎮轉型」(Transition Town)運動所稱的「能源減量行動計畫」。在認真擔起這些責任的城鎮，這個過程已為參與式民主開拓珍貴的空間，鄰居在市政廳開諮詢會議，分享如何整頓社區來降低碳排放、為未來艱困的時代打造恢復力的構想。

氣候變遷也需要其他類型的計畫，尤其要為現有工作會在我們戒除化石燃料後被淘汰的工人擬訂計畫。那些「綠色工作」的職前訓練仍不夠。我們必須讓這些工人明白，真正的工作會在另一邊等待他們。意思是我們要回歸以共同優先事項，而非以企業獲利率為原則來計畫經濟的概念——給予被解雇的汽車廠和煤礦工人工具及資源來取得同樣穩定的工作，例如製造地鐵車廂、安裝風力渦輪和清理採礦場等等。有的在私部門，有的在公領域，有的在合作社——克里夫蘭由工人經營的綠色合作社是一種可行的模式。

如果我們要解決土壤侵蝕、極端天氣、仰賴化石燃料產出的三重問題，農業也必須有計畫地振興。堪薩斯州薩利納（Salina）土地研究所（Land Institute）有遠見的創辦人魏斯・傑克森（Wes Jackson）呼籲「五十年農業法案」。五十年，是他和合作者溫德爾・貝瑞（Wendell Berry）和弗瑞德・基斯曼（Fred Kirschenmann）預估進行研究和發展基礎建設、以多年生作物（混養方式種植）取代許多極耗土壤的一年生草本穀物（單一栽培種植）所需的時間。因為多年生作物不需要年年重新栽種，他們較長的根相當善於儲存稀有的水，支撐土壤和封存碳；多年生作物也較不願受病蟲害侵襲和已無可避免的極端氣候殘害。另一個好處：這類的農作比工業化農業更勞力密集，意味著農業可再次成為長期被忽略的農業社區裡重要、實在的就業來源。

在哈特蘭會議及類似的集會外，讓計畫回歸沒什麼好怕的。三十多年來解除管制、西部拓荒式經濟的實驗已辜負世界各地絕大多數的民眾。這些系統性失敗正是為什麼有這麼多人公開反叛菁英，要求維生工資、停止貪腐、實行真正民主的原因。氣候變遷與新經濟型態的需求不但不相衝突，還增添其存在的必要性。

三、駕馭企業

我們必須進行的一大計畫重點，包含迅速恢復對企業部門的管制。例如可以對再生能源和負責任的土地管理提供補助金。但我們也必須回到禁止絕對危險、破壞性行為的習慣。那意味著要在許多陣線阻止企業，包括對企業可排放的碳量實施嚴格的限額、禁設新的燃煤發電廠、取締集約飼育場，還有逐步淘汰骯髒能源開採計畫等等（從取消新油管和其他一旦打造就非繼續擴張不可的基礎建設工程著手）。

只有一小部分的人口會將限制企業或消費選擇視為海耶克（F. A. Hayek）的「到奴役之路」（The Road to Serfdom）——絕非巧合，這一小撮人正站在否認氣候變遷的最前線。

四、恢復在地化生產

如果透過嚴格管制企業來因應氣候變遷的方法聽來多少有點激進，那是因為從一九八〇年代起，政府的角色必須退出企業部門已成一種信條，尤以國際貿易領域為最。自由貿易對製造業、地方商家和農業的毀滅性衝擊眾所皆知，但或許遭受最重打擊的是大氣。載著原料和成品穿梭全球各地的貨船、巨無霸噴射機、重型卡車大口吞噬化石燃料，也大口吐出溫室氣體。而被製造出來的廉價商品——為替代而製造、幾乎沒辦法修理——一面大量消耗其他非再生資源，一面產生地球已無法安全吸收的廢棄物。

這種模式真的非常浪費，浪費到足以抵銷好幾倍我們減排獲得的些許成果。比如，美國《國家科學院院刊》（*Proceedings of the National Academy of Sciences*）最近公布一份針對簽訂京都議定書（Kyoto Protocol）之工業化國家的排放情況所進行的研究。研究發現雖然排放已穩定下來，但那是因為國際貿易已允許這些國家將骯髒的製造搬到中國等地。研究人員的結論是，在發展中國家製造，但在工業化國家消費的商品，排放的碳比工業化國家省下的碳多六倍。

在尊重自然極限的經濟體裡，能源密集、長途跋涉的運輸，必須限量使用——保留給商品無法在地生產或在地生產更碳密集的例子。（例如在美國寒冷地區的溫室種植的食物，往往比在南部種植、用輕軌運送更能能源密集。）

氣候變遷不需要中止貿易。但它確實需要全面翻修不顧後果、支配每一項雙邊協定和世界貿易組織（World Trade Organization）的「自由貿易」。如果考慮周到、小心謹慎地去做，對於失業的勞工、無法與廉價進口商品競爭的農人、眼見製造業者移往海外、地方商家被大型倉儲式商店取代的社區，會有更多好消息。但這對資本主義計畫構成的挑戰不容小覷：它代表這三十年來的趨勢——去除每一項加諸企業力量的限制——必須加以反轉。

五、遏止購物狂熱

自由貿易三十載以來，解除管制和私有化不只是人類貪圖更大企業獲利的結果，也是在因應一九七〇年代的「停滯型通膨」（stagflation）。停滯型通膨造成強大的壓力，迫使世人尋找能迅速促進經濟成長的新途徑；那確實是個威脅：在我們現行的經濟模式下，生產力下降絕對是種危機——使經濟衰退，而如果衰退得夠深，造成經濟蕭條，會帶來名副其實的絕望和艱困。

這種成長的必要性促使傳統經濟學者屢屢透過這個問題來處理氣候危機：我們要怎麼一

面降低排放，一面維持強勁的GDP成長？答案十之八九是脫鉤（decoupling），也就是再生能源和更高的效能助我們把經濟成長和環境衝擊切開來的概念。湯瑪斯．佛里曼（Thomas Friedman）等「綠色成長」（green growth）倡議者告訴我們，研發新的綠色技術並落實綠色基礎建設的過程，可以大幅提升經濟，讓GDP振翅高飛並創造所需的財富來「讓美國更健康、更富裕、更具創新力、更有生產力，也更安全」。

但事情就是在這裡變複雜。有愈來愈多經濟研究以不受拘束的經濟成長和健全氣候政策之間的衝突為主題，為首者包括馬里蘭大學生態經濟學者赫曼．戴利（Herman Daily）、約克大學的彼得．維克托（Peter Victor）、薩里大學（University of Surrey）的提姆．傑克森（Tim Jackson），以及環境法律及政策專家古斯．史派斯（Gus Speth）。所有人都針對工業化國家可否兩全其美——一面做到提出科學要求的深刻減排（二十一世紀中葉之前做到淨零排放），一面持續讓經濟成長（即便是以今天如此緩慢的速度）。維克托和傑克森主張，節能就是不可能與成長並駕齊驅，部分是因為更高的節能幾乎總會帶來更高的消費，會降低甚至抵銷節能的效益（常稱為「吉馮斯悖論」〔Jevons paradox〕）。何況只要提升能源和原料效率省下的成本再被拿來投資於經濟的指數性擴張，總減排量就會遭受挫敗。如傑克森在《誰說經濟一定要成長》（*Prosperity Without Growth*）一書中所主張：「提倡以脫鉤作為成長兩難逃生路線的人士，需要更仔細地看看歷史的明證——看看成長的基本算術。」

關鍵在於，根源於過度耗用自然資源的生態危機，不能光靠提升我們經濟體的效能來對付，也必須減少全球最富裕二〇%民眾消耗的原料數量。但這個概念令主宰全球經濟的大企業厭惡，因為它們被無拘無束的投資人控制，而投資人每年都要求有更高的獲利。因此我們被困在一種如傑克森所言，「要不拋棄系統，要不破壞星球」的尷尬處境。

要脫出困境，就得接受轉型、改採另一種經濟範式，運用所有剛剛討論過的計畫工具。提高消費應保留給世界各地仍努力脫貧的民眾。在此同時，在工業化世界，那些並非由提高年利潤的欲望支配的部門（公部門、合作社、地方商家、非營利事業），應擴大占整體經濟活動的比重，生態衝擊微小但對幸福有莫大好處的產業亦如是（例如教學、照護專業和休閒活動）。許多工作可循這條途徑創立。但企業部門——結構上需要不斷增加銷售與利潤——的角色必須縮小，特別是財富與榨取資源息息相關的區塊。

因此，當哈特蘭一派對人類引發氣候變遷的證據，做出彷彿資本主義受到威脅的反應時，那不是因為他們被害妄想症發作，而是因為他們注意到了這些。

六、對骯髒的富人課稅

看到這裡，敏感的讀者會問：我們到底要如何支付這一切的費用呢？老派的答案很簡單：船到橋頭自然直。的確，對菁英分子而言，成長型經濟最大的好處之一就是能讓他們一再拖延經濟正義的需要，主張如果我們繼續把餅做大，最後一定有夠多餅給每一個人吃。如同現有不平等危機所揭露，那一直是個謊言，而在一個撞擊多重生態極限的世界，那早就沒有希望而言。因此，要為有意義的生態危機應對措施籌措資金，唯一的途徑是去錢流向的地方。

那意味著課碳稅，課金融投機的稅。意味著給企業和富人增稅，削減浮濫的軍事預算、撤銷給化石燃料業的荒謬補助（光在美國每年就高達兩百億）。各國政府也必須相互配合，讓企業無所遁形。（這類強大的國際管制結構，就是哈特蘭一派警告氣候變遷最終會帶來邪惡「世界政府」的意思。）

然而最重要的是，我們必須向最該為製造這場亂象負責的企業追討獲利。過去十年，前五大石油公司共獲利九千億美元；光是埃克森美孚（ExxonMobil）一季就能淨賺一百億。長久以來，這些公司都曾保證會用獲利投資再生能源的轉型（英國石油重塑形象的「超越石油」〔Beyond Petroleum〕是能見度最高的例子）。但根據美國進步中心（Center for American Progress）一項研究，前五大石油二〇〇八年合計的一千億利潤，只有四％投入「再生與替代能源事業」。相反地，他們持續讓獲利落入股東的口袋、驚人的高階主管酬勞和謀求開採更骯髒、更危險化石燃料的新技術。也有足夠多的錢付給說客壓下每一條抬起頭來的氣候法令，並贊助齊聚萬豪酒店的否認運動。

正如菸草公司有義務支付協助人們戒菸的費用，英國石油必須支付一大部分清理墨西哥灣的成本，我們早該在氣候變遷中應用「污染者付費」的原則了。除了對污染者課更高的稅，政府也必須大幅調高礦區使用費，讓更少的化石燃料就能為大眾攢得更多收益來支付轉型進入後碳時代的費用（以及氣候變遷已加諸我們身上的嚴峻成本）。既然我們認定企業會抗拒任何會阻撓他們獲利的新規定，國有化這個最大的自由市場禁忌就必須搬上檯面。

當哈特蘭一派一如往常主張氣候變遷是「重新分配財富」和工資階級戰爭的陰謀，這些正是他們最害怕的政策類型。他們也了解，一旦氣候變遷的現實獲得承認，財富不僅會在富裕國家裡轉移，也會從排碳製造危機的富裕國家轉移到首當其衝的較貧窮國家。事實上，保守派（及許多自由派）之所以亟欲埋葬聯合國氣候談判，是因為那些談判在部分發展中世界復甦了很多人以為已永遠流逝的反殖民勇氣。再搭配無可反駁、誰該為全球暖化負責、誰受到最嚴重影響的科學事實，諸如玻利維亞和厄瓜多等國家正試圖掙脫數十年來國際貨幣基金及世界銀行貸款硬套在他們身上的「債務國」斗篷，宣稱自己是債權國——不僅被積欠對付氣候變遷的費用和技術，也被剝奪可以發展的「大氣空間」。

所以，讓我們做個總結。要應對氣候變遷，我們需要打破自由市場腳本裡的每一條規則，而且必須馬上去做。我們需要重建公共領域、反轉私有化、重新將許多經濟層面在地化、抑制過度消費，重拾長期計畫、嚴格管制並向企業課稅，甚至將一些企業國有化、削減軍事支出，並承認我們對南方世界的虧欠。當然，除非我們從各方面努力徹底降低企業對政治過程的影響，以上這些就連一絲發生的希望也沒有。而我們最起碼得做到公費選舉和剝奪企業的「法人」地位。簡言之，氣候變遷總括了先前書本上每一項革新的要求，以明確的科學責任為基礎，把它們結合成一貫的議程。

另外，氣候變遷也是自凱因斯（John Maynard Keynes）《凡爾賽和約》（Treaty of Versailles）會迫使德國強力反彈的預言以來，在政治方面最重大的「我早就告訴你了」。馬克思寫到資本主義有「用生命的自然法則本身無法修補的裂縫」，也早就有許多左派主張，一種以釋放資本貪婪欲望為根本的經濟制度，會壓垮生命仰賴的自然體系。當然，從更久遠以前，原住民就一直針對擾亂自然循環的危險提出警告。工業資本主義的空中廢棄物致使地球暖化的事實，以及其可能帶來浩劫的結果證明，呃，愛唱反調的人說得對。而那些揚言「嘿，讓我們擺脫所有規則，看魔法發生」的人，錯得離譜了。

說對這麼可怕的事，一點樂趣也沒有。但對革新派而言，這裡有責任要負，因為那意味著我們那些聽了原住民教誨、並受工業國家社會主義失敗啟發的構想，比以往更重要。也就是說，綠色左派的世界觀——拒絕只做改良、而要挑戰現有經濟利潤核心的世界觀——能為人類提供最大的希望來克服這些相互交疊的危機。

但請想像一下，這些東西看在像哈特蘭所長約瑟夫·巴斯特等人士的眼裡是何模樣。巴斯特在芝加哥大學研究經濟學，曾對我形容他個人的天職是「拯救人民脫離其他人的暴政」。對他來說，這宛如世界末日。這當然不是事實。但那確實是他的世界的末日。氣候變遷讓當代保守主義棲息的意識型態鷹架爆炸了。世上就是沒有辦法拿一種誹謗集體行動、崇敬完全市場自由的信仰系統，解決一個需要規模空前浩大的集體行動和積極駕馭市場力量——造成危機並持續深化危機的市場力量——才能解決的問題。

在哈特蘭會議上，每一位來自艾茵．蘭德研究所（Ayn Rand Institute）、美國傳統基金會（Heritage Foundation）等組織的人士都有滿桌的鷹派書籍和小冊子，焦慮溢於言表。巴斯特坦承不諱，哈特蘭反氣候科學的戰役，就是出於對氣候科學所要求政策的恐懼而起。「當我們看著這個議題時，我們說，這是大量提高政府角色比重的處方……在我們踏出這一步之前，要再看科學一眼。於是我想，保守派和自由意志派的團體，都停下來說，我們別輕易接受這種信念；讓我們親自做我們自己的研究。」這是一個必須理解的重點：否認派會群起行動並非因為他們反對氣候變遷的科學事實，而是反對那些事實在現實世界的含意。

巴斯特不經意描述的，正是一種愈來愈多社會科學家密切關注的現象。那群社會科學家正試著解釋，大眾對氣候變遷的看法為何會有如此戲劇性的轉變。耶魯大學文化認知研究計畫（Cultural Cognition Project）的研究員發現，比起其他個人方面的特徵，政治／文化的世界觀對

「個人」全球暖化的看法有更強烈的影響。

秉持強烈「平等主義」和「共產社會」世界觀的人（特色是有集體行動和社會正義的傾向、在意不平等、對企業力量抱持疑慮）普遍都能接受氣候變遷的科學共識。反觀秉持強烈「階級」和「個人主義」世界觀的人（特色是反對政府協助窮人和少數族群、強烈支持產業、相信我們都可以得到我們應得的）就普遍拒絕接受這個科學共識了。

比如說，在展現強烈「階級」觀念的美國人口區塊中，只有一一%將氣候變遷評為「高風險」，展現強烈「平等」觀念的區塊則有六九%。這項研究的主要作者耶魯法學教授丹・卡漢（Dan Kahan）將這種「世界觀」和氣候科學接受度之間的緊密關係歸因於「文化認知」。這指的是我們所有人，不論政治傾向，都會以各種旨在保護我們「屬意的好社會版本」的方式來過濾新資訊。如卡漢在《自然》（*Nature*）一書中所解釋：「要人類相信他們認為高尚的行為其實對社會有害、他們認為卑劣的行為其實對社會有利，是很難堪的事。因為接受這樣的主張可能會使他與同儕扞格不入，他們在情感上會強烈傾向拒絕。」換句話說，否認事實永遠比眼看自己的世界觀被粉碎來得容易，大清洗（Great Purge）高峰時的頑固史達林信徒如此，今日自由意志派的氣候變遷否認者也是如此。

當強而有力的意識型態受到真實世界確鑿證據的挑戰，它們極少消失殆盡，而會變得像神祕教派一般，且邊緣化。一些忠實信徒仍會一直告訴彼此，問題不在意識型態；是領導人太軟弱，在應用規則時不夠精確嚴謹。史達林左派有這類型的人，新納粹右派同樣不缺這樣的人。在歷史的這個節骨眼，自由市場基本教義派應當被放逐到類似邊緣的狀態，默默撫弄他們的《選擇的自由》（*Free to Choose*）和《阿特拉斯聳聳肩》（*Atlas Shrugged*）。他們未蒙受這樣的命運，只是因為他們微型政府的構想不論有多背離現實，仍對世界的億萬富翁極為有利，因而得以繼續在科氏集團和埃克森美孚供養的智庫裡豐衣足食。

由此可見，文化認知之類的理論並不夠充分。否認派的所作所為不只是維護他們的文化世界觀而已——他們也在維護只要攪亂氣候辯論的池水就保證大量獲利的強大利益集團。否認派和那些利益集團之間的關係眾所皆知，也有詳實的紀錄。哈特蘭已從埃克森美孚和與科赫兄弟及理查·梅隆·史凱菲（Richard Mellon Scaife）關係匪淺的基金會（可能還有更多關係人，但該智庫已停止公布捐贈人的名字，聲稱那樣的資訊會使人忽略「我們立場的價值」）拿到一百多萬美元。[5]

而出席哈特蘭氣候會議的科學家幾乎全都深浸在化石燃料的金錢中，你簡直可以聞到銅臭味。舉兩個例子就好：為會議做主旨演說、來自卡托研究所的派崔克·麥克斯曾告訴CNN，他的顧問公司有四〇%的收入來自石油公司，而天曉得其餘有多少來自煤業。綠色和平曾調查會議另一位演說者——天體物理學家宋威利（Willie Soon），發現在二〇〇二年與二〇一一年間，他的新研究獎助金百分之百來自化石燃料業。而化石燃料公司不是唯一有強大動機損害氣候科學的經濟利益團體。如果解決這場危機需要經濟秩序發生上述那種深刻的轉變，那麼每一家能從寬鬆管制、自由貿易和低稅率獲利的大型企業，都有理由害怕。

既然有這麼大的利益面臨危機，也難怪氣候否認者一般都是那些重金投資我們高度不平等、不正常經濟現況的人。在有關氣候觀念的研究中，最有趣的一項發現是拒絕接受氣候變遷科學的態度，與社會、經濟特權之間有明確的關聯。占壓倒性多數的氣候否認者不只是保守派，也是所得高於平均的白人男性。而他們更可能比其他成年人對自己的觀點充滿信心，不論那擺明有多虛假。亞倫・馬克萊（Aaron McCright）和萊里・鄧拉普（Riley Dunlap）針對這個主題撰寫的一份報告（擁有令人難忘的標題：「酷公子」〔Cool Dudes〕）發現，自信滿滿的保守派白人男性群體，相信氣候變遷「絕對不會發生」的比例幾乎高出其餘接受調查的成年人六倍。馬克萊和鄧拉普為這樣的差異提出一種簡單的解釋：「保守派白人男性在我們經濟體系內位居高職的比例遠高於其他人。考慮到氣候變遷對產業資本經濟體系構成的廣大挑戰，怪不得保守派白人男性堅決為體系辯護的態度會被觸發來否認氣候變遷。」

但否認者的相對經濟和社會特權，不只讓他們在面臨新的經濟秩序時有更多東西可以失

5　這是系統性的問題。據二〇一四年《氣候變遷》（*Climate Change*）期刊發表的一項研究，支持否認派的智庫和其他倡議團體共組成社會學家羅伯特・布呂利（Robert Brulle）所說的「氣候變遷反制運動」，每年憑各種右翼理念的研究賺得超過九億美元，其中大多是「黑錢」（dark money）——來自保守派基金會而無法徹底追查來龍去脈的資金。

去，也讓他們有較雄厚的本錢，樂觀面對氣候變遷的危機。我是在哈特蘭會議上聽到另一位演講人表現出只能用「對氣候紊亂受害者毫無同理心」來形容的態度時想到這點。擁有「空間建築師」簡歷的拉瑞．貝爾（Larry Bell），在告訴群眾熱一點也不錯時引來哄堂大笑：「我可是故意搬去休士頓的呢！」（他說話的同時，休士頓正陷於美國史上最嚴重的乾旱年。）澳洲地質學家鮑勃．卡特（Bob Carter）提出：「從我們人類的觀點來看，世界在比較溫暖的時代其實表現得比較好。」派崔克．麥克斯則說，擔心氣候變遷的人該去做法國人在二〇〇三年熱浪奪走一萬四千條人命後所做的事：「他們發現了沃爾瑪和冷氣。」

在非洲之角據估有一千三百萬人民在乾涸的土地上面臨飢餓的同時聽到這些酸言酸語，令人深感不安。他們之所以如此麻木不仁是因為堅信，就算否認派對氣候變遷的判斷有誤，對工業化國家的富人來說，暖化個幾度沒有什麼好擔心的。（「下雨，我們有遮蔽；天熱，我們有遮蔭。」德州眾議員喬．巴頓〔Joe Barton〕在一場能源環境小組委員會的聽證會上這麼說。）

至於其他人呢，他們不該再乞求施捨，而該努力脫貧。當我問麥克斯富國是否有責任協助窮國支付適應暖化氣候的昂貴費用，他嗤之以鼻，說沒有理由送錢給貧窮國家，「因為基於某些理由，他們的政治制度欠缺調適的能力。」真正的解決之道，他主張，是更多自由貿易。

這便是強硬右派和氣候否認派的交集真正危險之處。不僅僅是這些「酷公子」因氣候科學顛覆了他們支配性的世界觀而否認到底。更重要的是，他們支配性的世界觀為他們提供一套思考工具來貶低發展中世界的眾多同胞。這種心態會消滅同理心，而承認這種心態所構成的威脅是當務之急，因為氣候變遷將以前所未見的方式測試我們的道德品格。努力阻止環保署管制碳排放的美國商會（US Chamber of Commerce）在一份請願書中主張：「民眾可以透過各種行為、生理和技術上的適應來適應較溫暖的氣候。」我最擔心的就是這樣的「適應」。

我們將如何因應那些因天災愈來愈劇烈、愈來愈頻繁而失去家園與工作的民眾？將如何對待那些乘著破船來到我們海岸的氣候難民？是打開邊界，承認是我們製造了他們死命逃離的危機嗎？還是要建造更高科技的堡壘、實施更嚴苛的反移民法律？我們將如何處理資源短缺的問題？

我們已經知道答案。企業對稀有資源的追求將更貪婪、更激烈。非洲的可耕地將持續被攫奪來為富裕國家提供食物和燃料。乾旱和飢荒將繼續被當成推動基因改造種子的藉口，迫使農民背負更多債務。我們將試著透過使用更危險的技術來開採餘油，超越石油天然氣的頂峰（peak oil），將地球更廣大的土地變成犧牲區。我們將鞏固邊界，干預外國對資源的衝突，或自己開啟衝突。所謂「自由市場氣候解決方案」將像磁鐵一般引來投機、詐欺和裙帶資本主義（crony capitalism），正如我們已經在碳交易及植林做碳補償（carbon offset）等措施見到的。而隨著氣候變遷開始不僅危害窮人也影響富人，我們將愈來愈仰賴技術修正來降溫，而這將伴隨巨大、不可知的風險。

當世界溫度升高，當前流行的意識型態——告訴我們大難來時各自飛、受害者是罪有應得、我們可以掌控自然——將帶我們到一個冷冰冰的地方。而那裡只會愈來愈冷，因為否認運動掩不住的種族優越理論，勢將兇猛地捲土重來。這些理論並非無足輕重：要對南方世界和紐奧良等非裔美國人占多數的城市裡，大抵無可責備的氣候變遷受害者硬下心腸，這些理論不可或缺。

我在《震撼主義：災難經濟的興起》一書探究右翼是如何有條不紊地利用各種真實和捏造的危機推動一種目的不在解決造成危機的問題、而是使菁英更富有的殘酷意識型態議程。當氣候危機開始產生影響，這也不會成為例外。我們完全可以預料。不斷找新的方法將公共財私有化，並從災難獲利，就是我們現有體制被創造出來的目的。

唯一的變數在於一些對抗性的民間運動能否加快腳步，提供代替這種險惡未來的可行方案：不僅是替代性的政策議案，也是能與位於生態危機核心的世界觀抗衡的替代性世界觀——它將深嵌於互相依賴，而非超個人主義；互惠，而非支配；合作，而非階級地位。

誠然，改變文化價值是困難的任務。那需要百年前那些運動憑恃的雄心勃勃的願景，將一切分解成許多單一「議題」，讓具有商業意識的非政府組織分門別類，逐一處理。套用《史登報告：氣候變遷對於經濟的影響》（*Stern Review on the Economics of Climate Change*）裡的話，氣候變遷是「我們見過市場失敗的最好例子」。無論如何，這個事實應信心十足地注滿革新派的帆，為長久以來與親企業的自由貿易、金融投機、工業化農業和第三世界債務的奮戰注入新的生命力和急迫性，同時將以上種種奮鬥優雅地編織成一個前後連貫、保護地球生命的故事。

但這到目前為止還沒有發生。哈特蘭一派已忙著指稱氣候變遷是左派陰謀，多數左派卻還不明白，氣候科學已交給他們自威廉・布雷克（William Blake）的「黑暗的撒旦磨坊」（dark Satanic Mills）以來最強而有力、反資本主義的論據（當然，那些磨坊正是氣候變遷之始），是令人痛苦的反諷。當示威群眾在雅典、馬德里、開羅、麥迪遜和紐約咒罵政府和企業菁英貪腐的時候，氣候變遷往往只被當成皮肉傷——明明應該是致命一擊。

問題有一半出在革新派，已在拚命對抗系統性經濟和種族排擠——更別說多重戰爭——的他們，傾向認定氣候議題就交由龐大的綠色團體負責。另一半則出在許多規模最大的綠色團體一直像患了恐懼症一般，精準地迴避任何與氣候危機根源有關的嚴肅辯論：全球化、解除管制和當代資本主義對無限成長的追求（同樣的因素也要為其他經濟層面的千瘡百孔負責），就算那些議題醒目到刺眼。結果便是攻擊資本主義百弊叢生的人士，與為氣候行動奮戰不懈的人士，仍是兩路孤軍，只有小而勇的氣候正義運動（把種族主義、不平等和環境脆弱連起來）在兩者之間串起少許搖搖晃晃的橋梁。

在此同時，右派已毫無拘束地利用始於二〇〇八年的全球經濟危機，將氣候行動形塑為經濟末日的成因，必然提高家庭生活成本，還會阻擋鑽油鋪管等迫切需要的新工作。由於幾乎沒有人大聲提出不同的願景，沒能說明新的經濟範式如何為經濟及生態危機提供出路，這張恐嚇牌已經擁有現成的受眾了。

不但沒有從過去的錯誤中學習，環境運動的一個有力派系甚至仍奮力沿著同一條招致災難的道路前進，主張要贏得氣候戰的勝利，就必須讓理念迎合保守派的價值觀。刻意保持中立的突破研究所（Breakthrough Institute）就聽得到這樣的聲音，那要求環境運動接納工業化農業與核能，別堅持生態農業和權力下放的再生能源。多名研究氣候否認派如何崛起的研究人員也有類似的見解。耶魯大學的卡漢指出，雖然重視「階級」和「個人主義」者一提到管制就生氣，但其實喜歡大規模、集中化的技術來證實他們「人定勝天」的信念無誤。因此，他和其他人主張，環保人士應開始著重諸如核能及地球工程（也就是刻意干預氣候系統來反制全球暖化）等應對措施，並強調對國家安全的關心。

這個策略的第一個問題在於，它沒有用。多年來，大型綠色團體已將氣候行動包裝成維護「能源安全」的方式，但在美國的談判桌上，解決方案依然只有「自由市場方案」。何況否認派已迅速崛起。不過，這種策略更麻煩的問題是，那非但無法挑戰讓否認派否認到底的扭曲價值觀，還會使之變本加厲。核能和地球工程不是生態危機的解方；那只會繼續加深讓我們深陷這場混亂的短視、傲慢的思考方式。

安撫驚慌、誇大的菁英分子，讓他們相信自己仍是宇宙主宰，不是轉型社會運動的工作。的確，權位大多由這些人盤據，但問題的解決之道不是要多數人改變自己的想法和價值觀。而是試著改變文化，大幅降低這群人數很少卻具有過大影響力的少數群體，以及它所代表的滿不在乎的世界觀，可行使的權力。

氣候陣營裡的某些人士強烈反對姑息策略。曾因擾亂一場妥協後的石油天然氣租賃權拍賣會而在猶他州入獄服刑兩年的提姆．迪克里斯多佛（Tim DeChristopher），針對右翼所提出氣候行動會顛覆經濟的主張發表評論。「我認為我們該欣然接受這些指控。」他這麼告訴採訪者。「不，我們並未試圖擾亂經濟，但沒錯，我們確實要反轉經濟。我們不該試著遮掩我們想要改變什麼的願景——我們希望創造健康、公正的世界。我們不是尋求小改變：我們想要徹底翻修經濟和社會。」他補充：「我想，只要我們開始這樣討論，就能找到更多符合我們期望的盟友。」

當迪克里斯多佛明確敘述這個要氣候運動融合深刻經濟轉型的願景時，那在多數人聽來想必跟白日夢一樣。今天，那聽來與預言無異。果然已經有許多人渴望從務實面到精神面都能出現這樣的轉變。

新的政治連結也正在建立。長年批判美國銀行資助煤業的雨林行動網絡（Rainforest Action Network）已和占領華爾街運動人士聯手，以逼使該銀行取消贖回權為目標。反頁岩人士已指出，炸開地球岩床讓天然氣繼續流動的經濟模式，是在炸開社會的岩床讓利潤繼續流動。緊接著，反基石XL輸油管的歷史性運動也登場了，今年秋天，氣候運動已正式離開說客的辦公室，走上街頭（及走入牢房）。反基石運動人士已指出，任何擔心企業收購民主的人，只要看看促使國務院做出這個結論的腐敗過程就好：一條載運骯髒油砂橫越美國一些最敏感土地的輸油管，「對環境造成的不利衝擊有限」。誠如350.org的菲爾・阿洛尼努（Phil Aroneanu）所言：「如果華爾街占領了歐巴馬的國務院和國會，那就是人民占領華爾街的時候了。」

但新的政治連結不限於對企業權力的共同批判。當占領派自問該建立什麼樣的經濟來取代正在我們周遭崩壞的經濟時，很多人在過去十年扎根的綠色經濟替代方案網絡中找靈感——社區掌控的再生能源計畫、社區支持的農業與農人市集、讓地區主街恢復生機的經濟在地化倡議，以及合作社等等。

這些經濟模式不僅能在減排的同時創造就業、振興社區，也能有條不紊地分散權力——相對於由一％掌控、為一％服務的經濟。南布朗克斯區綠色工人合作社（Green Worker Cooperatives）的創辦人之一奧馬爾・弗雷利亞（Omar Freilla）告訴我，數千人在廣場和公園參與反經濟撙節運動所獲得的直接民主經驗，對許多人來說，「就像收縮你不知道自己擁有的肌肉一樣」。而現在他指出，他們想要更多民主——不只在會議上如此，在社區規畫與職場更是如此。

換句話說，文化價值觀已開始轉變。今天的年輕運動組織者正著手改變政策，但他們了解，我們必須先面對造成經濟危機的根本價值觀：猖獗的貪婪和個人主義，政策才有可能改變。而那要從具體——以顯而易見的方式——呈現人類該如何以截然不同的方式對待彼此，並與自然世界和睦相處開始。

這種刻意嘗試改變文化價值觀的做法，與生活方式的政治學（lifestyle politics）無關，也不是要分散對「真正」難題的注意力。因為在我們作繭自縛下、已無可避免的崎嶇未來，對人人權利平等的堅定信念，以及深刻同理他人的能力，是人性與野蠻之間唯一的差別。讓我們不能再坐視不管的氣候變遷，正可作為推動這種深刻的社會及生態轉型的催化劑。

畢竟，文化是流動的。是可以改變的。那已在我們的歷史上發生很多次。哈特蘭會議上的代表深知這點，才會如此堅決地隱瞞如山的證據：證明他們的世界觀會對地球上的生命構成威脅的證據。而我們其他人的任務，就是基於同樣的證據，相信一種迥然不同的世界觀可以成為我們的救贖。

地球工程：試水溫

與其亂搞地球基本的維生系統，改變我們自己的行為——減少使用化石燃料——不是比較好嗎？

二〇二二年十月

這二十年，我常去不列顛哥倫比亞省一段名為「陽光海岸」(Sunshine Coast)的峻峭海岸。幾個月前的一次體驗提醒了我，我為什麼深愛這個地方、為什麼選擇在這個人口稀少的世界角落生小孩。

那時是清晨五點，我和丈夫帶著我們三週大的兒子走在海岸線上。眺望海面時，我們看到兩枚高聳的黑色背鰭：是虎鯨，或稱殺人鯨。接著又兩枚。我們從來沒有在這個地帶看過虎鯨的蹤跡，更別說離岸邊僅僅幾公尺之遙。在睡眠不足的情況下，感覺宛如奇蹟一般，彷彿寶寶吵醒我們是為了確保不會錯過這些稀客。

直到最近，我才明白那次邂逅可能並非機緣巧合——我讀到幾篇報導，說海達群島（Haida Gwaii，原名夏洛特皇后群島）外海進行過一場怪異的海洋實驗，而那裡距離我們看到虎鯨游泳的地方，只有數百公里。

一位名叫魯斯・喬治（Russ George）的美國企業家，從租來的漁船上傾倒一百二十噸的鐵粉到那片海域。這項計畫的目的是讓海藻大量生長來吸收碳，進而對抗氣候變遷。

喬治是一名準「地球工程師」。這樣的人愈來愈多：他們提倡高風險、大規模、可徹底改變海洋和天空的技術干預，以降低全球暖化的效應。除了喬治這種用鐵粉幫海洋施肥的計畫，其他被列入考慮的地球工程策略包括將硫酸鹽氣膠（sulfate aerosol）打入高層大氣來模仿大規模火山爆發的冷卻效應，並「打亮」雲朵以便反射更多陽光回太空。

風險甚鉅。海洋施肥可能造成死區（缺氧區域）和有毒的潮汐。也有多重模擬預測模仿火山效應會干擾亞洲和非洲的季風，可能威脅到數十億人口的飲水和食物安全。

到目前為止，這些提議大多仍停留在電腦模型和紙上談兵的階段。但隨著喬治的海洋冒險，地球工程已毅然決然離開實驗室。如果喬治對那次任務的紀錄可信，他的行動已在半個痲薩諸塞州大小的區域創造出藻華，吸引大批海洋生物跨區前來，包括「成群結隊」的鯨。

讀到「鯨」時，我不禁開始懷疑，我看到的那幾隻往北游的虎鯨，會不會就是要去吃喬治的藻華呢？這種可能性固然極低，卻讓我們得以一窺地球工程引發的亂象：一旦我們開始刻意干預地球的氣候系統，無論是把陽光調暗或幫海洋施肥，所有自然事件都可能染上不自然的色調。原本可能看似遷徙模式週期變化的缺席，或感覺像奇蹟禮物的出現，都可能突然感覺邪惡起來，彷彿自然正被人從幕後操縱似的。

大部分的新聞報導都把喬治描述成「頑劣的」地球工程師。但在研究這個主題兩年後，我在意的是，有遠比以前多的嚴肅科學家，在遠比之前雄厚的資金支持下，看來躍躍欲試，想積極干涉維繫地球生命的複雜、不可預期的自然系統——而這舉動極有可能引發意外的後果。

二〇一〇年，美國眾議院科學、太空與技術委員會（House Committee on Science, Space and Technology）的主席建議更廣泛地研究地球工程學；英國政府已開始在這個領域投入公共資金。比爾・蓋茲（Bill Gates）已注入數百萬美元進行地球工程的研究。[6]他也投資高智發明公司（In-

---

6 蓋茲是一個以哈佛大學為主的研究團體的出資人之一，該團體宣布將在二〇一九年嘗試一項破天荒的田野實驗，將氣溶膠灑入平流層。這項計畫已引來諸多爭議，因而數度延後。根據權威氣候科學家凱文・川柏斯（Kevin Trendberth）的說法，「太陽地球工程不是減排失敗的解答」。「減少進入地球的太陽輻射會影響天氣和水循環。它會引發乾旱、破壞穩定，並可能導致戰爭。它的副作用不勝枚舉，而我們的模型就是不夠精良而無法預測結果。」

tellectual Ventures），該公司正在研發至少兩種地球工程的工具：「同溫層之盾」（StratoShield），一條長三十公里的軟管由氦氣球拉起，向空中噴出阻絕陽光的二氧化硫；以及一種據說可削弱颶風威力的工具。

地球工程散發的吸引力很容易理解。它為修正氣候變遷提供撩人的希望，讓我們得以維持無限耗用資源的生活方式。何況大家都很擔心。每週似乎都有更駭人的氣候新聞，從冰層融化得比預測迅速，到海洋酸化速度遠遠超乎預期。在此同時，排放仍在飆升。很多人把希望寄託給一個科學家在實驗室裡編造的「如有緊急情況可打破玻璃」的選項，這有什麼好奇怪的？

但看到這些恣意妄為的地球工程，我們大家是該停下來問，地球工程這條路要不要走下去的時候了。因為事實證明，地球工程本身就是個惡質的主張。顯然，以全球規模干涉海洋和大氣化學的技術會影響每一個人。但對於這些干預措施，我們卻不可能取得無異議的共識，也不可能表達同意與否，因為在這些改變地球的技術真正付諸應用之前，我們不知情，也沒辦法知道所有相關的風險。

當聯合國氣候談判得依照「對於共同面臨的問題，各國必須就如何聯手應對取得共識」的前提進行時，地球工程提出截然不同的希望。不必十億美元，只要「結合有志之士」，一個國家、甚至一個富有的個人都可以決定將氣候掌握在自己的手中。環保監督組織ETC團體（ETC

Group）的吉姆．湯馬斯（Jim Thomas）這麼表達問題所在：「地球工程說：『我們付諸行動，你們享受成果。』」

最令人提心吊膽的部分在於，模型顯示，可能受到這些技術最大危害的民眾，許多已經不成比例地深受氣候變遷衝擊了。想像一下：北美洲決定把硫送入平流層來讓陽光不那麼強烈，希望能解救當地的穀物——但更可能在亞洲和非洲引發乾旱。簡單地說，地球工程賦予我們（或其中一些人）只要按一下開關，就可以把龐大人口流放到犧牲區的力量。

地緣政治的延伸性影響令人毛骨悚然。氣候變遷已經讓我們難以確知，先前被理解為「不可抗力」（三月的詭異熱浪或萬聖節的「科學怪風」〔Frankenstorm〕）的事件，是否仍屬於那個類別。但如果我們開始干預地球的溫度調節，刻意把海洋弄成墨綠來吸收碳、把天空漂得霧白來讓陽光偏斜，我們會將自己的影響力提升到新的境界。印度的乾旱會被認為（可能正確也可能不正確）是另一個半球的工程師認真決定讓這裡每年的季風季節置於險境的結果。過去可用厄運一筆帶過的事情，以後可能會被視為惡毒的陰謀或帝國主義的攻擊。

還有其他從內部改變生命的後果。今年春天在《地球物理研究通訊》（*Geophysical Research Letters*）發表的一篇研究發現，如果我們為了調暗陽光而將硫酸鹽氣膠注入平流層，天空不僅會變得比較白、比較亮，我們也會被招待更豔麗的「火山日落」。但我們可以指望和這種超現實的天空建立什麼樣的關係呢？那會讓我們驚嘆敬畏——還是隱隱不安？當美麗的野生動物和我們不期而遇，就像今年夏天我和家人那樣，我們也會有這種感覺嗎？比爾．麥吉本（Bill McKibben）在一本受歡迎的書中警告，我們已走到「自然的盡頭」（The End of Nature）。在地球工程的年代，我們可能也會發現，奇蹟已蕩然無存。

既然地球工程眼看就要以遠大於人造藻華的規模逃離實驗室，我們真正面臨的問題是：與其開始亂搞地球基本的維生系統，改變我們自己的行為——減少使用化石燃料——不是比較好嗎？

除非我們改弦易轍，否則我們可以預期會聽到更多新聞報導像羅斯．喬治那樣遮擋陽光或竄改海洋的人。喬治英勇的傾倒鐵粉之舉不僅測試了給海洋施肥的論點，也為未來的地球工程實驗試了水溫。而從至今眾人默不作聲的反應來看，喬治的測試結果非常清楚：地球工程繼續進行，警告一文不值。

當科學說政治革命是我們唯一的希望

這些科學家大多只是默默進行他們的工作：測量冰核啦、運作全球氣候模型啦、研究海洋酸化啦，卻發現自己「已在無意間顛覆了政治和社會秩序」。

二〇一三年十月

二〇一二年十二月，在美國地球物理聯盟（American Geophysical Union）每年於舊金山舉辦一次的秋季會議上，一頭粉紅色頭髮的複雜系統研究員布瑞德・韋納（Brad Werner）穿過摩肩擦踵的兩萬四千名地球及太空科學家向前走。今年的會議有些名氣響亮的與會者，包括航太總署航海家計畫（Voyager）的艾德・史東（Ed Stone）和電影製作人詹姆斯・卡麥隆（James Cameron），前者要解釋星際空間的一個新里程碑，後者要談論他潛入深海的冒險。

但最令眾人議論紛紛的是韋納的時段。他的講題是：「地球被X了嗎？」（講題全名：「地球被X了嗎？全球環境管理白忙一場，透過直接行動的行動主義達到永續的可能性」〔Is Earth F**ked? Dynamical Futility of Global Environmental Management and Possibilities for Sustainability via Direct Action Activism〕）

這位來自加州大學聖地牙哥分校的地球物理學家站在會議室的前方，帶領觀眾瀏覽他用來回答那個問題的先進電腦模型。他說了系統邊界、擾動、散逸、吸子（attractor）、分岔（bifurcation）和其他一大堆不識複雜系統理論的我們大抵無法理解的東西。但意思相當清楚：全球資本主義已讓資源的消耗如此迅速、如此方便、如此暢行無阻，使「地球人類系統」的反應愈來愈不穩定、愈來愈危險。當一名記者追問「我們被X了嗎」這個問題的明確答案，韋納撇開行話，回答：「多多少少。」

但這個模型裡有一種動力提供了一些希望。韋納將之命名為「抵抗」：「民眾或團體組織採用一組與資本主義文化不搭軋的動力」的運動。根據他簡報上的摘要，這包括「直接的環保行動，從主流文化外，例如原住民、工人、無政府主義者和其他社運團體的抗議、封鎖和破壞行動中汲取的抵抗」。

嚴肅的科學集會通常不會以呼籲民眾進行政治抵抗為號召，遑論直接行動和破壞。但話說回來，韋納並非呼籲那些行動。他不過是說，要讓一部失控搖晃的經濟機器慢下來，民眾的大規模起義（以類似廢奴運動、民權運動或占領華爾街的方式）是最可能的「摩擦力」來源。韋納指出，我們知道過去的社會運動已經「對主流文化演變的方式造成巨大的影響」，因此，「如果我們在思考地球的未來，以及我們和環境共同面對的未來，將抵抗納入那種動力的一部分是合情合理的」。而韋納主張，這不是見仁見智的問題，而「著實是地球物理學的問題」。

已有許多科學家為他們的研究發現深感震撼而走上街頭。物理學家、天文學家、醫師和生物學家都曾是反核子武器、核能、戰爭及化學污染運動的先鋒。二〇一二年十一月，《自然》刊出一篇由金融家暨環保慈善家傑瑞米·葛蘭森（Jeremy Grantham）撰寫的評論，呼籲科學家加入這項傳統，「如有必要，被逮捕也在所不惜」，因為氣候變遷「不只是你的性命的危機——也是我們物種存在的危機」。

有些科學家不需要說服。現代氣候科學的教父詹姆斯·韓森就是令人畏懼的行動派，曾因反抗削去山頭的採煤和油砂輸油管而數度被捕。（為了有更多時間進行運動，他今年甚至退出航太總署的部分工作。）兩年前，我參加反對基石XL油砂輸油管的大規模行動而在白宮外面被捕，而那天被上手銬的一百六十六人當中，包括一位名叫傑森·鮑克斯的冰河學家：舉世聞名的格陵蘭融冰層專家。「如果不去，我無法跟自己交代。」當時鮑克斯這麼說，並補充：「這件事光靠投票似乎不夠，我還需要當個公民。」

這值得讚賞，但韋納用他的模型做的事情不大一樣。他不是在說他的研究驅使他採取行動來阻止特定政策；而是在說，他的研究顯示，我們整體的經濟範式正對生態穩定造成威脅。而確實，透過大眾運動反向施壓來挑戰這種經濟範式，是人類避免災難的最佳一擊。

這是艱鉅的任務，但他並非孤軍奮戰。韋納是一群人數不多但影響力漸增的科學家的一員，他們研究自然系統，特別關注氣候系統的不穩定，最後做成類似強調轉型、甚至革命的結論。而所有祕而不宣的革命家——曾夢想以較不可能害領養老金的義大利退休者在家中上吊自殺（最近在該國的撙節危機中發生）的經濟制度來取代現有經濟秩序的革命家——應該會對這樣的工作特別感興趣。因為那會使拋棄殘酷制度、改採無疑較公平的制度一事不再只是意識型態的偏好，而是全物種之存續所必需的要件。

領導這群新科學革命家的是英國頂尖氣候專家凱文・安德森（Kevin Anderson）：丁道爾氣候變遷研究中心（Tyndall Centre for Climate Change Research）副主任，該中心已迅速發展為英國首屈一指的氣候研究機構。經由向英國國際發展部、曼徹斯特市議會等機構的全體人員發表演說，安德森花了超過十年的時間耐心地將最新氣候科學的含意解釋給政治人物、經濟學家和社運人士聽。運用清楚、易於了解的語言，他為減排設計了一張嚴格的藍圖，細膩地規畫如何讓全球升溫幅度低於多數政府認為可避免災難的指標。

但最近幾年，安德森的報告和投影片都變得更怵目驚心。在諸如「氣候變遷：不只是危險……冷酷的數字和微薄的希望」等報告標題下，他指出，維持在安全溫度內的機率正迅速縮小。

安德森和同事，丁道爾中心氣候緩和專家艾莉絲・鮑斯（Alice Bows）連袂指出，我們已浪費太多時間在政治推託和軟弱的氣候政策上——同時全球消費（和碳排）又急遽上升——以至於如今我們要面臨劇烈的削減，劇烈到挑戰了重視GDP成長勝過一切的根本邏輯。

安德森和鮑斯告訴我們，常有人引用的長期緩和目標：至二〇五〇年前，將排放量降至一九九〇年的八〇%以下，純粹是政治的權宜之計。「沒有任何科學根據。」那是因為氣候衝擊不僅來自我們今天與明天的排放，也來自長久以來累積在大氣層裡的排放。他們也警告，僅著眼於未來數十年的目標，而非我們可以做些什麼來立即、斷然減碳，會有一個嚴重的風險：未來數年我們會讓排放繼續飆高，進而衝破我們的「碳預算」，讓我們在本世紀後半萬劫不復。

因此安德森和鮑斯主張，如果已發展國家的政府認真看待讓暖化低於攝氏兩度的國際協議目標，如果減排要秉持公正原則，那麼減排就必須做得更深刻，且盡快開始。

安德森、鮑斯和其他許多人警告，攝氏兩度的暖化已經包含一連串危害甚鉅的氣候衝擊，一・五度會是安全得多的目標。儘管如此，要有五成機會達成兩度的目標，工業化國家必須開始以每年一〇%左右的進度減少溫室氣體的排放（若以一．五度為目標，就要減少更多），而且必須現在就開始。但安德森和鮑斯進一步指出，光靠大型綠色團體常倡導的一系列保守碳定價（carbon pricing）或綠色技術方案，是不可能達成這個目標的。這些措施當然會有幫助，但就是不夠：從我們開始用煤作為經濟發展的動力以來，每年減排一〇%是史無前例之事。事實上，如經濟學家尼可拉斯．史登（Nicholas Stern）在二〇〇六年給英國政府的報告中所言，從歷史來看，每年減排一%以上，「只和經濟衰退或動亂有關」。

就連蘇聯解體後，也沒有發生過那麼持久、深刻的減排。（蘇聯解體後十年，前蘇聯國家每年平均大約減少五%的碳排放。）華爾街在二〇〇八年崩盤後也沒發生。（二〇〇八到〇九年間，富裕國家減排約七%，但其二氧化碳的排放在二〇一〇年即熱情澎湃地反彈，而中國、印度的排放一直持續增加。）根據二氧化碳資訊分析中心（Carbon Dioxide Information Analysis Center）的歷史報告，美國（等地）唯有在一九二九年市場大崩潰後，曾見到連續幾年年減一〇%以上。但那可是現代最慘烈的一次經濟危機。

如果我們不想在達成有科學根據的減排目標時遭遇那樣的慘劇，減排必須透過安德森和鮑斯所謂「在美國、歐盟和其他富裕國家進行徹底、立即的反成長策略」來審慎管理。這不成問題，只是偏偏我們剛好有一種無視人類或生態的後果、盲目崇拜GDP成長勝過一切的經濟制度，而在這種制度中，新自由主義的政治階級已完全放下管理任何事情的責任（因為市場是無形的天才，任何事物都必須委託給市場照料）。

因此，安德森和鮑斯真正要說的是，我們還有時間避免災難性的暖化，但不是在資本主義目前建構的規則之下。要改變那些規則，這或許是有史以來最好的論據。

在二〇一二年一篇刊於權威科學期刊《自然氣候變遷》（*Nature Climate Change*）的文章中，安德森和鮑斯砲火四射，指責許多科學家同僚未全盤托出氣候變遷需要人類做什麼樣的改變。關於這點，值得詳盡引用兩人的話：

> 在發展排放情境時，科學家一再輕描淡寫其分析的意涵。提到要避免升溫兩度時，「不可能」被翻譯成「困難但做得到」，「急迫、徹底」則改以「具挑戰性」出現——全都在安撫經濟之神（或者說得更精確些，金融之神）。例如，為避免超過經濟學家訂定的最大減排率，他們說減排「不可能」出現早期高峰，還提出低碳公共建設的「大」工程和部署率等天真觀念。更令人困擾的是，隨著排放預算萎縮，愈來愈多人提出地球工程以確保經濟學家的苛刻命令不被質疑。

換句話說，為了要在新自由經濟界裡貌似合理，科學家已大幅淡化其研究的含意。到了二〇一三年八月，安德森更加直率地寫道，漸進式變革的小船早就開走了。

或許在一九九二年的地球高峰會（Earth Summit）上，或是剛進入千禧年時，攝氏二度的緩和還可以透過政治經濟霸權內的漸進性變革來達成。但氣候變遷是累進的議題！現在，二〇一三年，身處高排放（後）工業化國家的我們，正面臨截然不同的前景。我們對碳持續、集體的恣意揮霍，已耗掉先前（較大的）攝氏兩度碳預算還負擔得起的「漸進性改變」。今天，在說了二十年的大話和謊言後，剩下的兩度預算需要對政治經濟霸權發動革命性變革才能達成了。

我們也許不該感到意外，有些氣候科學家就是有點被自己研究成果的激進意涵嚇到。他們大多只是默默進行他們的工作：測量冰核啦、運作全球氣候模型啦、研究海洋酸化啦，卻如澳洲氣象專家及作家克萊夫・漢密爾頓（Clive Hamilton）所言，發現自己「已在無意間顛覆了政治和社會秩序」。

但也有很多人深知氣候科學的革命性本質。那就是為什麼有些決定拋棄氣候承諾、屬意挖掘更多碳的政府，必須找更兇殘的方式來恫嚇國內的科學家，要他們閉嘴。在英國，這種策略已昭然若揭，例如環境、食品和農村事務部（Department for Environment, Food and Rural Affairs）的首席科學顧問伊恩・博伊德（Ian Boyd）就在最近寫道：科學家應避免「暗示政策是對是錯」，應「透過與體制內的顧問（例如我本人）攜手合作，在公共領域做理性、而非異議的聲音」：

以表達他們的觀點。

但真相還是逐漸水落石出。人類一如往常對利潤和成長的追求正破壞地球生態穩定的事實，不再是要讀科學期刊才會明白的事。早期的徵兆已在我們眼前攤開，而我們也有愈來愈多人給予相應的回應：阻擋英國巴康貝（Balcombe）的水力壓裂開採；干預俄羅斯海域的北極海鑽探準備工作（一如綠色和平的作為）；把侵犯原住民主權的油砂業者送進法院；以及其他無數大大小小的抵抗行動。在布瑞德．韋納的電腦模型中，這就是減緩那些破壞力所需的「摩擦力」；優秀的氣候運動人士及作家比爾．麥吉本則稱之為對抗地球「高燒」的「抗體」。

這尚未成為革命，但至少是個開端。如果它傳播開來，或許能為我們爭取到足夠的時間來設想，如何在一個無疑沒被X得那麼嚴重的星球上活下去。

氣候時間vs.持續不斷的現在

氣候危機於歷史上是一個特殊的時刻，在我們膝上孵出來的：活蹦亂跳的八〇年代尾聲，解除管制的資本主義開始散播到世界各地的發射點——一個政治與社會環境對氣候危機這種性質和等級的問題極不友善的時刻。

二〇一四年四月

這是一個時機不對的故事。

氣候變遷助長生物滅絕的方式很多，其中最令人苦惱且已經上演的一種，是透過生態學家所謂的「配對錯誤」或「時機不合」。在這個過程中，暖化會致使動物與重要食物來源的步調變得不一致，特別是在哺育的階段，若這時候找不到食物，可能會造成種群迅速消失。

例如，經過數千年的演化，許多鳴禽的遷徙模式會讓蛋剛好在毛毛蟲等食物來源最豐盛的時候孵化，讓父母能為飢餓的幼鳥提供充足的營養。但因為現在春天常來得早，毛毛蟲也會提早孵出，那意味著當小鳴禽孵出時，有些地方的毛毛蟲沒那麼充足，而對生存造成許多長期的衝擊。

與此類似，在西格陵蘭，北美馴鹿來到待產之處，卻發現跟牠們仰賴數千年的飼料植物不同步了，拜溫度上升所賜，植物現在生長得比較早了。這會讓雌鹿比較沒有力氣泌乳和生產，而這樣的配對錯誤已被認為和幼鹿的出生和存活率驟降有關。

科學家正在研究從北極燕鷗到歐洲斑姬鶲等數十個物種，與氣候有關的時機不合情況。但他們遺漏了一個重要的物種：我們。智人。我們也是與氣候相關的時機不合惡例的受害者，只不過影響是在文化歷史，而非生物學方面。我們的問題是，氣候危機於歷史上是一個特殊的時刻，在我們膝上孵出來的：活蹦亂跳的八〇年代尾聲，解除管制的資本主義開始散播到世界各地的發射點——一個政治與社會環境對氣候危機這種性質和等級的問題極不友善的時刻。氣候變遷是一個共同的問題，需要人類以從未真正實現的規模集體行動，但在它進入主流意識之際，世人正對集體的概念發動意識型態的戰爭。

這是非常倒楣的時機錯誤，已對我們有效反應危機的能力形成林林總總的阻礙。那意味著正當我們為了保護地球上的生命，需要對企業行為行使前所未有的掌控時，企業的力量卻節節高升。那意味著當我們最需要管制的力量時，管制卻成了難聽的字眼。那意味著當公共機構需要被強化和重新想像時，我們卻被一個只知道怎麼拆解和餓死公共機構的政治階級統治。那也意味著當決策者需要最大的彈性來實現大規模能源轉型時，卻被「自由貿易」的機制綁住手腳，連帶害我們為其桎梏。

勇於對抗以上各種阻止我們變更經濟體的結構性障礙，並明確描述後碳時代生活的迷人願景，是所有嚴肅氣候運動的關鍵工作。但那不是手邊唯一的要務。我們也必須對抗氣候變遷與市場主宰的配對錯誤在我們身上形成的枷鎖，了解那些枷鎖是怎麼讓我們難以正視這種最迫切的人道危機，只能在一旁鬼鬼祟祟、恐懼不安地偷瞄。因為我們的日常生活已被市場和技術必勝的信念徹底改變，我們欠缺許多必要的觀察工具來說服自己氣候變遷確實是緊急狀態——遑論相信可能有不同的生活方式了。

所以這也難怪：當我們需要集結的時候，我們的公共領域卻瓦解了；當我們需要減少消費的時候，消費主義卻差不多接管了我們生活的每一個層面；當我們需要慢下來注意的時候，我們卻加快腳步；當我們需要放眼更長久的未來時，我們卻只關心當下，困在時時更新的社群媒體資訊、活在永遠的當下之中。

這就是我們氣候變遷的配對錯誤，而那不只影響人類這個物種，也可能影響這顆星球上其他每一個物種。

好消息是不同於馴鹿和鳴禽，我們人類天生擁有高級推理乃至從容適應的能力——能夠以驚人的速度改變舊有的行為模式。如果主宰我們文化的概念阻止我們拯救自己，改變那些概念是我們力所能及之事。但在那發生之前，我們必須先了解自己在哪些方面與氣候配對錯誤。

只知道要消費

氣候變遷需要我們減少消費，但我們只知道要消費。氣候變遷不是光靠改變我們購買的東西——改買油電混合車代替休旅車、搭飛機時付點碳補償——就能解決的問題。氣候變遷的核心是一場因相對富裕者過度消費而生的危機，也就是說，世界最瘋狂的消費者必須減少消費，其他人才有辦法活下去。

問題不在常有人掛在嘴邊的「人性」。我們並非出生就得買那麼多東西；不久前，我們的消費少得多，照樣過得開心（甚至比現在更開心）。問題在於消費已在我們這個特殊的時代扮演誇張的角色。

最近的資本主義教我們要透過消費選擇來創造自我：購物是我們建構身分、尋找社群、表達自我的方式。因此，告訴人們因為地球的支援系統負荷過重、他們不能想買多少就買多少，可能會被理解為一種責難，就像告訴他們不能忠於自己一樣。這很可能就是為什麼在「環保三R」（減量〔reduce〕、再利用〔reuse〕、回收〔recycle〕）中，只有第三項獲得支持，因為它讓我們可以繼續購物，只要把垃圾丟到正確的箱子裡就行。[7]其他兩個需要我們減少消費的項目，一開始就被打入冷宮。

氣候變遷很慢，我們消耗一切的速度卻很快

當你搭乘子彈列車快速穿越田園風光，你掠過的一切彷彿靜止不動：人、牽引機、鄉間小路上的車。但他們當然不是。他們在動，只是速度很慢，相較於列車，他們自然看似靜滯。

氣候變遷也是如此。我們以化石燃料為動力的文化就是子彈列車，它猛然衝向下一季的報告、下一次選舉週期、下一次娛樂行為或下一次透過智慧型手機或平板達成的主觀驗證。我們正在改變的氣候就像窗外的風景：從我們奔馳的觀察位置來看，那看來彷彿靜止，但它其實在

7 現在我們知道那第三個R大多徒勞無功：在北美各城市，堆積如山的外賣塑膠容器和郵寄廣告單，消費者以為會送往回收站變成有用之物，其實是直接前往掩埋場或焚化——兩者都是溫室氣體的強大來源。這是因為中國在二〇一八年發現低利潤的回收業已造成嚴重的健康和環境衝擊後，已大幅減少願意接受的可回收廢棄物的量。

動，緩慢的過程可以從後退的冰層、膨脹的海域和漸增的氣溫測量出來。如果放任不管，總有一天氣候變遷的速度會快到足以吸引我們斷斷續續、無法集中的注意力——島國被掃出地圖、淹沒城市的超級風暴將動輒如此。到那個時候，我們的行動可能已經來不及扭轉情勢，因為那時可能已經過了臨界點。

氣候變遷是地方性的，但人卻四處遷移

問題不僅在於我們動得太快。也在於氣候變遷發生的地域極為地方性：某一朵花早開了；某一座湖的冰層異乎尋常地薄；某一棵楓樹的樹液無法流動；某一種候鳥來遲了。要察覺諸如此類細微的變化，需要和特定生態系統維持親密的關係。那樣的默契唯有在我們熟知一地——不只是風景，還有生計——且將在地知識連同神聖的責任感代代相傳時才會發生。

但那在都市化、工業化的世界中愈來愈稀有。我們很少人住在埋葬祖先的地方。我們很多人漠不關心地拋棄自己的家鄉——為追求新的工作、新的學校、新的愛情。而當我們這麼做時，便和我們在前一站累積的所有地方知識，以及我們祖先累積的知識（以我來說，一如其他許多人，祖先本身也一再遷徙）一刀兩斷了。

就連留在原地的人，日常生活也和我們居住的實體環境愈來愈沒關係。我們大多透過螢幕

裝置過日子，且不是憑我們的感官，而是用手機上的迷你地圖穿梭實體世界。

在我們可掌控氣候的住家、辦公室和車子裡免受風吹日曬雨淋，自然世界逐漸表露的變化看似對我們起不了作用。我們可能不知道一場破天荒的乾旱正在摧毀城市住家周圍農田上的作物，因為超市仍在展售堆成小山的進口商品，而且整天都有貨車送更多來。非得發生大事——例如水淹得比之前都高的颶風，或摧毀數千房屋的洪水——我們才會注意到真的有什麼不大對勁。但就算如此，那樣的想法也不會維持太久，因為在那些事實有機會烙印心田之前，我們很快就會迎來下一場危機。8

在此同時，氣候變遷每天都忙著擴增失根的行列，因為天然災害、歉收的作物、挨餓的家畜和氣候助長的族群衝突，迫使愈來愈多人離開世居之處。而人類每一次遷移，就會失去更多與特定地方的重要連結，讓更少人知道怎麼仔細聆聽大地的聲音。

8　我在一堵火牆像《啟示錄》的巨獸那般侵入洛杉磯後，寫信問候那裡的一個朋友。「有好幾天，天空的味道濃得好像八〇年代夜總會的二手菸，大家都在講疏散計畫，」她這麼回覆我：「但現在每個人都回去照常做自己的事，讓我不由得懷疑，到底要怎樣才能讓人們……不那麼做。」到底要怎樣呢？

眼不見為淨

氣候的污染源是肉眼看不見的，而我們很多人都不再相信我們看不見的事物。當前英國石油執行長東尼．海華德在「深水地平線」的災難後告訴記者，我們不該太擔心原油和化學分散劑湧入墨西哥灣，因為「那是非常大的海洋」時，他只是在陳述我們文化最珍愛的信念之一：我們看不見的事物就不會傷害我們，甚至可以說它不存在。

我們的經濟十分仰賴這個假想：我們永遠有「遠處」可以丟廢棄物。垃圾離開路邊後有「遠處」可以去，排泄物沖下排水管後有「遠處」可以去。礦物和金屬在「遠處」開採，原料在「遠處」搖身變成成品。但英國石油溢漏帶來的教訓是，套句生態學家提摩西．摩頓（Timothy Morton）的話，我們的世界「沒有『遠處』」。

我在本世紀出版《NO LOGO：顛覆品牌統治的反抗運動聖經》時，讀者驚訝地得知原來他們的服裝和器物是在如此血汗的環境製造。但此後我們多數人已學會與之共處——不是真的赦免它，而是處於一種經常忘記我們的消費在現實世界要付出多少成本的狀態。那些工廠所在的「遠處」已漸漸被人淡忘。

這就是常有人說「我們生活在前所未有的連結時代」的反諷之一。我們的通訊確實可以輕鬆、快速地跨越浩瀚的地理區域，遠超乎一個世代以前的想像。但在這個全球通訊網路之中，不知怎地，我們就是和我們關係最親密的人沒什麼聯繫：在孟加拉無消防設施的工廠裡製作我們貼身衣物的年輕女子，或是剛果民主共和國那些為了已成我們第三條胳臂的手機開採鈷礦而肺部塞滿粉塵的孩子。我們的經濟是幽靈的經濟，是刻意盲目的經濟。

空氣也是看不見的事物，而暖化空氣的溫室氣體是我們最難以捉摸的幽靈。哲學家大衛．亞伯蘭（David Abram）指出，綜觀人類史，正是這種看不見的特性賦予空氣力量、讓空氣博得我們的尊敬。「大氣，因紐特人（Inuit）稱之『Sila』，即世界的『風心』；納瓦荷人（Navajo）稱之『尼奇』（Nilch'i），即『聖風』；古希伯來人喚作『Ruach』，即『急速之靈』」，是「生命最神祕、最神聖的面向」。

但在我們的時代，「我們很少注意到大氣在一個人與另一個人之間盤旋」。既然遺忘空氣，亞伯蘭寫道，我們儼然讓它成為我們的下水道，「成為我們工業不需要的副產品的完美垃圾場……就連從管子滾滾而出最不透明、最刺鼻的煙也消散、消融在看不見的東西裡。就這樣消失了。眼不見，心不煩」。

被遺忘的時間範疇

氣候變遷難以為許多人理解的另一個原因是，我們生活在一個永遠只看當下的文化，刻意與創造我們的過去，和我們正在用行動塑造的未來斷絕關係的文化。而氣候變遷的要旨是，我們過去幾個世代的所作所為將無可避免地影響現在和未來數個世代。對大多身處數位化時代的我們而言，這個時間範疇就像異國語言一般難解。

這不是在評斷個人，也不是在斥責我們膚淺、失根或注意力零碎的狀態，而是認清，多數生活在城市中心和富裕國家的我們，是一項工業計畫的產物——一項與化石燃料緊緊相繫、建立歷史連結，而後跟著數位科技日新月異的計畫。

而正如我們曾經改變過，我們可以再改變一次。在聆聽偉大的農民詩人溫德爾．貝里以我們何以有愛「家鄉」勝過他方的義務為題的演說後，我問他對於像我和我朋友這樣失根的人，這樣消失在螢幕裡、看似一直在選購要在哪個完美社群生根的人，他有沒有什麼忠告。「在某個地方停下來，」他回答：「開啟認識那個地方的千年過程。」

那在許多方面都是很好的忠告，因為要贏得這場生存的戰鬥，我們都需要立足之地。

別再試著靠你自己拯救世界

客觀地說，以為身為原子化個體的我們可在穩定這顆星球的氣候上扮演要角，是癡心妄想。

二〇一五年六月
大西洋學院畢業典禮致辭

通常，畢業典禮致辭會試著給畢業生一個指引大學後生活的道德羅盤。你們聽到的故事，結尾會有「錢買不到幸福」、「寬以待人」、「別怕失敗」之類的明確教訓。

但我認為，各位不會糊里糊塗分不清是非對錯。各位非常傑出，知道你們不只想進入一所出色的學院，還想進入一所關注社會與生態的出色學院。一所為生物多樣性環繞、充滿人類多元性、學生遍布全球的學校。你們也知道強大的社群幾乎比什麼都重要。各位比多數人離開研究所時擁有更高的自知和自覺——而不知怎麼地，你們還在念高中時就具備這些了。

這就是為什麼我要跳過那些老生常談，直接切入正題的原因：從學校畢業的你們正逢這個歷史關頭——氣候變遷、財富集中和種族化的暴力，全都到達臨界點。

我們能幫上什麼忙呢？我們要怎麼為這個損壞的世界貢獻最大的力量呢？我們都知道時間短促，特別是就氣候變遷而言。我們都聽到時鐘在背後大聲地滴答響。但那不是說氣候變遷勝過其他一切。那是說，我們需要創造整合性的解決方案，能一面徹底降低排放，一面處理結構不平等，並且具體改善多數人生活的方案。這不是幻想；我們都有現成的模範可以效法。德國的能源轉型於過去短短十年即創造了四十萬份再生能源方面的工作，而且不僅讓能源更乾淨，也讓它更公平，許多能源電網由數百個城市、鄉鎮和合作社持有和掌控。德國在逐步淘汰煤炭上還有很長的路要走，但已毅然決然上路了。紐約市剛宣布一項氣候計畫，若能實行，將能透過大規模投資運輸、可負擔的住宅及提高最低工資，在二〇二五年以前讓八十萬民眾脫離貧窮。

我們需要的整體性躍進，就在我們的理解範圍內。請了解這點：對於那項宏大的計畫，沒有比你們深入的跨領域人類生態學教育更好的準備工作了。你們就是要為這個時刻學以致用的。不對，這句話不完全正確：你們早就有先見之明，為這個時刻做足準備了。

但很多事情仍仰賴我們在未來幾年做的選擇。「別怕失敗」或許是標準的人生課題畢業演說內容。但這句話並不適合投身氣候正義運動的我們，因為就這項運動而言，害怕失敗是完全合理的。

讓我們面對事實：你們之前的幾個世代，已消耗掉本來該屬於你們的大氣空間，且有過之無不及。我們也用掉了你們重大失敗的機會——這或許是最根本的世代不正義。那不代表我們什麼錯都不能犯。我們可以犯錯，也勢必會犯錯。但「黑人的命也是命」（Black Lives Matter）鼓舞人心的籌辦人之一艾麗西亞・加爾薩（Alicia Garza）談到，如果要犯錯，我們犯的必須是「新的錯誤」。

請咀嚼一下那句話。讓我們別重蹈覆轍。在此提出一些過去的錯誤，但我相信你們會默默自己加上：對政治人物投射救世主般的幻想；認為市場會修正它；發起完全由中上階級白人組成的運動，然後再納悶為什麼有色人種不想加入「我們的運動」；把彼此撕成血淋淋的碎片，因為那樣比聲討最該為此亂象負責的權勢者來得容易。這些都是社會變革的陳腔濫調，而它們真的愈來愈令人生厭。

我們沒有權利要求彼此做到盡善盡美，但我們確實有權利期待進步、有權利要求演化。所以，讓我們開始犯新的錯吧。讓我們在衝出地窖的過程犯一些新的錯誤，建立那種豐富多元、渴望正義、真正有機會致勝的運動——戰勝那些希望我們繼續失敗的強大利益集團。

出於這個考量，我想要談談一個我看到一再出現的老錯誤。那跟這個想法有關：既然重大系統性變革的嘗試都失敗了，我們能做的就是從小處著手。你們可能有些人認同它，有些人不認同，但我認為各位未來在工作上，都必須處理這樣的緊張狀態。

說個故事：二十六歲時，我前往印尼和菲律賓進行第一本書《NO LOGO》的研究調查。我的目標很簡單：會一會那些製作我和朋友購買的衣服和電子用品的工人。我順利見到了她們，在骯髒的宿舍寢室待了好幾個晚上，那些甜美、咯咯笑的青少女就是在那裡度過稀少的非工作時光。她們告訴我好幾件事：她們工作時不能離開機器去尿尿，也沒有足夠的錢買魚乾配飯吃。

她們知道自己被惡劣地剝削，知道她們製造的成衣和機件賣得比她們一個月的酬勞還貴。一名十七歲女孩告訴我：「我們做電腦，但我們不知道怎麼用電腦。」

因此，我感到有點突兀的一件事情是，有些工人穿的衣服上，繡著冒牌的商標——仿冒那些該為這些情況負責的跨國企業：迪士尼的文字或耐吉的勾勾。我問了一位在地勞工組織者：這不是很奇怪——很矛盾嗎？

他想了很久才理解我在問什麼。然後他帶著像是同情的眼神看著我。對他跟他的同事來說，個人消費完全不被認為在政治的範疇裡。力量不在於你一個人做了什麼，而在於你們許多人做了什麼，為一個大規模、有組織、集中心力的運動做了什麼。對他來說，這意味著組織工人進行罷工爭取最好的條件，最終贏得組織工會的權利。你午餐吃什麼，或身上剛好穿什麼，其實一點關係也沒有。

這令我大吃一驚，因為那跟我加拿大家鄉的文化截然相反。在我出生的地方，你的政治信仰，會透過你選擇的個人生活方式，徹頭徹尾表現出來。大聲宣告你吃素。買公平貿易和在地生產的東西，杯葛邪惡的大品牌。

兩年後，隨著我的書出版，這些對社會變革截然不同的認知一再出現。於是我開始談國際保護工會組織權利的必要，重整全球貿易制度、讓它不會鼓勵競相沉淪的必要。但在那些談話的尾聲，觀眾提出的第一個問題不外乎：「那我們可以買哪種運動鞋？」、「哪些品牌有職業道德？」、「你的衣服是在哪邊買的？」、「我個人可以做些什麼來改變世界？」

出版《NO LOGO》十五年後，我依然面臨非常類似的問題。近來，我屢屢談到那個賦予跨國企業強大力量、在印尼和中國找到廉價勞力的經濟模式，如何同時也使全球溫室氣體排放超載。我一說完，一定會有人舉手提問：「請告訴我，我個人可以做些什麼？」或者「身為企業主，我可以做些什麼？」

對於「我個人可以做些什麼來阻止氣候變遷？」這個問題，殘酷的真相是：做什麼都沒辦法。事實上，客觀地說，以為身為原子化個體的我們可在穩定這顆星球的氣候系統或改變全球經濟上扮演要角，是癡心妄想。我們只能參與大規模、有組織的全球運動，共同面對這個艱鉅的挑戰。

諷刺的是，力量相對小的民眾往往遠比力量大得多的人了解這點。我在印尼和菲律賓遇到的工人都很清楚，政府和企業並不重視他們個別的聲音，甚至個別的性命。正因如此，他們除了不得不集體行動，還得在一大張政治畫布上行動，以便試著改變雇用數千名工人的工廠、雇用數萬名工人的出口區的政策，或是人口數千萬乃至數億的國家的勞工政策。因為了解個人無能為力，他們只好建立政治企圖心，要求結構性變革。

反觀在富裕國家中，卻一直有人告訴我們，個人的力量有多強大、個別消費者的力量有多強大，甚至個別社運人士的力量有多強大。結果便是儘管我們有力量、有特權，卻往往只能在沒必要那麼小的畫布上行動——我們自己生活方式的畫布，或是我們鄰里或城鎮的生活方式。在此同時，我們卻把結構性變革、政策和法律工作丟給他人。

這不是要貶低地方性運動。地方至關重要。地方組織的運動正贏得對抗水力壓裂和輸油管的重要戰爭。地方也為我們展現後碳經濟的面貌和感覺。

小例子也可以賦予大例子靈感。大西洋學院是率先自化石燃料撤資的學校之一。而有人告訴我，你們不出一週就做成這個決定。我們需要清楚本身價值觀的小學校擔起領導之責，促使更多尚無把握的機構起而效尤：比如史丹佛大學、比如牛津大學、比如英國王室、比如洛克斐勒家族。他們全都在你們發起後加入運動，所以地方很重要。但只有地方是不夠的。

我在超級颶風珊迪災後拜訪布魯克林區的雷德胡克（Red Hook）時，一件鮮明的事例讓我想起這句話。雷德胡克是受創最嚴重的地區之一，也是一座出色社區農場的所在地，農場教附近公營住宅區的孩子怎麼種植健康的食物、為眾多住民提供堆肥場、每週舉辦農人市集，並辦理一個社區支持的出色農業計畫。簡單地說，它做了每一件對的事：縮短食物運輸里程、遠離石油輸入、把碳封存在土裡、藉由堆肥減少垃圾量、對抗不平等與糧食不安全。

但當風暴來襲，一切都不重要了。收成全毀，大家也擔心淹水會使土壤含毒。他們固然可以買新的土壤重新來過，但我在那裡碰到的農人知道，除非外面其他人起而奮鬥，要求系統性、全球性地降低排放，不然諸如此類的損失仍會一而再、再而三發生。

事情並非這方面比那方面重要。我們必須兩者兼顧：地方與全球、反抗與替代方案。不做會讓我們無法倖存的事，要做我們繁榮所需的事。

在我離開前，我還想強調另一件事。請各位仔細聽，因為那很重要。的確，我們每個人都必須去做，都必須改變一切，但你個人不必什麼都做。責任不是全由你一人承擔。

當優秀、敏感的年輕人聽到氣候的鐘大聲滴答響，對你們來說，真正危險的事情是承擔太多。這再次表現了「我們自己很重要」的膨脹觀念。

乍看之下，人生的每一個決定——要進國家非政府組織、地方永續栽培（permaculture）計畫或綠色新創企業工作；要和動物或人一起工作；要當科學家或藝術家；要上研究所或生小孩——好像都承載著世界的重量。

最近，一名二十一歲、名叫柔伊・巴克禮・雷諾克斯（Zoe Buckley Lennox）的澳洲理工科學生跟我聯繫，我怵然一驚，你們之中竟有人扛起這等沉重到不可思議的責任。她連絡上我的時候，正在太平洋中央殼牌石油（Shell）的北極鑽油台上野營。連她在內的六位綠色和平運動人士已攀上那座巨大的鑽塔，試著慢下它的航行速度，並吸引世人注意在北極鑽油的瘋狂舉動。他們在上頭的狂風呼嘯中住了一週。

當他們還在塔上時，我打綠色和平的衛星電話給柔伊，只是想親自感謝她這麼有勇氣。你們知道她怎麼回應？她問我：「你要怎麼知道自己做的是正確的事？我的意思是，畢竟我們還有撤資、遊說、巴黎氣候會議等別的事情要做。」

我被她的認真深深打動，但也好想哭。她在那裡做的是我們想像中最不可思議的事——忍受天寒地凍，試著親身阻止北極鑽探。而在她的七件衣服和攀登裝備底下，她仍在鞭策自己，懷疑她是不是該做別的事情。

那天我給她的答覆，就是現在我要告訴你們的話。你們在做的事情很棒。你們接下來要做的事也很棒。你們並不孤單。你們是一項運動中的一分子。那項運動是在聯合國發起組織，是競選公職、讓學校撤資、並試著在國會及法庭阻止北極鑽探。所有的事全都同一時間進行。

沒錯，我們需要做得更快、更多。但世界的重量不是由任何人一肩扛：不是你們，不是柔伊，不是我。那取決於已有數百萬人參與的轉型計畫有多少力量。

也就是說，我們可以自由決定要從事什麼樣的工作來維持生計，以讓我們全都可以長期留在這項運動中。因為這項運動需要長期抗戰。

激進的梵蒂岡？

擁有信仰的人，特別是傳教式信仰的人，深信一件許多世俗百姓沒那麼確定的事：所有人類都具有覺醒改變的能力……畢竟，那就是皈依的本質。

二〇一五年六月二十九日——打包

當我剛應邀赴梵蒂岡一場記者招待會、以教宗方濟各近來發表的氣候變遷通諭〈願祢受讚頌〉(Laudato Si)為題發表談話時，我深信邀請一定很快會取消。但現在，那場招待會，以及會後為期兩天、探究通諭的座談會，再兩天就要舉行了。事情真的發生了。

一如以往，在壓力沉重的旅程之前，我會把所有焦慮轉換成服裝。七月第一週，羅馬的氣象預報是酷熱，氣溫高達攝氏三十五度。造訪梵蒂岡的女性該衣著端莊，不露腿和上臂。長而寬鬆的棉衣顯然是首選，唯一的問題在於，我對任何帶嬉皮意味的東西，有根深柢固的厭惡。

梵蒂岡的記者招待室當然有空調。然而，〈願祢受讚頌〉指出空調為諸多「有害且似乎不減反增的消費習慣」之一。當權派會不會為了這場招待會而特別拋棄溫度控制呢？或是會繼續溫控，無懼於矛盾，就像我一面支持教宗大膽的書寫：應對氣候危機如何需要深刻改變現有成長導向的經濟模式，卻不同意他其他許多見解？

為提醒自己為什麼值得如此大費周章，我重讀了通諭的幾個段落。除了闡述氣候變遷的事實，它也花了可觀的篇幅探討晚期資本主義文化是如何讓我們特別難以對付，甚至著眼於這種文明的挑戰。「自然充塞著愛的話語，」方濟各寫道：「但在持續不斷的吵雜、無止境刺激神經的喧嚷、對表象的崇拜之中，我們要怎麼聆聽呢？」

我羞愧地掃視散落櫃中的衣物。（瞧：我們有些人不是不管去哪裡都穿同一件白衣服啦……）

七月一日——想罵髒話

我們四個人預定要在梵蒂岡記者招待會發表談話，其中包括聯合國政府間氣候變化專門委員會的主席之一。除了我以外，其他三人都是天主教徒。教廷新聞辦公室主任費德里科・隆巴迪（Federico Lombardi）神父在引言時，形容我是「無宗教猶太裔女權人士」——我準備的講稿裡有這個詞，但壓根沒料到他會照著唸。其他事情隆巴迪神父都說義大利語，唯獨這幾個字是用英語慢慢說，彷彿要強調他們是外來的東西似的。

第一個衝著我來的問題是宗教新聞社（Religion News Service）的羅希・史康莫（Rosie Scammell）提出：「不知道你會如何回應那些對你的與會感到不安的天主教徒，以及其他不同意某些天主教教義的人？」

她指的是某些傳統主義者一直在抱怨所有異教徒的事實，包括聯合國祕書長潘基文和一票氣候科學家；早在通諭發布之前，他們就被發現來到這些古牆垣裡了。傳統主義者怕的是星球負擔過重的討論最終會致使教會反對節育和墮胎的力量被削弱。一位頗受歡迎的義大利天主教網站的編輯最近這麼說：「教會正前往的路就是：默默同意人口控制，卻顧左右而言他。」

我回答，我來這裡不是為了促成世俗氣候運動和梵蒂岡之間的媒合。但如果教宗方濟各所言，因應氣候危機需要徹底改變我們的經濟模式是對的——我認為他說得對——那我們就需要基礎格外深厚的運動來要求那些變革，能夠挺過政治分歧的運動。

在記者招待會後，一位美國來的新聞記者告訴我，她「已經採訪梵蒂岡二十年，從沒想過會從台上聽到『女權』一詞」。

附帶一提，空調開著沒關。

英國及荷蘭駐教廷大使為會議的籌備者和講者舉行一場晚宴。在喝酒吃烤鮭魚的同時，討論話題轉向教宗即將訪問美國的政治影響。對這個主題最著迷的賓客之一，來自一個具影響力的美國天主教組織。「聖父（即教宗）先去古巴並沒有讓我們比較輕鬆。」他說。

我問他〈願祢受讚頌〉的訊息在美國傳播的情況怎麼樣。「時機不好。」他說。「那剛好在最高法院對同性婚姻做出裁決的時候發表，而那有點吸光了房間裡的氧氣。」那當然沒錯。很多美國主教歡迎通諭，但程度遠遜於一週後天主教譴責最高法院判決的火力。

這個懸殊差異鮮明地提醒我，教宗方濟各有多努力實現他對教會的願景：少花點時間譴責墮胎、避孕的人和他們結婚的對象，多花點時間為遭到極度不平等、不正義的經濟制度踐踏的受害者奮戰。當氣候正義必須和譴責同性婚姻爭奪通話時間，它一點機會也沒有。

回飯店的路上，抬頭望著聖伯多祿大殿（St. Peter's Basilica）被照亮的廊柱和圓頂，我突然想到這場意氣之爭或許正是這些折衷派的外人被邀請進入這個修道世界的原因。我們來這裡是因為無法指望許多位高權重的教會內部人士支持方濟各具變革性的氣候訊息——有些人顯然巴不得看到它和其他許多祕密一樣，被埋葬在這個城牆包圍的領地裡。

就寢前，我又花了點時間讀〈願祢受讚頌〉，突然想到一件事。教宗方濟各開門見山寫道：「我們共同的家園好比一位與我們共享生活的姊妹，也好比一位張開雙臂擁抱我們的美麗母親。」他援用的是聖方濟各亞西西（Saint Francis of Assisi）的〈萬物頌歌〉（Canticle of the Creatures），文裡說：「我主，願祢藉我們的姊妹，大地的母親受讚頌。她滋養我們、管理我們，並出產各種果實和色彩繽紛的花草。」

下面幾段，通諭指出聖方濟各「與萬物交流，甚至對花卉講道，邀請它們『讚頌主，彷彿它們具有理性似的』」。通諭說，據聖文德（Saint Bonaventure）指出，這位十三世紀的修士，「無論多小的生物，都會用『兄弟姊妹』稱呼」。

再往後，指出《聖經》裡有多處要我們照料提供食物與勞力的動物，教宗方濟各做出結論：「《聖經》容不下蠻橫暴虐、對其他生物漠不關心的人類中心主義。」

對生態學家來說，質疑人類中心主義是老掉牙的東西，但對天主教高層來說卻是另一回事。長久以來的猶太—基督詮釋：上帝創造整個世界就是為了滿足亞當的每一項需求，就是以人類為中心的極致表現。至於我們和所有其他生物是一家人，地球是生養我們的母親，是生態的耳朵非常熟悉的概念。但教會呢？用天父和取代大地之母、耗盡自然世界的神聖力，就是撲滅異教信仰、萬物有靈和泛神論的精髓。

透過主張自然本身具有價值，方濟各推翻了千百年來公然敵視自然世界——將之視為必須超越的痛苦、必須抗拒的「誘惑」——的神學詮釋。當然，基督教也有不少教義強調自然是必須善加管理和保護的珍貴之物——有些教義甚至頌揚之——但多半仍視之為一組供養人類的資源。

方濟各不是第一位表達對環境深切關心的教宗——若望保祿二世（John Paul II）和本篤十六世（Benedict XVI）也表達過。但後兩位並未用「姊妹、母親」稱呼大地，也沒有主張花栗鼠和鱒魚是我們的手足。

七月二日——從荒野回來

在聖伯多祿廣場（St. Peter's Square），紀念品店在販售教宗方濟各的馬克杯、月曆、圍裙——和一疊、一疊、又一疊譯成多種語言的〈願祢受讚頌〉裝訂本。櫥窗的橫幅為它做了宣傳。乍看之下，它就像另一件蹩腳的教宗商品，而非一份可能徹底改變教會信條的文件。

今天早上是為期兩天的「人與星球優先：改變路線之必要」（People and Planet First: The Imperative to Change Course）集會的開場。這次集會是由國際天主發展機構聯盟（International Alliance of Catholic Development Agencies）及宗座正義與和平理事會（Pontifical Council for Justice and Peace）主辦，旨在依據〈願祢受讚頌〉擬定行動計畫。講者包括愛爾蘭前總統及現任聯合國氣候變遷特使瑪莉・羅賓遜（Mary Robinson）和吐瓦魯總理埃內爾・索本嘉（Enele Sopoaga）——一個因海水上升而有滅頂之虞的島國。

一位輕聲細語的孟加拉主教帶領眾人做開場的禱告，支持通諭的重要人士——樞機主教涂克森（Peter Kodwo Appiah Turkson）率先發表主旨演說。六十六歲的涂克森兩鬢蒼蒼，但圓潤的雙頰依然年輕。很多人猜想他可能接續七十八歲的方濟各，成為史上第一位來自非洲的教宗。涂克森的談話主要在引用先前的教宗通諭，作為〈願祢受讚頌〉的先例。他要傳遞的訊息很明確：這不是一個教宗的想法；把大地視為聖物、認定人類與自然之間有盟約（不僅是連結），是天主教傳統的一部分。

樞機主教也指出，通諭裡「『管理』一詞只出現兩次。反觀『照料』則出現數十次」。他告訴我們，這絕非巧合。管理，講的是基於責任的關係，「我們照料某樣東西時，則是出自熱情和愛」。

這股對自然世界的熱情，是所謂「方濟各要素」（Francis factor）的一部分，而它顯然源於天主教會內部地理權力的轉移。方濟各來自阿根廷，涂克森來自迦納。通諭裡最生動的段落之一——「是誰把海洋的奇妙世界轉變成了無色彩、無生命的水中墳場？」——是引自菲律賓天主教主要會議的一項聲明。

這反映了一項事實：在南方世界的大部分地區，基督教義中較人類中心的元素尚未完全扎根。尤其在有龐大原住民人口的拉丁美洲，天主教義尚無法完全取代以活躍、神聖的地球為中心的宇宙論，而結果便是教會常融合基督與原住民的世界觀。藉由〈願祢受讚頌〉，那樣的融合終於抵達教會的最高層級。

但涂克森似乎在溫柔地提醒這裡的聽眾別太興奮。有些非洲文化將自然「奉若神明」，但那跟「照料」不一樣。大地或許是母親，但神仍是老大。動物或許是我們的親戚，但人不是動物。還有，一旦正式的教宗教義挑戰像人類主宰地球這麼核心的概念，它真的有辦法掌控接下來發生的事嗎？

愛爾蘭天主教神父和神學家尚恩・麥多納（Sean McDonagh）就有力闡述了這個論點。他宏亮的聲音從觀眾席傳來，呼籲我們切莫迴避這個事實：深嵌這部通諭之中的自然之愛，與傳統天主教義南轅北轍。「我們正轉往新的神學。」他斷言。

為證明這點，他翻譯了一段以往降臨節期間常有人在聖餐後背誦的拉丁祈禱文。「教我們鄙視大地萬物，愛天國的一切。」要克服數百年對「物質世界」的厭惡不是簡單的任務，而麥多納認為，低調處理眼前的工作意義不大。

見到如此激進的神學挑戰在一間以聖奧古斯丁（Saint Augustine）為名的禮堂弧形木牆內被詳盡討論，是令人興奮的事，畢竟這位神學家對肉體及物質的懷疑極其深刻地形塑了基督教會。但我猜想，對前排那些身穿黑袍、默不作聲、在這棟建築研究和教書的男人來說，這也有點令人心驚膽戰。

這天晚上的晚餐沒那麼正式：在一間人行道旁的小餐館，跟幾位來自巴西和美國的聖方濟會修道士，以及被其他人當成該教團榮譽會員看待的麥多納一起吃。

我的同伴是過去幾年教會裡最出名的幾位麻煩製造者——嚴肅看待基督原始社會主義（protosocialist）教義的人。來自華府的方濟各會行動網（Franciscan Action Network）執行董事派崔克・卡洛藍（Patrick Carolan）是其中之一。笑容燦爛的他告訴我，據說列寧在臨終前曾說，俄國革命真正需要的不是更多布爾什維克（Bolsheviks），而是十個聖方濟各亞西西。

現在，突然間，這些局外人許多觀念都和世界最有權力的天主教徒、十二億信眾的領袖一致了。這位教宗不僅在自稱方濟各時（先前沒有任何教宗如此）令眾人吃驚，也似乎下定決心復興最激進的聖方濟各教義。強而有力的巴西社會領導者、戴著木製聖方濟各十字架的摩伊瑪・德・米蘭達（Moema de Miranda）說，感覺「好像終於有人聽我們說話了」。

對麥多納來說，梵蒂岡的改變更驚人。「我前一次覲見教宗是一九六三年的事。」他一邊吃蛤蜊義大利麵一邊告訴我。「我放走三個教宗。」但這會兒他來了，回到羅馬，協助草擬這部最多人談論且人人記得住的通諭。

麥多納指出，明白如何調解基督上帝和神祕大地的不只是拉丁美洲人，愛爾蘭凱爾特人（Celtic）的傳統也設法維繫「自然世界有神」的觀念。「水資源有水資源的神，樹木有樹木的神。」但在其餘大部分的天主教世界，這些全都被抹煞。「我們把事物呈現得好像有連貫性，但其實不具連貫性。那樣的神學已喪失功能。」（這是許多保守派正注意到的花招。「教宗方濟各，大地不是我的姊妹」是最近一期右翼網路雜誌《聯邦主義者》（*The Federalist*）的大標。）

至於麥多納本身，他對這部通諭備感興奮，雖然他希望那能更進一步，質疑大地是創造給人類的禮物的概念。怎麼可能是呢？——我們明知在人類到來之前，大地已在這裡數十億年了啊。

我問，有那麼多根本性的質疑，《聖經》如何能流傳至今——怎麼不會在某個時間點解體？他聳聳肩，告訴我經文也在演化，且該在歷史脈絡下詮釋。如果《創世紀》需要前傳，也不是什麼大不了的事。的確，我明顯感覺到，他很開心能加入起草委員會。

七月三日——教會，自己傳福音

我一醒來就在想毅力這件事。為什麼像卡洛藍和米蘭達這樣的方濟會成員，會在一個並未反映他們許多最深刻信念和價值觀的機構裡堅持這麼久——終於活著見到它突然轉變，難道這裡許多人只能訴諸超自然現象解釋的驟變？卡洛藍跟我說，他十二歲時曾被一位神父虐待。教會包庇神父令他憤怒，但他沒有因為那件事永遠脫離信仰。是什麼讓他們待著不走呢？

我在瑪莉．羅賓遜演說結束時見到米蘭達，便問了她這個問題。（羅賓遜的演說溫和地批評了通諭未能適切地強調婦女及少女在人類發展中扮演的角色。）

米蘭達糾正我，說她其實算不上堅持大半輩子。「我當了好多好多年的無神論者，信共產主義、毛澤東思想。一直到三十三歲。然後我皈依了。」她形容那是幡然領悟的一刻：「哇，神真的存在。然後一切都變了。」

我問她為何突然如此，她遲疑了一下，笑了笑，然後告訴我她在人生非常艱難的時期遇到一群女人。「她們某個地方與眾不同，連苦難也不一樣。她們開始暢談生命有神存在的事，讓我想聽。然後，突然間，神就在那裡了。前一刻，那是我連想都不會去想的東西。才一瞬間，那就在那裡了。」

皈依——我忘了那件事。但這或許正是理解〈願祢受讚頌〉的力量和潛力的關鍵。教宗方濟各在通諭裡花了一整章闡述基督徒「生態皈依」的必要，「藉此，他們與耶穌基督相遇的效應，會在他們與周遭世界的關係中歷歷呈現。保護神的藝品是我們的天職，實踐那份天職是美德的人生所不可或缺；在我們的基督經驗中，那不是可有可無或次要的層面」。

於是我恍然大悟，過去三天我在羅馬親眼見它成形的，正是一種生態的福音——在討論「傳播通諭的好消息」、「帶教會上路」、人們為這個星球的「朝聖之旅」等話題時；在米蘭達闡述如何透過電台廣告、網路影片和給教區研究團體使用的小冊子，在巴西傳播通諭的計畫時。

一具高齡兩千歲、原先設計來使非基督徒變節與皈依的引擎，現在準備對內發揮它的傳教熱情，在信眾間質疑並改變關於人類位居世界哪裡的根本信仰。在閉幕會議中，麥多納神父提出「針對通諭舉行為期三年的宗教會議」來教育天主教徒這種互相聯繫和「完整生態」的新神學。

很多人百思不解，〈願祢受讚頌〉如何能同時毫不保留地批判現在，又對未來滿懷希望。教會相信思想具有力量以及在全球傳播資訊的驚人能力這點，對解釋這種緊張大有幫助。有信仰的人，特別是傳教式信仰的人，深信一件許多世俗百姓沒那麼確定的事：所有人類都具有覺醒改變的能力。他們仍舊相信，正確地結合論據、情感與經驗，可能造就改變一生的轉變。畢竟，那就是皈依的本質。

關於這種改變的能力，最強大的例子或許是教宗方濟各的梵蒂岡。而那不只是教會的榜樣。因為，如果連世上最古老、最守舊的機構之一都能像方濟各正在嘗試的作為，如此徹底地改變教義和實務，各種更新、更靈活的機構當然也可能改變。

如果那真的發生——如果轉型真的會傳染，像這裡所發生的事一樣——那我們或許有機會與氣候變遷一搏。

後記

在這本選集的所有文章中，我覺得重讀這一篇最傷神。因為儘管教宗方濟各有十足的勇氣挑明全球政府在生態方面的失職以及對移民性命的殘忍漠視，梵蒂岡仍無法要它自己的領導人為孩童和修女在體系內遭性侵害，和刻意掩蓋那些罪行的行為負責。這種背棄正義的做法已讓許多信徒備受折磨，也傷害了方濟各領導其他議題的道德威信，包括氣候危機。而這最起碼提醒我們，以多元交織（intersectional）的方式處理社會、政治變革有多刻不容緩：如果我們只挑選某幾種急迫的危機來認真對付，結果便是任何一種危機也無法改變。唯有大膽無畏、面面俱到的策略，不犧牲任何議題，才能實現我們需要的深刻轉變。

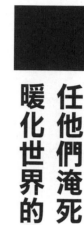

任他們淹死：暖化世界的他者化暴力

一種毫不重視黑褐皮膚民眾的生命、忍心任人類在浪濤下滅頂或在留置中心引火自焚的文化，也會忍心讓黑褐皮膚民眾居住的國家消失於浪濤下，或在酷熱中乾枯。

二〇一六年五月二十六日
愛德華．薩依德倫敦講座演說

愛德華．薩依德（Edward Said）不是「抱樹派」（tree-hugger）的極端環保人士。身為商人、工匠和專業人士的後裔，這位偉大的反殖民知識分子曾形容自己是「城市巴勒斯坦人的極端例子，與土地的關係基本上是種比喻」。在《薩依德的流亡者之書》（*After the Last Sky*）中，他看著尚．摩爾（Jean Mohr）的照片沉思，深入探究巴勒斯坦生活的各種面向，從好客、運動到室內裝潢。最微小的細節（相框的放置、孩童反抗的姿態）激發出源源不絕的識見。但當薩依德面對巴勒斯坦農民的影像時（照管羊群、耕作田地），一切突然都不明確了。他們種植什麼作物？土壤的狀況怎麼樣？有水可用嗎？沒有一樣可確切得知。「我仍感受到一群貧窮、受苦、偶爾有色彩的農民，集體過著一成不變的生活。」薩依德坦承。他知道這種感覺是「幻想出來的」——但仍縈繞不去。

如果農業對薩依德來說是另一個世界，將生命奉獻給空氣和水污染等問題的人，看來就像住在另一個星球了。他曾先後向同事勞勃．尼克森（Rob Nixon）及哥倫比亞大學形容環境保護是「被寵壞而缺乏適當理由的抱樹派的嗜好」。但任何像薩依德那樣埋首於中東地緣政治的人，都不可能忽視中東面臨的環境挑戰。這是個極易蒙受酷熱、缺水、海平面上升和沙漠化危害的地區，《自然氣候變遷》最近一份報告預估，除非我們能徹底減少排放，而且迅速減少，否則中東大半地區可能會在本世紀結束前「經歷人類無法忍受的增溫」。那跟氣候科學家所言差不多直率了。但這個地區的環境議題仍被當成事後追加的東西，或行有餘力才追求的目標對待。理由不是忽視，不是漠不關心。就是「頻寬」問題。氣候變遷是嚴峻的威脅，但離最恐怖的衝擊還有好些年。此時此刻，永遠有更迫切的威脅要對付：軍事占領、空襲、系統性的歧視、禁運。沒什麼比得上那些燃眉之急；連比都不該比。

還有其他原因讓環境保護在薩依德心目中，可能像個資產階級的遊樂場。長久以來，以色列國一直給它的建國計畫披上綠色的外衣——是猶大復國主義者「回歸故里」(back to the land)開拓精神的一部分。在這種脈絡下，樹木尤其是霸占土地最有力的武器之一。不只是無數橄欖樹和開心果樹被連根拔起，讓路給聚落和只有以色列人可走的道路。還有無序蔓延的松林和尤加利樹林遍植於那些果園和巴勒斯坦人的村落。關於樹木，最惡名昭彰的參與者是猶太國家基金(Jewish National Fund，簡稱JNF)，它喊著「把沙漠變綠」(Turning the Desert Green)的口號，自誇從一九〇一年以來在以色列種了兩億五千萬棵樹，其中許多非當地原生種。它也直接資助以色列軍隊的重要基礎建設，包括內蓋夫沙漠(Negev Desert)裡的設施。在文宣資料上，猶太國家基金自我標榜為綠色的非政府組織，關注森林與水資源管理、公園和休憩。它碰巧也是以色列國家最大的私有地地主，而雖然面臨一些複雜的法律挑戰，它仍拒絕出租或出售土地給非猶太人。

我在一個猶太人社區長大，在那裡，每逢重要場合(出生、死亡、母親節、成人禮)，人們都會驕傲地以要榮耀那個人的名義，向JNF買一棵樹。長大後我才開始了解，那些感覺不錯的遠方松柏科植物——證書貼在蒙特婁小學的牆上——其實不懷好意——不只是種來讓你以後可以抱的東西。事實上，這些樹是以色列官方歧視體制最耀眼的象徵之一，而人類要和平共存，就必須破除那樣的歧視。

JNF是有些人所謂「綠色殖民主義」(green colonialism)近期極端的例子。但這種現象並不新；也不是以色列獨有。那在美洲大陸有段漫長而痛苦的歷史：美麗的荒野被轉化成保育公園，然後那個名稱就被拿來阻止原住民進入他們世居的土地狩獵、捕魚或單純地居住。這種事一再發生。這種現象的當代版是碳補償。從巴西到烏干達的原住民都發現，一些最具侵略性的土地霸占行徑，是保育組織在做。一座森林突然被冠上碳補償之名，接著就禁止其傳統居民進入。於是，碳補償市場創造了一個全新的綠色人權侵犯階級：農人和原住民在試圖進入這些土地時，遭到公園巡警或私人保全人身攻擊。薩依德對抱樹派環保人士的評論，應在這樣的脈絡下理解。[9]

不僅如此。在薩依德人生的最後一年，以色列立起俗稱的隔離牆、占領約旦河西岸的廣大帶狀土地，讓巴勒斯坦工人無法工作、農民無法耕作、病人無處就醫——也硬生生拆散家庭。反對那一堵牆的人權理由不勝枚舉。但在當時，以色列猶太人當中一些最響亮的不平之鳴並未聚焦於此。當時以色列的環境部長雅胡迪．納歐特(Yehudit Naot)更擔心一份告知她這件事情的報告：「隔離牆……對景觀、動植物、生態廊道(ecological corridor)和溪流的排水有害。」「我當然不想阻止或耽誤牆的興建，」她說：「但那牽涉的環境災害令我心亂如麻。」巴勒斯坦社運人士奧馬爾．巴古提（Omar Barghouti）後來說：納歐特的「環境部和自然公園管理局（National Parks Protection Authority）發起煞費苦心的救援行動，拯救了一個受影響的鳶尾花保護區，將之移往替代的保護區。他們也為動物建造（穿牆的）小通道」。

這或許足以解釋綠色運動之所以遭到冷嘲熱諷的來龍去脈。當人命獲得的尊重比花草鳥獸還不如，人們確實會起反感。但薩依德的知識遺產中也有許多部分闡明、釐清了全球生態危機的理念，指出我們可以用哪些遠比現有運動模式更全面的方式來因應：那不要求受苦的民眾擱置他們對戰爭、貧窮、系統性種族歧視的憂慮、先「拯救世界」再說，而是證明種種危機有多環環相扣，解決方案也需要環環相扣。簡言之，薩依德或許不喜歡抱樹的人，但抱樹的人必須趕快為薩依德，為其他許許多多反帝國主義的後殖民思想家騰出時間，因為不去了解他們，就不可能了解我們在這個危險的地方會有什麼樣的下場，不可能領略需要什麼樣的轉型才能帶我們到比較安全的地方。因此，身在一個暖化的世界，我們可以從讀薩依德身上學到什麼呢？以下提出一些想法，不完整就是了。

薩依德過去是，現在依然是我們最具說服力的流亡、思鄉理論家之一，但薩依德思念的家

9　在設計、推動當代任何綠色新政時，都必須考量這樣的脈絡。為避免重蹈這些殖民模式的覆轍，必須從一開始就嵌入原住民的知識和領導，尤其是在為了大規模拉低碳濃度和提供風暴防護而進行野心勃勃的植樹和生態復育計畫時。

鄉——他一再澄清——已被徹底改變到其實不復存在了。他的態度很複雜：他強烈捍衛巴勒斯坦人回家的權利，但從未主張家是固定不動的。重要的是平等尊重所有人權的原則，以及我們的行動和政策必須合乎恢復式正義。這個觀點與我們這個海岸線不斷被侵蝕、國家被上升的海水淹沒、維繫整個生態系統的珊瑚礁被漂白、北極溫和宜人的時代息息相關。這是因為思念一個被劇烈改變的家園，或許已不復存在的家園，是一種迅速而悲慘的全球化狀態。

二〇一六年三月，兩項重要的同儕評審的研究同時警告，海平面上升的速度，可能比先前所認定快得多。第一項研究的作者之一是詹姆斯．韓森——或許是世上最受敬重的氣候科學家。他警告，照目前的排放軌跡，我們將「失去所有沿海城市、世界大部分的大城市，以及它們的所有歷史」——而且不是在幾千年後，而是不遲於這個世紀就會失去。換句話說，如果我們不要求徹底的變革，不久的將來，全世界的人民都會開始尋找不復存在的家園。

薩依德也助我們相信，那時世界會是什麼樣的情景。他常召喚阿拉伯文的「sumud」一詞（「留在原地、待著別動」）——就算面臨最絕望的驅逐令，甚至有接連不斷的危機環伺，也要堅定地拒絕離開自己的土地。這個詞最常和希伯崙及加薩等地連在一起，但今天同樣適用於路易斯安那成千上萬把屋子架高以便不必撤離的沿海居民，或高喊「我們不會溺死，我們會奮戰到底」的太平洋島民身上。在馬紹爾群島、斐濟、吐瓦魯等地勢低窪的國家，人們明白極冰融化造成的海平面上升已成定局，他們的國家很可能沒有未來。但他們拒絕關心強制疏散的後勤作業，就算有較安全的國家願意開放邊界——極無把握的「就算」，因為目前氣候難民尚不被國際法承認——也不會搬遷。相反地，他們積極反抗：划傳統的舷外浮桿獨木舟阻擋澳洲運煤船、如芒刺在背般擾亂國際氣候談判、要求更積極的氣候行動。如果巴黎氣候協議有任何值得讚揚之處——可惜不夠多——正是因為氣候「sumud」這種有原則的行動，它才會發生。

但以上僅搔到表面——在暖化中的世界讀薩依德，我們還可以學到更深刻的東西。他當然是研究「他者化」的巨擘，他在一九七八年的著作《東方主義》（*Orientalism*）中描述這個詞是「漠視、簡化、剝奪其他文化、民族或地理區的人」。而一旦他者被穩固地建立，犯罪似乎就被合理化了：暴力驅逐、竊據土地、占領、侵略，因為他者化的要點就是他者不具有和施暴者同樣的權利，同樣的人性。

這跟氣候變遷有什麼關係呢？或許密不可分。

我們已經危險地暖化了我們的世界，而我們的政府仍不肯採取必要的行動來遏止這個趨勢。以往，很多人還可以自稱不知情，但過去三十年來，自聯合國成立政府間氣候變化專門委員會，展開氣候談判，眾人便是明知其危險也不肯降低排放了。而若非制度上的種族主義，就算只是潛伏，這樣的魯莽難以成事。沒有東方主義，沒有讓權勢者得以漠視他人的強效工具，也無以為繼。就是這些工具——評定人類相對價值的工具——讓整支民族和古文化灰飛煙滅。當初，也是這些工具開啟了碳的挖掘。

化石燃料不是氣候變遷唯一的因素——工業化農業和砍伐森林也是——卻是最大的驅動力。而化石燃料最糟的是它們天生又髒又毒，需要人與地獻祭：可獻出肺和身體在礦坑工作的人，可獻出土地和水給露天開採和油輪漏油的人。近至一九七〇年代，在美國政府擔任顧問的科學家公開提到，國家有好幾個特定地區正被指定為「國家犧牲區」。想想阿帕拉契山脈，它被炸開來採煤是因為俗稱的炸開山頭採煤法比挖洞採煤來得便宜。一定有他者化的理論為犧牲整個地理區辯護——住在那裡的人貧窮又落後、生命和文化不值得保護之類的。畢竟，如果你是「內山老粗」（hillbilly），誰在乎你的山呢？

把煤轉化成電力還需要另一個層次的他者化，這一次是住在發電廠和煉油廠隔壁的鄰里。在北美，那些幾乎清一色是有色人種，黑人和拉丁人的社區，它們被迫承擔我們集體對化石燃料上癮的毒害，罹患呼吸道疾病和癌症的機率都明顯高出許多。氣候正義運動的誕生，就是為了對抗這種環境的種族歧視。

化石燃料的犧牲區遍及全球。且以尼日河三角洲為例，它年年遭受埃克森瓦迪茲等級的漏油毒害，卡山偉華（Ken Saro-Wiwa）在被奈及利亞政府殺害前稱之為「生態種族滅絕」。他說，社區領袖「全都因為殼牌石油」被處決。在我的國家加拿大，挖掘亞伯達油砂——一種特別重的原油——的決定需要撕毀與第一民族（First Nations）的協定，那是英國王室跟他們簽署的協定，保障原住民繼續在世居土地上打獵、捕魚、過傳統生活的權利。當土地被褻瀆、河流被污染、駝鹿和魚全身腫瘤，這些權利就毫無意義了。還有更糟的事：位於油砂熱潮中心的麥克默里堡（Fort McMurray），也就是許多工人生活和花錢的地方，剛遭受一場煉獄般的火災肆虐，許多社區完全燒毀。那裡是那麼熱、那麼乾。而那過剩的熱，與那裡開採的深埋物質有關。

就算沒有這種戲劇性事件，這樣的資源榨取也是一種暴力，因為那會嚴重損害土地和水，讓一種生活方式無以為繼，進而使那些與土地密不可分的文化慢性死亡。以往，切斷原住民與自身文化的連結是加拿大的國家政策，透過強迫原住民兒童離開家庭就讀寄宿學校來實施。在寄宿學校裡，他們的語言和文化習俗都被禁止，體罰和性侵害十分猖獗，加拿大真相與和解委員會（Truth and Reconciliation Commission report）最近一項針對這些住宿學校進行的研究，指稱它們是「文化滅絕」系統的一環。

與這些層次的被迫隔離——與土地、與文化、與家人——有關的創傷，直接導致今天像流行病一般蹂躪許多第一民族社群的絕望。二〇一六年四月一個週六晚上，在塔瓦皮斯卡（Attawapiskat）社區（人口兩千），有十一個人試圖結束自己的生命。在此同時，戴比爾斯（DeBeers）在該社區的傳統領地經營一座鑽石礦；一如所有開採計畫，它象徵希望和機會。

「人們為何不乾脆離開？」政客和萬事通問。確實有很多人離開。而那樣的出走，和加拿大有數千原住民女性被殺害或失蹤（多半是在大城市）有部分關聯。新聞報導很少把對女性的暴力連上對土地的暴力（常是為了開採化石燃料），但這樣的關聯確實存在。

每一個上台執政的新政府都允諾一個尊重原住民權利的新時代。他們沒有履行承諾是因為照聯合國原住民族權利宣言(UN Declaration on the Rights of Indigenous Peoples)的定義,原住民權利包括拒絕開採計畫的權利,就算那些計畫會刺激國家經濟成長。而那會成為問題是因為成長是我們的宗教,我們的生活方式。所以,就連加拿大具社會正義意識的年輕總理賈斯汀·杜魯道也不得不決心打造新的化石燃料計畫——新的礦區、新的輸油管、新的出口貨運站,違背不想拿水源冒險或不想參與進一步破壞氣候穩定的原住民社群所明確表達的期望。

重點在此:我們以化石燃料為動力的經濟需要犧牲區。向來如此。而要是賦予犧牲地區和犧牲人民正當性的智識理論不持續存在,就無法建立以犧牲地區和人民為基礎的制度:從基督發現論(Doctrine of Christian Discovery)、昭昭天命(Manifest Destiny)、無主地(terra nullius)到東方主義,從落後的內山老粗到落後的印地安人。我們常聽到有人將氣候變遷歸咎於「人性」、我們這個物種天生的貪婪和短視。也有人說我們已如此劇烈、以整個行星的規模改變地球,以至於現正生活在人類世(Anthropocene),人類的時代。這些解釋我們現有境遇的方式都有個非常明確、不言而喻的意義:人都一樣,人性可簡化成造成這種危機的特徵。這麼一來,那些由某些人創造,其他人悍然反抗的制度,便完全脫鉤了。資本主義、殖民主義、父權制——諸如此類的制度都與氣候危機脫鉤了。

像這樣的診斷也抹煞了以其他方式組織生命的人類制度:堅持人類必須為未來七代子孫著

想的制度；不只要當好公民、也要當好祖先的制度；只取所需、並歸還土地以保護和加強再生循環的制度。儘管處境不利，這種制度曾經且持續存在，但我們每說一次氣候紊亂是「人性」的危機，我們正生活在「人類世」，它們就被抹煞一次。[10] 而當宏都拉斯瓜爾克切河（Gualcarque River）水力發電大壩之類的大型開發案動工，它們便遭遇真正的攻擊了。這項開發案加上其他事情，奪走了土地捍衛人士貝爾塔・卡塞雷斯（Berta Caceres）的性命——他在二〇一六年三月遇刺。

有些人堅稱事情不見得非得這麼糟。我們可以整頓資源開採；我們不必比照宏都拉斯和尼日河三角洲和亞伯達油砂的做法。壞就壞在我們就快用完便宜、簡單的化石燃料汲取方式了，所以我們才會看到水力壓裂、深海鑽探、和油砂開採紛紛興起。這也開始挑戰工業時代最初的魔鬼契約：最嚴重的風險可以外包、轉嫁給他者：海外和國內的外圍地區。這種契約愈來愈站不住腳。水力壓裂正在威脅英國一些風景最優美的地區，犧牲區範圍愈擴愈大，吞噬各種自以

10 氣候崩潰不是人類一致的作為，而是特定帝國工程的傑作，這個概念在二〇一九年初獲得強大歷史資料的佐證。倫敦大學學院（University College London）一支科學家團隊在《第四紀科學評論》（Quaternary Science Reviews）發表一篇論文，提出有力論據證明十六、十七世紀俗稱「小冰期」（little ice age）的全球寒化時期，部分是美洲原住民在接觸歐洲人之後遭種族滅絕所致。這群科學家主張，隨著數百萬人死於疾病和屠殺，先前被用於農耕的廣大土地被野生植物和樹木取回，隔離了碳、使整個地球降溫。「美洲原住民的大滅絕致使有足夠的乾淨土地被棄置，促成碳攝取，而對大氣中的二氧化碳和全球表面氣溫造成可察知的影響。」論文這麼說。共同作者馬克・馬斯林（Mark Maslin）稱此為「種族滅絕造就的二氧化碳下降，令人不寒而慄」。

為安全的地方。所以，這不只是驚見亞伯達廣大的尾砂池（tailing pond）有多醜的問題。我們必須承認，世上沒有乾淨、安全、無毒的方式可以運作以化石燃料為動力的經濟。從來沒有。

排山倒海的證據顯示，也沒有和平寧靜的方式。問題是結構性的。不同於風力、太陽能等再生能源形式，化石燃料並非廣為分布，而是高度集中在特定地點，而那些地點有個不好的習慣：大都位於他者的國家。尤其是那種最強效、最珍貴的化石燃料：石油。這就是為什麼將阿拉伯人和穆斯林他者化的東方主義研究，從一開始就是我們依賴石油的隱名合夥人——因此，也與依賴化石燃料的反作用力，也就是氣候變遷，糾纏在一塊兒。

如果哪個國家和民族被視為他者——奇異、原始、嗜血，如薩依德在一九七〇年代所記錄——當那個國家和民族產生瘋狂的念頭，想維護自己的利益自己掌控石油，要對他們發動戰爭或政變就容易多了。一九五三年，當穆罕默德・摩薩台（Mohammad Mosaddegh）首相將英伊石油公司（Anglo-Persian Oil Company，即今天的英國石油）國有化後，英國和美國就聯手推翻他的民選政府。恰恰五十年後，二〇〇三年，英美再次狼狽為奸：非法入侵、占領伊拉克。這兩次干預的餘波仍持續攪亂我們的世界，一如成功燃燒那些石油的餘韻。今天，中東既受制於爭奪化石燃料所引發的暴力，又得承受燃燒那些燃料的衝擊。

以色列建築師艾爾・魏茲曼（Eyal Weizman）在著作《衝突海岸線》（*The Conflict Shoreline*）開

創性地闡述這些力量是如何縱橫交錯。他解釋，我們向來以所謂的「乾燥線」（aridity line）來確定中東和北非沙漠的邊界：那是年雨量兩百毫米的地帶，那被認定是可在不需灌溉之下大規模種植穀物的最低雨量。這種氣象學上的邊界並非固定不變：會因為各種理由波動，不論是以色列嘗試「綠化沙漠」的作為將之縮小，或週期性的乾旱將之擴大。而現在，因氣候變遷之故，愈益嚴重的乾旱可能對這條線產生形形色色的衝擊。

魏茲曼指出，敘利亞邊界的德拉市（Daraa）就正好位於乾燥線上。敘利亞史上最嚴重的乾旱，就是在敘利亞內戰爆發前的那些年，把無數離開家園的農人帶來這裡，而這裡也是二〇一一年敘利亞暴動的發生地。誠然，乾旱不是讓緊張達到沸點的唯一因素。但有一百五十萬人因乾旱之故在敘利亞國內流離失所的事實，顯然扮演要角。

缺水、酷熱和衝突之間的關係是個在乾燥線上反覆循環、變本加厲的模式：沿著乾燥線走，你會一再見到有乾旱、缺水、灼熱高溫和軍事衝突殘跡的地方——從利比亞到巴勒斯坦到阿富汗、巴基斯坦、葉門一些最血腥的戰場。

但這還不是全部。

魏茲曼還發現他所謂的「驚人巧合」。當你把西方無人機攻擊的目標畫在這一區的地圖上，你會看到「許多這樣的攻擊行動——從南瓦濟里斯坦（Waziristan），穿過北葉門、索馬利亞、馬利、伊拉克、加薩和利比亞——都正好位在或接近兩百毫米的乾燥線」。

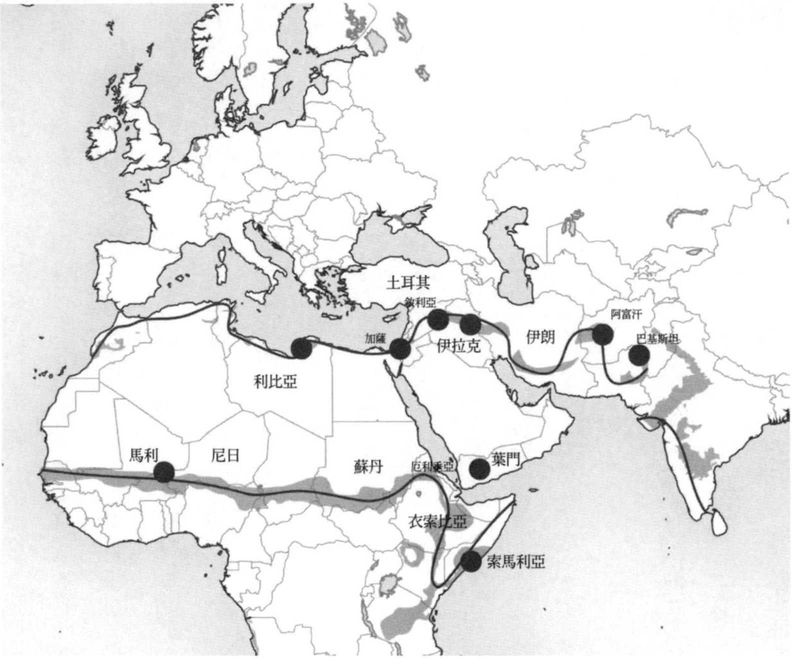

圖片來源：艾爾．魏茲曼。

地圖上的線條顯示乾燥線；標示點則是代表無人機攻擊集中的一些地區。對我來說，要把氣候危機的殘酷景象視覺化，這是最清楚的例子。

上述種種，十年前就在海軍分析中心（Center for Naval Analyses）公布的一份美國軍事報告中預示了。「中東，」報告觀察指出：「向來與兩種自然資源關係密切，石油（因為豐沛）和水（因為匱乏）。」確實如此。而現在，若干模式已昭然若揭：以往，西方戰鬥機追蹤豐沛的石油；今天，西方無人機與缺水亦步亦趨，因為乾旱會使衝突加劇。

在炸彈跟著石油、無人機跟著乾旱之際，船尾隨兩者：載滿難民逃離飽受戰爭和乾旱摧殘的乾燥線上的家園。而當初將炸彈和無人機攻擊合理化的、剝奪「他者」人性的才能，現在又鎖定這些移民，說他們對安全的需求威脅到我們的安全，他們鋌而走險的逃離是某種類型的軍事侵略。昔日在約旦河西岸與其他占領區演練純熟的手法，現在登上北美和歐洲。川普在推銷他的美墨邊境高牆時喜歡說：「去問以色列，圍牆有用。」法國加萊港（Calais）塞滿移民的營區被夷為平地。每年都有成千上萬人在地中海溺死。[11]澳洲政府把戰爭和暴虐政權的倖存者拘留在邊遠的諾魯（Nauru）和馬努斯（Manus）島上。諾魯島上的狀況極為惡劣，使上個月一位伊朗難民為吸引世界關注自焚身亡。另一位移民，一個二十一歲的索馬利亞女性，也在幾天後引火自焚。

總理麥肯・滕博爾（Malcolm Turnbull）提醒澳洲人「切莫為此淚眼矇矓，必須非常清楚且堅定我們國家的決心」。下一次，當梅鐸（Rupert Murdoch）的報紙像二〇一五年極右派評論員凱蒂・霍普金斯（Katie Hopkins）那樣宣稱，是「英國該效法澳洲，派出砲艦機、強迫移民回到

11 二〇一六年，也就是發表這次演說那一年，根據國際移民組織（International Organization for Migration）的資料，共有五千一百四十三位移民在渡海時喪命。

海濱、把船燒掉」的時候，值得謹記諾魯的教訓。[12]

除了難民的葬身之地，諾魯還有一個象徵意義：極易受海平面上升之害的太平洋島嶼。它的居民除了眼睜睜看著自己的家園變成他人的監獄，自己也可能得移民他方。明日的氣候難民已被徵募做今日的獄警。

我們必須了解正在諾魯發生的事，以及諾魯正發生的事，是同一邏輯的表現。一個如此不重視黑褐皮膚人民的生命、忍心任憑人類命喪洶湧波濤或在留置中心引火自焚的文化，日後也會忍心讓這些黑褐皮膚人民居住的國家淹沒在洶湧波濤下，或在酷熱中乾涸。當那件事發生，人有等級之分的理論——我們必須先保護自己、移民會試圖摧毀「我們的生活方式」——會被引用來將這些可怕的決定合理化。我們已經在做這樣的合理化——只是比較含蓄罷了。儘管氣候變遷終將威脅到所有人類的生存，但短期內我們知道它有差別待遇，會先嚴重衝擊窮人，無論是在卡翠娜颶風期間被遺棄在紐奧良屋頂的人，或是根據聯合國的資料，那些正因非洲東、南部的乾旱飢腸轆轆的三千六百萬民眾。

事態緊急，而且是當務之急，不是未來的事情，但我們的行動卻彷彿對此毫無意識。巴黎協定承諾讓暖化幅度低於攝氏兩度。這是個極其魯莽的目標。二〇〇九年在哥本哈根公布時，許多非洲代表稱它為「死刑」。數個低窪島國的口號是「一點五，保命符」。到最後一刻，巴黎協定才加入這個條款，說各國會「努力將溫度上升限制在攝氏一．五度以內」。

這不只毫無約束力，還是個謊言：我們根本沒有努力。當初做這個承諾的政府此刻正在這個星球積極進行更多水力壓裂、開採更多碳含量最高的化石燃料，這些行為連跟暖化兩度的上限都徹底矛盾，更別說一．五度了。這會發生是因為世界最富裕國家的最富裕民眾認為他們不會有事，認為會有別人幫他們擔下最大的風險，認為就算氣候變遷已來到家門前，也會有人負責處理它。

當事實證明他們錯了，一切又變得更醜惡。當洪水在二〇一五年十二月侵襲英國，淹沒一萬六千間房屋，未來清清楚楚於我們眼前揭露。那些社區面對的不只是史上最濕的十二月，還有這個事實：政府已對站在防洪第一線的公共機構和地方議會發動無情的攻擊。因此，可想而知，有很多人想趁那次失敗改變話題。他們問，英國明明該照顧自己，為什麼還要花那麼多錢在難民和國外援助上？「別管國外援助了，」我們在《每日郵報》（*Daily Mail*）上讀到：「國內援助

12　近年來，歐洲津津有味地採用澳洲模式。為限制移民，義大利政府大量支援資金、訓練、後勤支援和裝備給以目無法紀出名的利比亞海岸警衛隊——讓他們得以在移民船隻進入歐洲海域前加以攔截。在這種新做法下，生還的移民——仍有數千人溺斃——會被強迫帶回利比亞俗稱的「集中營」，凌遲、強暴和其他形式的虐待在那裡司空見慣。在此同時，無國界醫生（Medecins sans Frontieres）等曾於海上救下數千移民的國際人道組織，則面臨犯罪指控、船隻遭到扣押。二〇一八年底，當無國界醫生被迫停駛救援船「水瓶座」號（Aquarius），組織總經理內爾姬．曼德斯（Nelke Manders）說：「這是黑暗的一天。歐洲不但未能提供搜救能力，甚至主動妨害其他人的援救嘗試。『水瓶座』停駛意味會有更多人死於海上，以及更多不必要的死亡在無人察覺下發生。」

呢？」

「為什麼，」《每日電訊報》（*Telegraph*）一篇社論質問：「這裡明明需要錢，英國的納稅人卻繼續為國外的防洪付錢？」我不知道——或許是因為英國人發明燒煤的蒸汽機，以工業規模燃燒化石燃料的時間也比地球上任何國家來得久？但我離題了。重點是，在這一刻，我們本來該了解，我們全都為氣候變遷所害，必須團結一致採取行動。但沒有。因為氣候變遷不只是讓一切愈來愈熱、愈來愈濕，在我們現有的經濟和政治秩序下，那也讓一切愈來愈卑劣，愈來愈醜陋。

從這一切種種，我們學到最重要的課題是，氣候危機不能當成技術專家治國的問題來處理，不能單獨處理。它必須置於撙節和私有化的脈絡下、殖民主義與軍國主義的脈絡下、維繫那些所需的種種「他者化」的脈絡下來檢視。以上種種縱橫交錯的關係耀眼奪目，但往往，抵抗它們的力量太過分散。反撙節的人士很少談論氣候變遷，氣候變遷人士很少談論戰爭或占領。在美國城市街頭和拘留所奪走黑人性命的槍，以及規模大得多的、將乾旱土地與搖晃船隻的黑人殘殺殆盡的部隊，我們也沒有把他們的關係連起來。

我認為，對所有關心社會及經濟正義的人來說，如何克服多頭馬車、如何穩固那些把各種議題和運動連在一起的線，是最迫切的工作。唯有如此，才能打造夠強悍的反抗力量，打敗那些維護既得利益但愈來愈站不住腳的勢力。氣候變遷像促進劑一樣激化了我們社會的許多弊端

（不平等、戰爭、種族主義、性暴力），但也可以反過來壯大那些致力追求經濟社會正義、反抗軍國主義的力量。的確，以威脅生存之姿出現、給了我們一個以科學為基礎、不可討價還價的期限，氣候變遷或許正是我們需要的催化劑，助我們將許許多多有相同信念的強大運動結合起來：相信所有人民的固有價值，反對犧牲區的心態，不論它是用在民族或地方。

我們正面臨這麼多彼此重疊、交織的危機，沒辦法一次修正一個問題。我們需要整合性的解決方案，一面徹底降低排放，一面創造大量工會化的好工作，並且為那些在現有剝削式經濟下遭受最嚴重傷害和排擠的民眾，提供有意義的正義。

薩依德在伊拉克被入侵的那一年過世，活著看到伊拉克的圖書館和博物館被洗劫一空——石油部卻被忠實地保衛。儘管目睹種種暴行，他卻在全球反戰運動和技術所開啟新的草根傳播型態中見到希望；他指出「全球各地有替代性的社群存在，他們有替代性的消息來源，密切注意環保、人權和自由意志等在這個狹小星球上把我們綑綁在一起的議題」。沒錯，「環保」——他的願景甚至有抱樹派容身的空間。

我是最近在研究英國的洪水時回想起這些話。在一片找代罪羔羊和指責他人的聲音之中，我偶然看到一篇由一個名叫連恩．考克斯（Liam Cox）的男人所發的文章。他對有些媒體利用這場災難來煽動反外情緒深感不滿。他這麼說：

我住在約克夏的赫布登布里奇，受洪水災情最慘重的地區之一。真的爛斃了，什麼東西都濕答答的。不過……我還活著。我安全無虞。我的家人安全無虞。我們不必惶恐度日。沒有子彈飛來飛去。沒有炸彈會爆炸。我沒有被迫逃離家園，沒有被世界最富裕的國家避之唯恐不及，沒有被它的居民批評。

你們這些一直嘔吐仇外思想……說錢只該花在照顧「我們自己」的需求上的笨蛋，仔細照照鏡子。我要你們問你們自己一個非常重要的問題……我是個正派、值得尊敬的人嗎？因為家不只是英國，家是這個星球的每一個地方。

我想這足以作為非常貼切的結論。

閏年：結束漫無限制的故事

當你已經像我們這樣嚴重偏離航道，「適度」的行動不會導致適度的結果。而會導致極端危險的後果。

二〇一六年九月
多倫多拉方丹——鮑德溫（Lafontaine-Baldwin）講座演説

我有個骯髒的加拿大祕密——請別因此把我轟出這漂亮的會議廳——我其實是美國人。我甚至帶了我的護照來證明。我也有加拿大護照。依法，當我入境美國時，我得出示封面有老鷹的那一本。當我回到多倫多的家鄉時，我要出示封面有精美的盾形紋章和一堆不列顛的玩意兒（以及零碎拼湊但其實看不出來的楓葉）的那一本。

容我解釋一下這種雙重國籍。我父母都是美國人，都在美利堅合眾國出生，因此給他們的孩子名義上（de facto）的美國公民身分。反過來說，我是在蒙特婁出生，除了五歲之前的兩、三年，一輩子都住在加拿大。在我二、三十多歲時，我很清楚我的「美國性」是技術用途，不是一種身分認同。我很少提及，甚至連好朋友都沒說。我在表格上勾「加拿大」那格，機場站在「加拿大」那排。當我在美國發表演說和接受採訪時，我說「你們的政府」，而非「我們的政府」。就算父母告訴我我有資格，我也從來沒申請過美國護照。我有點不想要拿到我的美國性的實物證據。

那麼，後來為了什麼改變呢？二〇一一年，我人在華盛頓特區抗議基石ＸＬ輸油管，那如果興建，將把油砂瀝青一路從亞伯達運送到墨西哥灣沿岸。[13]在華盛頓的抗爭行動包括公民不服從，由數千人在兩週內和平地擅入白宮門前然後被捕。非美國人理應不該參與公民不服從的部分，因為在美國被捕可能會嚴重損害未來你再入境美國的權限。

但那天華府發生了一件事：一群來自北亞伯達的原住民代表決定不顧後果，要逮捕就逮捕吧。他們的傳統生活範圍遭到石油天然氣開發嚴重破壞。而我憑著一股衝動，在未知會丈夫亞維（Avi Lewis）之下（他一直提醒我要先知會他），決定加入他們。

那天風和日麗。我在囚車上和後來的獄中碰到一些很棒的人。在我們全部獲釋後，我突然警覺，現在我要申請美國護照，恐怕就有困難了。我是無所謂，但決定姑且一試，看看結果如何。出乎意料，一切順利，所以我年過四十才終於拿到美國護照。

好，前面解釋了美國的部分，但沒有解釋當初我的美國家庭為什麼要去加拿大。那完全是另一個故事，也和監獄有關。一九六七年，家父念完醫學院，和家母兩人都積極反對越戰。一如他的同儕，家父竭盡所能避免被徵召入伍：他申請良心拒服兵役（Conscientious objector）、試著找替代役，你想得到的，他都去做了。無效，而他發現自己面臨三選一的狀況：去越南、進監獄、或者，去加拿大。所以……我們來了。

每次開車旅行時，我父母都會講他們逃兵的故事給我們小孩子聽，那在我們聽來像驚心動魄的恐怖片：軍隊寄來的信、奉子成婚、守口如瓶，不讓他人捲入他們的罪行。我們聽他們是怎麼搭夜班飛機，在午夜降落在蒙特婁，因為他們事前聽說值法語圈的反美海關官員都值大夜班。然後，唷，他們被放行了。家父這麼回憶他們抵達的經過：「二十分鐘後，我們便成為『登陸新移民』（landed immigrant），邁向加拿大公民之路！」

跟著美國左派父母在加拿大長大，讓我對這個國家有玫瑰般美好的憧憬。我聽了很多他們

---

13 雖然川普總統多次企圖透過行政命令促成這條造價八十億美元的輸油管，但在這本書付印之際，案子仍未過法院那關。

離開美國的理由：軍國主義、武力外交政策、好多人民沒有醫療保險。也聽到很多吸引他們來加拿大，也在加拿大撫養我們長大的原因。像是皮耶・杜魯道（Pierre Trudeau）總理宣布加拿大是「逃離軍國主義的避風港」、有全民醫療、公共支持的媒體與藝術。（家母在國家電影局〔National Film Board〕找到工作，政府付錢請她拍顛覆性的女性主義紀錄片。）現在回想，我們有點像在麥可・摩爾（Michael Moore）的某部電影裡長大：那部片中，加拿大是烏托邦、與美國迥異、沒有人鎖門，也沒有人被槍殺、看醫生不用排隊、人人隨時隨地都對彼此超級親切。

事實沒有那麼像漫畫。美國人過濾過的加拿大故事形塑了我的童年和我的民族驕傲，但那遺漏了許多事情。比如我現在知道，儘管加拿大人覺得不參加越戰、歡迎逃兵是對的，但加拿大公司一直在販售武器和大量其他物資來支援那場美國的戰事，包括汽油彈和橙劑（Agent Orange）。兩面討好向來是加拿大的軍事傳統。我們在二〇〇三年又如法泡製，表面上並未參與那年入侵伊拉克的行動，因為聯合國並未同意那次攻擊——但在沒那麼公開的場合，又提供交換官員和軍艦來支持後續的占領。

太仔細地檢視那些讓我們感覺良好的故事，特別是那些塑造我們身分認同的親密敘事，可能非常痛苦。我到現在還在掙扎。我父母說，我們的健保制度和對公共媒體及藝術的支持讓我們有別於美國，這我同意，但在被忽略數十年後，這些機制和傳統的聲譽已大不如前也是事實。近日，已退休的家父花上大半時間捍衛我們公共醫療制度抵抗美式民營化的蠶食。

我幸福的加拿大故事還有一點需要戳破。在機場那次無摩擦的經驗——二十分鐘取得登陸移民新移民的身分。那很可能跟我父母，一如其他許多逃兵，都是受過大學教育的白人中產階級有密切的關係。那段時間，加拿大不僅歡迎逃避戰爭的美國人；我們也接納了六萬越南難民。

但比起我們在二次世界大戰期間可恥地拒絕接納猶太難民，這扇窗開得相對短促，且扭轉形象的成分居多。最近數十年，那些身處非法戰爭被轟炸端的黑褐皮膚民眾——包括我們協助供應武器或士兵，或兩者都有的戰爭——大多當然不會在二十分鐘內取得登陸新移民的身分，無法下週一就開始工作。多年來有數千人以無罪之身被打入大牢。很多被關在最高安全級別的監獄，不知道何時會獲釋，這種做法一直遭到聯合國批判。

我們訴說我們是誰，是哪一支民族，被哪些價值觀定義的故事，並非一成不變。會隨著事實改變而變，隨著社會均勢改變而變。這就是為什麼一般人，不只是政府，都必須主動參與這個重新敘述和想像我們共同故事、象徵和歷史的過程。

這件事也在發生。例如在我們所在的多倫多各地，歐基馬・米卡納計畫（Ogimaa Mikana Project）正把官方的道路標誌換成他們阿尼西納比（Anishinaabe）語的版本。他們也在我住的地方附近設置告示牌，提醒路人我們迅速士紳化的地區是一碟一勺貝殼串珠帶盟約（Dish with One Spoon Wampum Belt Covenant）——一項和平共享並照料土地和水的協議——的對象。這即是非常公開地試圖改變我們的共同故事，或者，說得更精確些，是試圖提振我們的老故事，那些依然健在，但常被我們日日夜夜所接收更大聲、更新、狂轟濫炸的訊息給淹沒了。

質疑我們長久視為理所當然的故事，尤其是那些撫慰人心的故事，是健康的。當那些故事和神話感覺起來依然有益且真實，決心努力加以實踐也是健康的。但當它們不再適合我們，當它們擋住我們非走不可的路，我們就必須願意讓它們停止，說些截然不同的故事。

躍進

記著這點，我想和各位分享關於一次嘗試集體重述的心得——以及它如何抵觸國家在全球生態危機的核心所說的一些極具影響力的故事。我參與的這個計畫叫〈躍進宣言〉（Leap Manifesto）。相信很多人聽過。我知道你們有些人已經簽署了。但躍進背後的故事並不為人熟知。[14]

躍進源自二〇一五年五月在多倫多舉行的一場會議。會議有全加拿大各地六十位跨領域的運動組織者和理論家參加，各自代表勞工、氣候、宗教、原住民、移民、女性、反貧窮、反監禁、糧食正義、居住權利、運輸、綠色技術等運動。那場集會的催化劑是油價驟降——那在我們的經濟掀起驚濤駭浪，因為我國十分仰賴高油價出口的收入。這場會議的焦點在於我們可以如何利用那波經濟衝擊開啟以再生能源為基礎的經濟轉型，因為那波衝擊生動證明了，將你的財富繫於反覆無常的原料有多危險。長久以來，大家告訴我們，健康的環境和強健的經濟無法兩全其美；當油價崩盤，我們什麼也得不到。這似乎是個不錯的時機，可以提出一種截然不同的模式了。

在我們開會的時候，聯邦選戰正趨白熱化，而事態已經明朗：各主要政黨都不會發展迅速轉型成後碳經濟的政見。相互較勁想拉下執政保守黨（Conservative Party）的自由黨（Liberal Party）和新民主黨都遵循展現「嚴肅」與務實所需的劇本：至少挑一條新輸油管，幫它加油打氣。他們固然針對氣候行動提出模糊的承諾，但沒有一項符合科學，沒有一項指出，轉向綠色經濟正是可為迫切需要的民眾創造數十萬份好工作的機會。

所以，我們決定介入這場辯論，撰寫人民的政見：我們希望可以投票支持，但尚無人提出的事項。而當我們圍成一圈坐了兩天，望著彼此的眼，我們明白這是當代社會運動的新領域。之前，我們都是廣大聯盟的一部分，齊聲反對政治人物特別不得人心的撙節方案、或一同對抗有害的貿易協定或非法戰爭。但那些都是「不」的聯盟，而我們想試點不一樣的：一個「要」的聯盟。而那意味我們需要創造一個空間來做我們從未做過的事，也就是一起夢想我們真正想要的世界。

我有時被稱呼為〈躍進宣言〉的作者，但這不是事實。我的角色是聆聽，注意共同的主題。

14 「躍進」在很多方面類似綠色新政計畫的原型。綠色新政試圖將雄心萬丈的氣候行動連結一種更公正、更具包容力的經濟。我們這場實驗的優缺點，或許足以作為綠色新政模式在不同國家推動時的借鏡。

其中一個最明確的主題是捨棄國家的說法。那跟我們很多人一起長大，乃是以一種據稱是神授的權利為基礎：人可以漫無限制地開採自然世界，彷彿那取之不盡用之不竭，也沒有所謂的臨界點。我們似乎得把那個故事擱在一旁，改說另一個以照料為基礎的故事：照料土地、水、空氣——照料彼此。

正因會議室有各路英雄，我們很清楚，如果我們想要一個真正廣大的「要」的聯盟，就不能仰賴懷舊的觀念，不能回頭看——不能思念七〇年代那個從不尊重原住民主權、排除許多有色人種社區的聲音、常太深信中央集權、從未認真考慮生態極限的國家。

所以，我們不再回頭，開始擬定我們盼能成真的政見：

「我們可以住在一個全靠再生能源提供動力的國家，有人人負擔得起的公共運輸，而由這種公共運輸提供的就業與機會，將系統性地消弭種族與性別的不平等。照料彼此和照料這個星球可成為成長最快速的經濟部門。將有更多人能獲得工時較低、薪資卻更高的工作，讓我們有充裕的時間與摯愛共度、在社區裡發揮所長。」

這個構想先是清楚描繪了我們想去的地方是何情景，接著詳盡說明該做些什麼才能到達那裡。但在我進入那些細節之前，我想先回到對官方故事的質疑。

你可以從「躍進」這個名字判斷，這提出的是既大又快的轉變。那就是我們選它作為名稱的原因：因為我們知道，就氣候變遷而言，我們已拖得太久，讓問題惡化得如此嚴重，以至於小小的步驟——就算方向正確——仍會使我們墜落萬丈深淵。然而，由於我們的計畫建構成轉型計畫，而非漸進調整，我們也迎面撞上國內許多強大利益集團珍視的故事：我們是一支溫和的民族，穩健踏實的人。在一個魯莽躁進的世界，我們喜歡告訴自己我們能異中求同，選擇中庸之道。我們不會輕舉妄動，遑論跳躍。

這故事很美；溫和適度，在所有情況都是珍貴的特質。例如在攝取酒精和吃熔岩聖代時都是很好的態度。問題在於——也是我們之所以刻意選擇這種毫不溫和的名稱的緣由——論及氣候變遷，漸進和適度其實都是巨大的問題。因為，說來諷刺，漸進和適度將帶領我們走向一個非常極端、炎熱、殘酷的未來。當你已經像我們這樣嚴重偏離航道，「適度」的行動不會導致適度的結果。而會導致極端到危險的後果。

過去並非總是如此。第一次討論氣候危機和工業化國家有必要降低排放的跨政府會議是在一九八八年舉行。加拿大主辦。就在這個城市進行，而那場會議做成一些了不起的建議。要是當時我們聽從那些建議，要是我們全都從三十年前就開始減少排放，說不定可以好整以暇，慢慢來：不斷削減我們的碳足跡，一年降幾個百分點就行。這將是溫和、漸進、中道的逐步淘汰。

但我們沒有那樣做。我們——不只是加拿大，幾乎每一個富裕和快速發展國家都是如此——沒有那樣做。事實上，在各國政府年年開會討論降低排放之際，排放增加了四〇％以上。在加拿大，我們開拓了新又大的化石燃料領域，還發展技術挖掘地球上碳含量最高的一些石油。

我們沒有放棄驅使氣候紊亂的因素；我們變本加厲。那不是非常溫和的做法——事實上，相當極端。

所以，現在問題嚴重得多。一方面是因為排放爆炸性增加。所以我們必須降得更多，才能讓它回到安全標準。一方面是因為我們沒有時間了。所以我們必須立刻開始削減。這就是當你一拖再拖、一延再延時會發生的事。你無路可退了。

所以，現在我們真的得採取激進的行動了。雷厲風行的行動，不在意那會多強烈地抵觸我們告訴自己的那些撫慰人心、訴說我們力行中道的故事。你想怎麼叫它就怎麼叫它吧：綠色新政、綠色轉型、地球的馬歇爾計畫。但別弄錯了：這不是什麼附加計畫，不是在政府的待辦事項上多加一條；這個星球也不是什麼需要滿足的特殊利益團體。現在需要的那種轉型，唯有在它被當成一種文明的使命來看待時才會發生——在我們的國家，以及地球上每一個主要經濟體。

草擬〈躍進宣言〉時，我們心裡非常清楚一件事：緊急狀態容易演變成濫用權力，就算是革新派也不能免疫。環保人士有一段漫長而痛苦的歷史，他們以往或含蓄、或公然傳達這個訊息：「我們的理念如此重要、如此急迫，而且既然它涉及每一個人，每一件事，就必須置於其他任何事情、任何人之前。」言外之意：「先讓我們解救地球，再擔心貧窮、警察暴力、性別歧視和種族主義。」

事實上，這是讓一場運動變得勢單力薄的絕佳方式。因為如果你和你的社區已在十字準線內，那麼貧窮、戰爭、種族歧視和性暴力，全都是生存的威脅。因此，受到在全球持續成長的氣候正義運動之啟發，我們做了其他嘗試。如果我們決心要徹底改變我們的經濟，讓它在面對氣候災難時潔淨許多，那我們也得把握這個機會，讓它同時在上述不同陣線都公平許多。公平到不會有人被要求在最嚴重的生存威脅中擇一。以下舉幾個簡單的例子。

毫無意外，作為一份聚焦於氣候的文件，我們要求重金投資綠色基礎建設：再生能源、效率、運輸、高速鐵路。所有一切都要在世紀中葉前達到百分之百的再生經濟，而在那之前必須先百分之百使用再生能源。我們知道這會創造大量就業——把錢投資在這些產業，創造的就業機會是投入石油天然氣的六到八倍。因此，我們要求以公費重新訓練那些即將失去開採業飯碗的工人，讓他們做好準備在下一個經濟體工作，而會議上的工會代表告訴我們，讓工人民主參與訓練課程的設計至關重要。因此，我們的政見上列了轉型要以公平正義為基礎的基本原則。

但我們還想要別的。當我們講到「綠色工作」時——這我們常掛在嘴邊——腦海大多會浮現一個人戴安全帽組裝太陽能板的畫面。這當然是一種綠色工作，而我們需要很多這樣的工作。但還有其他不勝枚舉的工作也已經是低碳了。例如照顧長者和病人就不會燃燒很多碳。創作藝術不會燃燒很多碳。教導孩子是低碳的。日間托兒是低碳的。但這份絕大多數由女性執行的工作，價值卻常被低估、薪資也過低，且屢屢成為政府削減預算的目標。所以，我們決定慎重地將綠色工作的基本定義擴充到任何有益社區、豐富社區生活，且不會燃燒許多化石燃料的工作。

誠如一名與會者所言：「照護是再生能源。教育是再生能源。」何況這一類的工作能讓我們的社區更穩固、更有人情味，因而更有能力挺過在氣候紊亂的未來迎面而至的衝擊。

〈躍進宣言〉的另一個政策要點是俗稱的「能源民主」。顧名思義，若有可能，再生能源應由公眾或社區持有和掌控，讓新產業的獲利和獲益不會像化石燃料那麼集中。我們是受到德國能源轉型和綠能合作社爆炸性增長的啟發，前者讓數百座城市與鄉鎮從民營公司手中取回能源網的掌控權，後者則讓發電的獲利能留在社區裡支應基本服務的開銷。

但我們認為我們不只需要能源民主，也需要能源正義，甚至能源補償。因為發電和其他污染產業在過去兩世紀的發展，已迫使最貧窮的社區背負大到不成比例的環境負荷，又得到太少經濟利益。那就是為什麼〈躍進宣言〉要說：「原住民族和其他位居污染產產業活動前線的居民，應率先獲得公共支援發展自身的乾淨能源計畫。」

有人覺得這樣的連結令人卻步。大家說，降低排放已經夠難了——為何還要試著同時修正那麼多事情，難上加難呢？我們的答覆是：如果我們打算藉由背離漫無限制的資源開採來修補我們和土地的關係，為何不趁此過程開始修補彼此的關係呢？長久以來，我們被提供的政策，都將生態危機和造成生態危機的經濟社會制度脫鉤。就是這種模式無法產生效果。另一方面，完整的轉型從來沒有以國家的規模嘗試。

再舉一個例子。〈躍進宣言〉公開承認我們的政府從過去到現在持續扮演的角色，會迫使人民離開家園，到其他國家尋求庇護。有些是被我國政府支持的貿易協定所引發的嚴峻經濟衝擊逼迫，有些是被我們公司開發的礦區驅趕，有些是被我國政府協助發動或金援的戰爭連累。

上述種種——貿易協定、戰爭、礦區——都是促進全球溫室氣體排放的重要因子，而現在氣候變遷本身也迫使人們離開家園。這就是為什麼我們決定將移民權利納入氣候正義議題。我們明確指出我們需要為更多更多移民和難民打開邊界，而所有勞動者，不論移民身分，都該擁有充分的勞動權利和保護。我們需要這麼做不是出於慈善或表現我們心地有多好，而是因為全球錯綜複雜的氣候變遷讓我們明白，我們的命運是——向來是、一直是——互相牽繫、環環相扣的。歸根結柢，當我們集體行動造成的衝擊已經無可否認，我們必須思考自己想要做什麼樣的人。這是經濟政治問題，也是道德問題、心靈問題。

我們知道我們的政見將面臨這個最大的阻礙：撙節邏輯的力量——這數十年來，我們一直接收到的訊息是政府已經永遠破產了，所以，為什麼還要費心夢想一個真正公平的社會？為此，我們和一群經濟學家密切合作，提出一份平行文件，說明我們要怎麼籌集收益來支應我們的計畫。

在向大眾發表政見之前，我們洽詢過許多組織和名人。我們一再聽到的答覆是：好。我們想當這樣的人。讓我們督促我們的政治人物。拋開加拿大式的謹慎吧。國家級的代表人物毫不遲疑地跟我們站在一起：尼爾．楊（Neil Young）。李歐納．柯恩（Leonard Cohen）。小說家楊．

馬泰爾（Yann Martel）回信說：這該「從屋頂上高喊」。這份傑出的文件可能得到綠色和平、加拿大勞工大會（Canadian Labour Congress）主席和原住民長老，如名聞遐邇的海達瓜伊發言人及雕刻大師古雅奧（Gujaaw）等人簽署。有兩百多個組織共襄盛舉。

反彈

正因一開始大家興致勃勃，坦白說，在我們向更廣大的世界推廣這些政見後，接下來發生的事，著實讓我們有點訝異。「一堆狗屎」已經算客氣了。

首先，我們的前總理馬丁・布萊恩・穆爾羅尼（Brian Mulroney）走出退休生活，宣稱〈躍進〉是「一種經濟虛無主義的新哲學，必須抵抗它、打敗它」。然後，在新民主黨表決支持它的精神和辯論細節後，三個省來自三個不同政黨的現任省長出面譴責。其中一位說：「明天，會有數百座城鎮被掃出地圖。變成鬼城。」第二位說：「這會威脅到生存。」最後，新民主黨籍的亞伯達省長（現已離任）說：「這是背叛。」

有趣的是，這些對基層似乎並未構成太大的影響。民眾仍繼續在政見上簽名。他們繼續開啟地方躍進的篇章。在反彈的高峰期，一項民調發現，綠黨、新民主黨和自由黨選民大多支持〈躍進宣言〉的核心理念。連保守黨選民都有二〇%支持。我認為這透露了相當有趣的分歧：許多不同政治派別的民眾都讀了〈躍進〉而認為它聽來極合情理，甚至激勵人心。但我們各黨派的菁英卻覺得那聽來像世界末日。

所以，這樣的分歧可能透露什麼訊息呢？〈躍進〉其實只有一個方針引發軒然大波：說我們不能再打造會「讓我們在未來數十年繼續增加化石燃料開採的基礎建設」的方針。「沒輸油管」的方針。

這一點，容我稍微解釋一下。從科學的觀點來看，那一點爭議也沒有。在巴黎，各國政府談成保證讓暖化低於攝氏兩度，並「努力追求將增溫限制在一．五度以內」的氣候協定。（是賈斯汀．杜魯道的團隊在會中奮力爭取較具企圖心的聲明。）

不誇張地說，在人類開始以工業規模燃燒煤炭後，我們已將讓這個星球溫暖了大約攝氏一度。所以，如果我們的目標是一．五到兩度，那會讓我們面臨非常拮据的碳預算。要維持在這個限度內——這點科學家一直非常清楚——我們需要離棄目前絕大部分的碳蘊藏。對特別髒的化石燃料形式，例如亞伯達的瀝青而言，那意味八五％到九〇％的蘊藏必須留在產地。這是已經在《自然》期刊和其他多處發表的同儕審查的研究成果：不容爭辯。

用水力壓裂之類的技術開拓化石燃料新疆界的情況也是如此。我們的政治人物不會爭論。他們承認他們現有的減排目標——不只加拿大如此——將帶我們超出巴黎設定的升溫範圍。攝氏一．五到兩度的碳預算不敷使用。那將暖化三、四度——如果我們設法達成那些目標的話。

好大的如果。

我們可以討論值不值得做那些非常困難的必要之舉，來避免地球升溫三 四度（順道一提，氣候科學家說那與任何你可以描述為組織文明的事情都不相容）。那會是一場有趣的辯論。但那不是我們正在討論的話題。當民眾據理支持有科學根據、由我國政府公開陳述的目標所引導的氣候政策時，反對者基本上會叫他們閉嘴，不要再摧殘國家。

極其狹隘的辯論

並非處處如此。其他國家正帶著一些確實反映科學事實的政策向前走。例如，德國和法國皆已禁止水力壓裂。在讓排放符合巴黎協定的目標上，兩國都還有很長的路要走，但在歐洲，人們沒有像在這裡那麼厭惡談論讓碳留在產地的事。而我們不能只歸咎於我們有龐大的石油天然氣部門、有很多人在這產業工作的事實。其他國家也有，而他們走得比我們前面。就連阿拉伯聯合大公國這個不折不扣的石油輸出國，也在為石油的末日做準備，將數百億的石油財富注入再生能源的新投資。

看似無法針對生態極限進行理性辯論的不只是加拿大。這場辯論在澳洲和美國同樣精神錯亂，有一大部分的政治和權威階級斷然否認科學——而這種事發生得愈頻繁，世界其他地區就愈退縮。我一直百思不解，是什麼造成這種地理的不一致。我想這該回到我們的起點：那些告訴國人國家奉行何種價值觀的官方版敘事，以及那些敘事養出及維持的那種權力結構。

「無限」的故事

當我們推行〈躍進〉時，我們迎面撞上一個極為深入人心的敘事，一種比像我們這樣的年輕國家創建還要早的敘事。那從歐洲探險者初來乍到時開始，那時他們的母國已猛然撞上嚴酷的生態極限：壯闊的森林消失了，巨大的獵物被捕殺殆盡了。

所謂的新世界就是在這種脈絡下被想像為備用的大陸，做零件使用。（他們稱之新法法蘭西和新英格蘭絕非偶然。）

多棒的零件啊！這裡似乎有無盡的寶藏——魚、禽、毛皮、巨木，以及後來的金屬和化石燃料。在北美及後來的澳洲，富饒的資源涵蓋遼闊到不可能測知邊界的領土。我們是無限之境——而每當我們開始短缺，政府只要再往西開拓就可以了。

這些土地的存在似乎是神的徵象：忘了生態的界限吧。多虧這個替身般的大陸，自然的物產看似永不耗竭。回頭看早期歐洲人對後來加拿大這個地方的紀錄，事情很明顯：探險家和早期開拓者是真的相信他們對於匱乏的恐懼永遠消失了。紐芬蘭外海有滿滿的魚，在約翰．卡博特(John Cabot)的「航道裡流連不去」。對魁北克一七二年的夏利華神父(Father Charlevoix)來說，「鱈魚的數量似乎多得跟岸上的沙粒一樣」。此外還有大海雀。這種貌似企鵝的鳥類，羽毛是人們垂涎的床墊原料，而在岩石遍布的島嶼，特別是紐芬蘭外海的島嶼，牠們蜂擁成群。如雅克・卡蒂亞(Jacques Cartier)在一五三四年所說，「那些島上有滿滿的鳥，就跟任何原野或草地上有滿滿的草一樣」。

自此，取之不盡、用之不竭這兩個詞語一再被用來形容東部的蓊鬱松林、西北太平洋沿岸的巨大西洋杉，和形形色色的魚。另一個常見的重複句是自然物產豐饒，其實沒有必要為管理這些寶藏、避免耗盡而憂慮。資源如此豐富，眾人有非常闊綽的漫不經心的自由。湯瑪斯・赫胥黎(Thomas Huxley，被喻為「達爾文的鬥犬」的英國生物學家)這麼告訴一八八三年國際漁業展覽(International Fisheries Exhibition)：「鱈魚的漁場……取之不盡；也就是說，不管我們做什麼，都不會嚴重影響魚的數量。任何試圖管理這些漁場之舉，結果看似將……徒勞無功。」

說得好聽。但基於我們現在所知，那與事實相去甚遠。不過一八〇〇年，大海雀已被徹底消滅。在那之後不久，加拿大東部的河狸數量開始崩潰。紐芬蘭據說取之不盡的鱈魚在一九九二年被宣布「在商業上滅絕」。至於我們用之不竭的原始林：在安大略南部這裡，幾乎已經絕跡了。溫哥華島上最大、最好的森林，超過九一%消失了。

當然，這類情事不是加拿大獨有。美國早期的經濟也是野蠻榨取式。[15]但美、加兩國有些重要的差異。南方的奴隸經濟是以壓榨強迫的人力為基礎，用那些人力來清理和耕作土地，餵飽迅速工業化的北方。雖然加拿大確實存在奴隸制度，但我們在越洋奴隸交易中扮演的主要角色是供應商：據說取之不盡的鱈魚，大多在鹽醃後運送至英屬西印度公司（British West Indies，牙買加、巴貝多、英屬圭亞那、千里達、格瑞那達、多明尼亞、聖文森、聖露西亞）。對富裕的大農場主而言，鱈魚是非洲奴隸不可多得的便宜蛋白質來源。

我們的經濟利基永遠是大口吞噬荒野——動物和植物。加拿大在成為國家之前是一家壓榨公司：哈德遜灣毛皮貿易公司。那以我們尚未正視的方式塑造了我們。而那確實有助於解釋，為什麼在我們一群人異口同聲地說，其實，我們已經撞及地球可以負擔的極限，就算資源仍有利可圖，我們仍須讓它們留在產地時，會引發那麼大的騷動。說新故事、實施新經濟模式的時機，就是現在。

15　如史學家葛雷．格倫丁（Greg Grandin）在近作《迷思的終結：從邊境到邊界圍牆》（*The End of the Myth: From the Frontier to the Border Wall in the Mind of America*）中主張，持續擴張邊境向來是美國政治人物解決社會和生態衝突的首要方式。每當有土壤因草率的耕作而枯竭，或一群（白人）窮移民要求更高的平等，他們的回應就是從美洲原住民那裡暴力攫奪更多土地，拓展勢力範圍。但現在，開發已經撞上那面象徵性的牆，沒有邊境可以開拓了——無論在地理、金融或大氣方面。格倫丁認為川普和他的邊境圍牆應理解為一種對邊境迷思崩潰的反應：再也沒有邊境可以征服，川普遂將全副注意力轉向為特定團體積聚美國財富。這就是為什麼我們不能放任過時的國家敘事不管，希望它們靜靜死去。它們必須用新的故事加以挑戰：能反映我們的知識已如何演化，以及我們想成為什麼樣的人的故事——否則它們會化膿而變得更加危險。

因為純粹仰賴壓榨野生動物、原始森林、蘊藏金屬和化石燃料，已在北美洲積聚大量經濟財富，我們的經濟菁英非常習慣把自然世界視為神賜的食品室。我們在推行〈躍進〉後發現，每當有人或事物（例如氣候科學）出來質疑那句話，感覺都不像難懂的真理；那感覺起來——就我們所認識——都像在攻擊我們的生存。

經濟史學家哈洛德．英尼斯（Harold Innis，他從未考慮到加拿大在奴隸交易扮演的關鍵角色）在將近一百年前就警告過這件事。他主張，加拿大極端仰賴出口天然資源，已阻礙我國在「此重要階段」的發展。美國經濟有一大部分也是如此——路易斯安那和德克薩斯的石油、西維吉尼亞的煤礦。過於仰賴原料會使經濟體極易受壟斷及外在經濟衝擊之害。這就是「香蕉共和國」（banana republic）一詞不是讚美的原因。

雖然加拿大不這麼看待自己，且有些區域確實多元發展，我們的經濟史卻告訴我們另一個故事。數百年來，我們屢屢從富產晃向破產。十九世紀晚期，當歐洲上流社會突然對毛皮大禮帽失去興趣，改用較光滑的絲，加拿大的河狸貿易便一落千丈。二〇一五年，只因全球油價驟降，亞伯達的經濟就如自由落體。以往，我們被英國貴族的來潮心血拉著走，現在則仰賴沙烏地王侯的鼻息。我不確定這樣算不算進步。

問題不僅在於商品坐雲霄飛車，也在於每經歷一次大起大落的循環，風險會變得更高。鱈魚熱潮已摧毀了一個物種；油砂和壓裂天然氣的熱潮，正協助摧毀這個星球。

但儘管風險這麼高，我們卻似乎停不下來。對商品的仰賴持續形塑像加拿大、美國和澳洲這樣的移民—殖民國家。而在上述三國，這將繼續讓我們難以修補與原住民族的關係。那是因為基本的動能——我們這些國家仰賴嵌於土地裡的財富——依然不變。比方說，當毛皮交易是美洲北端創造財富的骨幹時，原住民文化和與土地的關係就會對開採的欲望構成深刻威脅（雖然沒有原住民的狩獵和設陷阱技巧，也不會有交易）。這就是為什麼當局要用系統性的方法來試著斬斷那些關係。寄宿學校是其中一環。跟著毛皮商人到處跑的傳教士亦然：他們鼓吹的宗教，將原住民的宇宙論塑造為有罪的泛靈論（animism）——雖然他們試著消滅的世界觀有許多值得我們學習的地方，包括如何使自然世界循環再生，而非無盡地耗用。

今天在加拿大，我們的聯邦和地方政府一直在講那些罪行的「真相與和解」。但如果非原住民的加拿大人不正視那些人權侵害背後的「為什麼」，這仍將是個殘忍的玩笑。而這個為什麼，誠如真相與和解委員會的官方報告所指出，相當簡單：「加拿大政府進行這種文化種族滅絕的政策是因為它希望卸除本身對原住民族的法律和財務責任，進而掌控他們的土地與資源。」

換句話說，加拿大政府的目標一直是去除所有阻止它無限開採資源的障礙。這不是古代史。今天在加拿大各地，原住民的土地權利仍是那些破壞地球穩定的資源開發——從輸油管到清場伐木——的最大阻礙。我們仍在試著取得土地，以及土地下面的東西。我們也在國界以南，在立岩蘇族反抗達科他輸油管（Dakota Access Pipeline）的激戰中看到這種情況。兩百年前如此，今天依然如此。

當政府一面談真相與和解，一面推動有害的基礎建設計畫時，請記得這句：除非我們承認這數百年人權侵害和土地竊占背後的「為什麼」，否則就不可能有真相。而只要這種犯罪仍在進行，就不會有和解。

唯有當我們有勇氣說出舊故事的真相，新的故事才會前來引導我們——那是承認自然世界和其所有居民都有極限的故事；教導我們如何在那些限制下照料彼此、重建生命的故事；一舉終結「無限」迷思的故事。

對火熱星球的挑釁

我們的文化是無限拿取的文化，彷彿取之不盡，也不會有任何後果。是拿了就走的文化。現在這種拿了就走的文化，已來到合乎邏輯的結果。地表上最強的國家已選出一位「掠奪長」。

二〇一六年十一月
雪梨和平獎得獎演說

過去兩週，我在為這次演說做筆記時，知道我其實該準備兩個版本：「希拉蕊勝選版」和

「川普勝選版」。

問題是，我無法真正說服自己寫「川普勝選版」。我打字的手指罷工了。我知道，在得知美國總統大選結果的短短四十八小時後，我就要跟各位說話了，所以事後回顧，我完全沒有善盡責任。所以如果我的演說聽來倉促，容我致歉——這確實倉促。這是對一顆火熱星球的挑釁。

若要以一句話綜括川普勝選給我們的教訓，或許可以這麼說：千萬，永遠不要低估仇恨的力量。絕對不要低估直接訴諸力壓「他者」——移民、穆斯林、黑人、女性——的力量。特別是經濟困頓時。因為當許多白人感到惶恐不安，而那些男人又是在認定他們高人一等的社會制度裡長大時，他們會勃然大怒。而他們發怒本身並沒有錯——是有很多該生氣的事。

但在一個如此刻意凸顯特定優越人口的文化中，憤怒會讓許多這樣的男性和女性，任由煽動家所提出任何能奪回優勢的政見擺布——不論那有多短促。築圍牆。把他們關起來。驅逐出境。隨時隨地把他們通通抓起來，告訴他們誰是老大。

現在我們住在一個有川普總統的世界，我們還能從這個才誕生兩天的現實學到什麼課題呢？

第一課：經濟痛苦真實存在，哪兒也去不了。四十年來私有化、解除管制、自由貿易和撙節的企業新自由政策，已確立這個事實。

第二課：代表那位無法取得共識的領導人，完全不是煽動家和主張推翻它的新法西斯主義者的對手。他們沒有任何具體方案，且相當正確地被視為該為這場經濟失調負責。

唯有大膽、真正重分配的議程有望解決那樣的痛苦，指向它的源頭：買通政客、靠拍賣公共財富來賺取暴利的菁英分子；土地、空氣和水污染；以及解除金融管制。

但從這週發生的事來看，我們還必須趕快記取一個更深層的教訓：如果我們想要打敗像川普那樣的人——每一個國家都有它國產的川普——就必須趕緊正視及對抗我們的文化中、運動中，和我們自己心中的種族主義和厭女心態。這不能等以後再說；不能是事後追加。這是川普之輩能崛起掌權的主因。很多人說雖然川普的種族和性別宣言令人不快，他們還是把票投給他。他們喜歡他對貿易的看法，喜歡他帶回製造業，喜歡他不是「華盛頓圈內人」。

抱歉，那不足以說服我。你不可能把票投給一個如此公然煽動種族、性別和生理能力仇恨的人，除非在某種程度上，你認為那些議題沒那麼重要。你就是不可能。你就是辦不到，除非你願意為了你（期盼）的利益犧牲「他者」。

但這一切不只和川普的選民、以及他們可能告訴自己的故事有關。我們會來到這危險的田地，也是因為政治光譜革新派那邊訴說的「他者」的故事。就像抱持這種想法的故事：當我們與戰爭、氣候變遷和經濟不平等奮戰時，受益最多的會是黑人和原住民，因為他們是現有體制最大的犧牲者。

這也行不通。關於經濟正義是如何冷落有色人種的工人、原住民和女性勞動者，左派運動有一段太漫長又太痛苦的紀錄。

為打造真正有包容性的運動，我們需要真正有包容性的願景，而那要從遭到最粗暴對待和排斥的民眾著手。偉大的加拿大作家及知識分子李納爾多·沃克特（Rinaldo Walcott）幾個月前對白人自由派和左派人士提出質疑。他寫道：

> 黑人正在我們的城市裡、在橫渡海洋時、在不是我們造成的資源戰爭中死去……顯然，黑人的生命可以任意拋棄，與全球其他族群截然不同。
>
> 我就是想從這個赤裸裸的邊緣化現實提出建議：北美洲任何新的政策行動，都該通過我所謂的黑人測試。黑人測試很簡單：任何政策都必須符合改善黑人生命悲慘境遇的必要條件……未通過這項測試的政策，就是失敗的政策，從提案的初審就失敗了。

那是值得深思的事。我明白我的工作太常無法通過那項測試。但今天，比以往更甚，我們這些談論和平、正義和平等的人，必須挺身迎接挑戰。

論及氣候行動，顯而易見的是，除非我們在低碳政策的核心嵌入正義——特別是種族，但也包括性別和經濟正義——我們無法打造所需的力量。黑人女權法學者金柏莉·克倫秀（Kimberle Crenshaw）創造的「多元交織性」（Intersectionality）一詞，是我們唯一的途徑。我們不能上演「我的危機比你的危機更急迫」的戲碼——戰爭比氣候急迫、氣候比階級急迫、階級比性別急迫、性別比種族急迫之類的。這種誰比誰急迫的遊戲啊，我的朋友，最後會讓你得到一個川普。

我們若不是從今天遭受不正義和排擠最嚴重打擊的人著手、為每一個人隸屬的未來奮戰，就是繼續一敗塗地。而我們沒有時間了。另外，一旦我們把各種議題（氣候、資本主義、殖民主義、白人至上、厭女）串聯起來，就會有一種如釋重負的感覺。因為一切確實環環相扣，所有議題都是同一個故事的片段。

上週當我造訪大堡礁時，這種感覺尤其強烈。我和《衛報》（*The Guardian*）一起拍攝一支關於這自然奇景的短片。目前，這種奇蹟正大量死去，而這跟愈來愈溫暖的海洋有直接關係。16看著一整片脫色而亡的珊瑚，我發現自己正想著四歲的兒子托馬，他還不大會游泳，很可能一輩子看不到生意盎然的珊瑚礁了。

我之所以對氣候危機抱持如此強烈的情緒，無疑和托馬及他的世代有關——這是一場巨大的世代偷竊。對於我們已讓這些孩子避無可避的極端天氣，我有一陣又一陣的恐慌。而比恐懼

16　二〇一六和一七年，受到較溫暖的海水溫度刺激，大堡礁發生大規模白化的情況，將這些曾經朝氣蓬勃、閃耀珠寶色澤的生物，轉變成槁木死灰、令人毛骨悚然的墳場。那段期間，遼闊的珊瑚礁約有半數死亡。二〇一九年四年發表的新研究揭露，那些珊瑚礁並未復育。《新科學人》（*New Scientist*）報導：「二〇一八年礁上的珊瑚幼蟲數，比歷史標準銳減八九%。『死掉的珊瑚礁不會有下一代。』主導這項研究的澳洲詹姆斯庫克大學（James Cook University）教授泰瑞・休斯（Terry Hughes）說。」

更強烈是悲傷：有些東西他們永遠不會明白。他們在大規模滅絕中長大，再也見不到許許多多、各式各樣迅速消失的生命形式。感覺孤單得絕望。

但我不是只想到這點。漂浮在道格拉斯港外的海水裡，我發覺自己也在想庫克船長，想著約莫在「奮進號」（Endeavour）航行那些水域之際接踵而至的所有勢力。

各位都是熟悉澳洲歷史的好學生，如你們所知，庫克大約在一七七〇年抵達昆士蘭。六年後，瓦特（Watt）商用蒸汽機上市。這是大大加快工業革命的機器，現在又得到殖民地奴隸勞工和煤炭的強大結合所加持。同一年，一七七六年，亞當．斯密（Adam Smith）發表《國富論》（*The Wealth of Nations*），當代資本主義的立基文本——剛好趕得上美國宣布脫離英國獨立。

殖民主義、奴隸、煤炭、資本主義——不出六年，這些全都牢牢繫在一起，開創現代世界。這個被稱作澳洲的國家剛好在化石燃料資本主義的黎明誕生。我們該把這些點連起來，是因為它們本來就互相連結——土地掠奪、開始改變氣候的化石燃料、將這一切合理化的經濟和社會理論。我們無疑可說是在庫克船長的氣候中生活，或者至少是他那決定命運的航海歷程起了關鍵創造作用的氣候。

我在為這場演說進行研究調查時，一個細節讓我印象特別深：奮進號不是海軍和科學船艦，它的啟航沒有肩負解開天文、生物謎團的任務，也不必在業餘時間在未經原住民同意下，聲稱廣袤領土為英國王室所有。不是的。一七六四年建造奮進號時，是為了在英國的航道載運煤炭。當海軍把它買下來時，這艘船必須大幅（且重資）改裝來因應庫克和約瑟夫・班克斯（Joseph Banks）的航行。現在看來，這艘主張新南威爾斯和昆士蘭歸英國所有的船艦，以運煤船之姿開啟生涯，頗為相稱。

因此，貴國政府對煤有不合常理的愛，應該不足為奇？就連世界奇景大堡礁災難性的白化，也無法促使昆士蘭政府重新思考對「黑岩石」的仰賴，應該不足為奇？

如范達娜・席娃（Vandana Shiva）六年前獲頒此獎時所說，我們危機的根源在「不尊重生態和倫理限制的經濟」。對我們的經濟制度而言，限制是個問題。我們的文化是無限拿取的文化，彷彿取之不盡，也不會有任何後果。是拿了就走的文化。

而現在這種拿了就走的文化，已來到合乎邏輯的結果。地表上最強的國家已選出唐納・川普作為它的「掠奪長」——一個公開吹噓自己未經同意就對女性上下其手，還在談到入侵伊拉克說「我們該拿走他們的石油」、認為國際法是狗屁的男人。

瘋狂的掠奪當然不是川普的專利。我們有一波掠奪的流行病。土地掠奪、資源掠奪，甚至連天空也掠奪，嚴重污染到沒有剩餘的大氣空間給窮人發展。

而現在，我們撞上了最大掠奪的牆。這就是氣候變遷告訴我們的事，是我們無止境的戰爭告訴我們的事，是川普的勝選告訴我們的事。該是時候投入我們擁有的一切，背棄無盡拿取的文化，轉向同意與照料的文化了。

照料地球，照料彼此。

得知我以氣候工作獲頒雪梨和平獎的時候，我深感榮幸。這座獎曾頒給我心目中的多位英雄——阿蘭達蒂・洛伊（Arundhati Roy）、諾姆・杭士基（Noam Chomsky）、范達娜・席娃、戴斯蒙・屠圖（Desmond Tutu）等等。很榮幸能加入這個美好的部落。

因此，接到電話時，我興奮不已。但在興奮感逐漸消退後，各種懷疑便湧上心頭。首先：為什麼是我？我的作品是以全球成千上萬氣候正義運動人士的作品為基礎，其中許多人在這個領域都鑽研得比我久得多。另一個懷疑比較實際：為了領取這個肯定我盡力對抗污染的獎項，我必須製造運輸污染，這理由夠充分嗎？老實跟各位說，我到現在仍不確定理由夠充分。

但我向澳洲的朋友和同事請益。他們指出，貴國政府是世界排行第一的煤出口國，直接賣給排放成長最迅速的國家。在液化天然氣方面，你們也正朝龍頭邁進。

正當其他國家凍結、降低煤炭生產之際，貴國總理獨樹一幟。他說計畫是「未來數十年」將維持產煤——遠遠超過若要達成巴黎協定的氣候目標，我們需要拋棄那種骯髒燃料的時限。本週稍早我曾說過，跟澳洲一起向世界比出爛黑中指的國家愈來愈少了。不幸，現在我必須修正那句話；從元月川普搬進白宮開始，麥肯・滕博爾有伴了。哎唷。

我請教的澳洲朋友告訴我，有了伴隨這個獎而來的擴音器，可能有助於支持他們的工作——阻止新化石燃料計畫的推行，例如灣岸（Wangan）和加戈林勾（Jagalingou）領地上巨大的卡邁克爾（Carmichael）煤礦。以及北部天然氣輸送管（Northern Gas Pipeline）——將劃破廣大的北領地（Northern Territory）進行工業水力壓裂。

這樣的抵抗具有全球重要性，因為這些巨型開發案關係到大量我們現在所稱的「不能燒的碳」——要是加以開採、燃燒這些二氧化碳和甲烷，不僅無法兌現澳洲薄弱的氣候承諾，也會搞砸全球碳預算。這題數學非常清楚：在巴黎，各國（包括貴國）政府同意讓暖化低於攝氏兩度的目標，並「努力追求將增溫限制在一．五度以內」。

那個目標——是個充滿企圖心的目標——將所有人類置於碳預算的限度內。那是如果我們達到那些目標、給島國或可一搏的生存機會，可以排放的總碳量。而感謝華府石油變化國際的劃時代研究，現在我們知道，假如我們把已投入生產之油田和礦區的所有石油、天然氣和煤燃燒殆盡，很可能會造成超過攝氏兩度的暖化，而一定會超過一．五度。

無論如何，我們不能做的就是化石燃料產業打定主意要做的事，也就是貴國政府如此執意要幫助他們做的事：挖掘新的煤礦、開發新的頁岩油田、沉下新的離岸鑽油平台。那些東西都需要留在產地。

我們非常清楚必須改做哪些事情：一絲不苟地減少現有的化石燃料計畫，同時增強再生能源，直到全球排放在本世紀中葉降到零為止。好消息是我們用現有的技術就辦得到。好消息是我們可以趁著後碳經濟的轉型創造數百萬待遇不錯的工作——再生能源、公共運輸、節能、翻修、清理被污染的土地和水源。

更好的消息是，當我們改變能量生成、往來各地、種植食物和在城市居住的方式時，我們有空前絕後的機會建立一個在每一個面向都更加公平、人人得到尊重的社會。我們的做法如下：我們會盡可能確保再生能源來自社區控制的供應者和合作社，讓有關土地利用的決定都能經由民主過程，讓發電產生的利潤能用來支應迫切需要的服務。

我們知道，我們過去兩百年來對骯髒能源的依賴，已對最貧窮、最脆弱的民眾造成最高的危害，特別是有色人種和許多原住民。他們的土地被竊據、被採礦毒害。貧窮的城市社區則深受設在附近、污染最劇的精煉廠和發電廠所害。

所以，我們可以，也必須堅持原住民和其他位居前線的社區必須先獲得公共資金來擁有和掌控他們的綠色能源計畫——工作、獲利和技術都留在社區裡。這是氣候正義運動的核心要求，且以有色人種的社區優先。這已經開始有個案出現，但往往要交由資金已經短缺的社區自籌財源。那本末倒置了：氣候正義意味這些社區應得到公共資金的補償，哪怕只是杯水車薪。

氣候正義也意味高碳產業的員工——其中許多人犧牲自己的健康在煤礦坑和煉油廠賣命——必須充分且民主參與這個以正義為基礎的轉型。指導原則是：一個工人都不能丟下。

下面舉兩個我的國家的例子。一批在亞伯達油砂工作的石油工人已創立一個叫「鐵與地球」

（Iron and Earth）的組織。他們呼籲我們的政府重新訓練被解雇的石油工人，讓他們回到職場設置太陽能板，就從學校等公共建築開始。這是個絕佳的構想，幾乎每個聽到的人都表示支持。

在此同時，我們的郵政工會正面臨關閉郵局、限制郵遞的壓力，甚至可能把整個業務賣斷給聯邦快遞（FedEx）。照例的撙節政策。但他們不再拚命爭取可以在這種失敗邏輯下獲得的最好交易，反倒提出富有遠見的計畫：將國家每一間郵局轉作綠色運輸中心，你可以在那裡幫電動車充電、跑遍各大銀行，申請到貸款來創辦能源合作社；那裡的整支物流車隊不僅用電動、在加拿大製造，業務也不僅是發送郵件：它也可運送在地種植的農產品，並探視長者。

這些都是由下而上、經民主構思、以正義為基礎的去化石燃料轉型計畫。而我們需要類似計畫在每一個部門發展（從醫療、教育到媒體），並於世界各地增生繁殖。

聽起來所費不貲，對吧？所幸我們生活在私人財富空前優渥的時代。首先，我們可以也必須取走化石燃料最後時日的利潤，運用在氣候正義上。補助免費公共運輸和可負擔的再生動力。協助貧窮國家跳出化石燃料、直接改用再生能源。支持因石油戰爭、糟糕的貿易協定、乾旱和其他氣候變遷愈趨惡化的衝擊，以及土地被礦業公司毒化而流離失所的移民。而那些礦業公司，總部很多都設在像貴國和美國這樣富裕的國家。

重點在於：隨著我們變得乾淨，我們必須變得公平。不僅如此，隨著我們變得乾淨，我們可以開始矯正我們國家的立國罪惡：土地竊據、種族滅絕、奴役。沒錯，這最難做到。因為這些年來，我們一直在耽擱氣候行動。我們一直在耽擱、拖延正義和補償的最基本需求。我們在每一個方面都與時機不合。

這些事情該做是因為它們是正確、正義的事，也因為它們是聰明的事。嚴酷的事實是：環保人士無法靠我們自己贏得降低排放的戰鬥。這麼說不是在輕視誰；擔子真的太重了。這場轉型是一場革命，我們生活、工作與消費方式的革命。

要贏得那樣的改變，必須強有力地結合革新聯盟的每一股力量：工會、移民權利、原住民權利、居住權利、運輸、教師、護理師、醫師、藝術家。要改變一切，需要每一個人的力量。

而要建立那樣的聯盟，就必須伸張正義：經濟正義、種族正義、性別正義、移民正義、歷史正義。不能事後再談，而是要作為驅動的原則。唯有讓遭受最嚴重衝擊的人主導一切，正義才得以伸張，真正的領導權才會發生。穆拉瓦・強森（Murrawah Johnson）是優秀的年輕原住民領袖，也是反卡邁克爾煤礦抗爭的核心人物，他前幾天在雪梨說：「人們需要學習如何被領導。」

並非因為那「政治正確」，而是因為此時此刻唯有正義才能驅使人民運動投入真心和靈魂。我不是在說遊行示威或連署請願書，雖然也有那些運作的空間。我說的是持續、日復一日、長途跋涉的社會轉型工作。正是對正義的渴望——對正義急迫、切身的需要——打造了那樣的運動。

這場戰鬥需要勇士，而勇士們並非挺身反對大氣中的碳累積，它本身的累積。勇士們挺身支持民眾應享有乾淨的水、好的學校、待遇像樣的工作和全民醫療的權利。勇士們挺身支持所有因戰亂和殘酷移民政策而支離破碎的家庭，都能團圓。

你們已經知道沒有正義就不會有和平——那正是雪梨和平基金會的核心原則。但現在，我們也必須了解這件事：沒有正義，氣候變遷也不會有突破性進展。

或許我該為在一場讚頌和平的盛事進行這種引戰的談話致歉。但我們都必須明白，這是一場戰鬥，一場迫切需要勇士精神的戰鬥。因為人類必須要在這場戰鬥獲勝，化石燃料公司非敗不可。那些不可燃燒的碳代表數兆美元的收入。而那些碳，就在他們現有的產地，以及他們年年花上數百億美元尋找的新產地裡。

那些決心與那些利益集團同甘共苦的政治人物，也非敗不可。政治獻金，當然也是。當選者和開採部門之間的旋轉門利益也是。但或許最重要的是，你不假思索、不做計畫——挖就對了——得到的那些錢。此時此刻，出口煤到中國讓澳洲發了一筆橫財。這不是填補政府金庫的唯一方式，但一定是最懶惰的：不需要麻煩的產業計畫，不必向企業和億萬富翁增稅或權利金，就有資源可以購買無限量的攻擊式廣告了。

而你只需要分發許可證、撤回一些環境法律，對抗議增添一些新的嚴苛限制、把合法的法院挑戰稱作「綠色法律戰」、不停在梅鐸的媒體誹謗環保人士，就可以通過了。

這就是我們為什麼不該訝異，上個月聯合國特別報告員麥可・佛爾斯特（Michael Forst）會對人權捍衛人士的境況提出如此嚴厲的評估。他在訪問澳洲後寫道：

我很驚訝地見到愈來愈多證據顯示各種累積的措施已對澳洲公民社會施加巨大的壓力……很驚訝地見到人權捍衛人士屢屢遭到資深政府官員公開詆毀，似乎意在敗壞他們的名聲、威嚇他們、逼他們放棄他們有正當性的工作。

這著實令人錯愕：許多在這個國家從事最重大工作的人——保護最易受傷的民眾、捍衛脆弱的生態不被工業荼毒的人——正面臨一種骯髒的戰爭。而我們心知肚明，這類政治戰、媒體戰不必花太多成本就能轉變成實體戰，造成真正的死傷。

我們在世界各地都見過這種情況：當宏都拉斯和巴西的土地捍衛者試圖阻止開礦、伐林和建大壩，當印度和菲律賓的社區試圖阻止威脅水源和濕地的燃煤發電廠，發生的不是象徵性的戰爭，而是名副其實的戰爭，致命的實彈射入擋住推土機的身體。

根據全球見證（Global Witness）的資料，這種遍布全球的戰爭正趨惡化。該組織指出：「二〇一五年，每週至少有三人在捍衛自己的土地、森林、河流抵禦毀滅性產業時喪命……這個數量令人震驚，而證據顯示，環境正逐漸成為人權的新戰場。世界各地的工業正積極拓展新的領土……愈來愈多立場堅定的社區發現自己身在企業私人保全、政府軍隊和欣欣向榮的殺手市場的射擊線內。」他們估計，約有四〇%的受害者是原住民。[17]

千萬別跟自己說，這只會發生在所謂的開發中國家。我們正看到爭奪星球的戰爭在美國北達科他州愈演愈烈，警察和看來剛離開費盧傑（Fallujah）戰場的私人保全殘酷地鎮壓一場旨在保護水資源的非暴力原住民運動。

立岩蘇族正試著阻止一條會對其供水造成實質威脅、且一旦建造將會使我們猛然衝向全球暖化的輸油管。為此，手無寸鐵的土地捍衛者被射橡膠彈、噴胡椒水和其他氣體、被音波炮轟炸、被狗攻擊、關進被形容為犬舍的地方、脫衣搜身，然後被捕。

我擔心的是，我們在澳洲這裡見到土地捍衛者被詆毀的情況——形形色色、層層疊疊去合法化（delegitimization）的嘗試，加上在媒體公然對原住民做種族歧視的描述，以及愈來愈嚴苛的安全狀態——都在為像這樣的攻擊鋪路。

因此，雖然我還是會為我在飛行途中燃燒的碳覺得惶恐，但現在我很開心能來到這裡，就算只是要扮演困惑的外來干預者的角色，向你們說：「等一下。我們知道這條路通往哪裡，你們走的這條路很危險。」這個美麗、多采多姿的國家，值得更好的未來。

17　隨著雅伊爾·波索納洛當選巴西總統，這場戰爭步入更致命的新階段。波索納洛已將肆無忌憚地開發亞馬遜列為首要之務，且已開始攻擊原住民土地權利，並滿懷惡意地宣布：「我們將發給每個農民一把步槍和持槍許可證。」

噢，有人覺得你們的煤多少可算是印度窮人的人道禮物嗎？別再這麼想了。印度遭受煤污染和燃煤助長的氣候變遷之戕害，幾乎比全球任何地方都來得嚴重。幾個月前，德里熱到有些路都融化了。自二〇一三年以來，已有超過四千個印度人死於熱浪。這週德里全面停課，因為污染濃到政府不得不宣布緊急狀態。

在此同時，太陽能的價格已重挫九〇％，現在已是比煤更可行的電氣化選項，尤其它不需要那麼多設施，也適合讓社區掌控。許多社區都要求太陽能發電，但在印度，一如其他地方，最大的障礙是「大政府」和「大碳」的組合：當民眾可以從自家屋頂的太陽能板發電，甚至把電回饋給微電網，他們就不再是偉大公用事業的顧客了；他們成了競爭對手。怪不得要設置那麼多路障：企業最愛壟斷的市場了。

原住民權利和氣候正義運動揚言要翻轉的，就是這種舒適愜意的組合。我們一定會翻轉它——但在我們讚頌和平之際，先讓我們釐清這點：這是為我們的生存而戰。

煙的季節

我猛然驚覺這件事有多令人不安：未著火。

二〇一七年九月

近期，來自自然世界的新聞多半跟水有關，而這不難理解。

我們聽說哈維颶風為休士頓和其他墨西哥灣城鎮傾注創紀錄的水，混著深不可測的石化污染和毒害。我們也聽說從巴格達到奈及利亞都發生巨大的洪水，使數十萬人流離失所（儘管我們只聽到部分）。然後，我們再一次親眼目睹風和水的恐怖威力：史上最強的風暴之一艾瑪颶風（Irma）在加勒比海留下滿目瘡痍後，正朝佛羅里達撲來。

但對北美、歐洲和非洲大部分地區來說，這個夏天跟水毫無關係。事實上，該說跟缺水有關；是跟土地乾涸、天氣酷熱到山林像火山一樣冒煙有關。跟火勢猛烈到越過哥倫比亞河（Columbia River）、迅速到如進犯的軍隊照亮洛杉磯市郊、猖獗到威脅最高最古老的紅杉和冰河國家公園（Glacier National Park）的自然寶藏有關。

對於從加州到格陵蘭、奧勒岡到葡萄牙、不列顛哥倫比亞到蒙大拿、西伯利亞到南非等地的數億人口來說，二〇一七年的夏天，是火的夏天。尤其是無所不在、無可逃避的煙的夏天。

多年來，氣候科學家頻頻警告我們，暖化的世界是極端的世界：人類將遭受已讓脆弱的生命維持平衡千千萬萬年的自然力時而過剩到粗暴、時而不足到窒息之輪番痛擊。到二〇一七年夏末，隨著有些大城市被水淹沒，其他大城市被火吞噬，我們正經歷極端世界的第一件事證：自然的極端與社會、種族和經濟的極端正面交鋒。

#FAKEWEATHER假天氣

我在來到不列顛哥倫比亞的陽光海岸前查了天氣預報。這是一條崎嶇的海岸線，濃密的常青森林毗連多岩石的懸崖，海灘點綴著漂流木——數十年草率砍伐作業的迷人殘骸。只能搭渡輪或水上飛機過來，這裡是我的父母居住、我的兒子出生和我的祖父母埋葬的世界一隅。雖然這裡仍感覺像家一樣，但我們一年只來這裡幾週。

加拿大政府的天氣網站預測下週的天氣好極了：陽光燦爛、天空清朗、氣溫高於平均。我的腦海浮現炎熱午後在太平洋划船，和靜謐夜空、星光斑斕的畫面。

但當我們於八月初抵達時，一片陰鬱、厚重的白籠罩海岸，氣溫涼爽得可以穿毛線衣。氣象預報固然常不準，但這情況比較複雜。在上面某個地方，那坨穢物之上，天空確實萬里無雲。太陽確實熱力四射。但干預那些事實的是一個預報員沒解釋的因素：大量的煙霧，從該省內陸飄了六百四十公里而來——約一百三十處野火正在那裡失控地燃燒。

已經有足夠的煙飄來把天空從帶點紫的湛藍變成這種低垂、完好無損的白。有足夠的煙把太陽一大部分的熱反射回太空，人為降溫。有足夠的煙把太陽本身轉變成憤怒的紅火小點，被詭異的暈圈包圍，射不穿綿延無盡的霧霾。有足夠的煙遮蔽了星星。足夠的煙併吞了任何可能的夕陽。在白晝的尾聲，紅球驟然消失，換上一顆詭異的焦橙色月亮。

那團煙霧已創造出它自己的天氣系統，強大到不僅能改變我們所在地的氣候，影響範圍甚至涵蓋周遭二十六萬平方公里。它在衛星影像中像一塊大污漬，完全不把邊界放在眼裡：那不僅塞住不列顛哥倫比亞三分之一的地區，西北太平洋區也有廣大地區如西雅圖、貝靈漢、奧勒岡州的波特蘭淪入魔掌。在這個假新聞的年代，這就是假天氣，主要由有毒的無知和弊政在天空製造的混亂。

政府已在沿岸各地發布空氣品質警報，呼籲民眾避免從事劇烈活動。超過某個標準，空氣中的細懸浮微粒就正式不安全，壞到足以引發健康問題了。溫哥華部分地區的空氣品質超過安全門檻三倍，沿岸一些小社區的情況更糟。長者和呼吸道敏感的人口建議留在室內——去擁有像樣空氣濾清系統的地方更好。一個地方官員推薦購物中心之旅。

內陸的煉獄

在災難的震央，也就是火焰包圍之處，空氣品質糟糕透頂。每立方公尺細懸浮微粒超過二十五微克就被認為不安全了。目前許多疏散人員居住的坎路普斯（Kamloops），達到每立方公尺六八四．五微克。那足以和北京最壞的日子媲美。航空公司取消航班，受呼吸問題所苦的民眾擠爆急診室。

根據紅十字會的資料，從災難初始，約有八百四十場不同的火災發生，到目前為止至少迫使五萬人撤離家園。七月初，政府宣布罕見的緊急狀態，而在我們到達時，狀態已經延長兩次。數百座建築付之一炬，有些社區，包括原住民保護區，幾乎全部燒成灰燼。

到目前為止，約有四千六百平方公里的森林、農田和草地焚毀。這是不列顛哥倫比亞史上第二大的火災——而它仍變本加厲，破紀錄指日可待。

我打電話給一個住坎路普斯的朋友。「有辦法的人都帶孩子遠走高飛了，特別是小小孩。」這一句話讓位在沿岸的我們豁然開朗。這裡或許煙霧彌漫，但我們已經他媽的幸運了。

煙霧會消散的

自新年和美國新政府上任後，我連一天也沒休息，更別說週末了。一如其他許多人，我這一路參加太多場會議和遊行，走到腳都起水泡了。我迷迷糊糊寫了一本書，帶著它到處走。我和丈夫亞維協助開創了「躍進」，一個新的政治組織。冬去春來，「八月回不列顛」是我們家的神奇咒語。那是終點線（雖然只是暫時），而我們已做好充分計畫，要倒在終點線上。那也是我們讓五歲大的兒子托馬參與其中的方式。在東岸一個凜冽的夜，我們規畫了林間漫步、划獨木舟和游泳等要從事的活動。我們想像了要摘的黑莓、要烤的麵包；我們列了要拜訪的祖父母、叔伯、姑姑、堂表兄弟姊妹和老朋友。

這個假期（套用年輕同事的詞語，這叫「自我照顧」）在我們家具有神話的性質。這或許正是我為什麼會慢了好幾拍才了解這些火災——這些煙——有多嚴重的原因。

第一天，我相信太陽會在正午前把煙燒掉。晚上，我相信煙早上就會散，起碼可以一瞥真正的天空。第一週，我滿懷希望地迎接每一天，相信那穿過窗簾的灰黃光線只是晨霧。每一天，我都錯了。

在我們啟程前看似一片美好的天氣預報，儼然變成詛咒。晴朗、無風的日子意味煙霧一旦來襲，就會像無法移動的戶外天花板一樣停留在我們頭上。日復一日。日復一日。

我的過敏失控了。我拚命點眼藥，吞下遠超過建議劑量的抗組織胺。托馬爆發蕁麻疹，嚴重到需要類固醇。

我一再把眼鏡摘下來擦，先用襯衫，再用超細纖維布，然後用適當的玻璃清潔劑。什麼都沒有用。什麼都無法讓那污漬消失。

懷念藍天

白化一週後，世界開始感覺變小了。煙霧以外的生活開始愈來愈像傳說。在大海的邊緣，我們通常可以越過薩利希海（Salish Sea）看到溫哥華島；現在我們就算用力睜大雙眼，也只見得到岸邊幾百公尺外一塊露出的岩石。

我曾在這條海岸度過幾個很少見得到陽光的冬季。我學會欣賞鋼鐵般的美，漫山越嶺的灰。但這不一樣。這煙霧有種無生命的特質；它就籠罩在那裡，一動不動，一成不變。

厚重如毯的煙霧是這星球上很多人在北京、新德里、聖保羅、洛杉磯等污染大城都已學會共處的東西。野火的煙有點不一樣。部分是因為你知道你吸入的不是發電廠的污染物或汽機車的廢氣，而是幾天前還生氣勃勃的樹木所燒出的煙。你吸入的是森林。

我感覺動物很憂鬱。海豹似乎以純粹為了呼吸而探出頭來，吸了口氣便再度消失於灰色的海面下。沒有嬉戲。我深信，老鷹是為了機能，而非樂趣而飛——不再翱翔，不再御風而行。無庸置疑，這全是我的想像、投射、擬人化——這是個壞習慣。

我寫電子郵件給一個在西雅圖的朋友，一位頂尖環保人士，問他在煙霧中過得如何。他回信說鳥不再歌唱，而他一直發狂。哈，起碼有人跟我一樣。

要是再來就輪到我們呢？

我猛然驚覺這件事有多令人不安：未著火。

不列顛哥倫比亞的這個地區，理論上是一片溫帶雨林，現在則是火種盒。今年夏天到現在，雨還下不到半吋。森林通常濕軟的地被植物泛黃、乾枯，踩起來嘎吱作響。你可以聞到「可燃性」的味道。

道路兩邊豎立了「嚴禁露天焚燒」的黃色標語。我們每次打開收音機，都會聽到愈來愈狂亂的警告，說露天焚燒、菸蒂扔出車外和施放煙火有多危險。一個醉漢燃放煙火慶祝他家只被火燒到一點點而無大礙，換來一晚的監禁和一千美元的罰款——那很可能釀成另一場大火。

顯然，一場雷暴，或兩個漫不經心的野營者，就足以讓這地方燒起來。我們曾擦身而過。兩年前，一場嚴重野火威脅海岸距這裡二十分鐘的地區，奪走當地一名協助滅火男士的命。但儘管我在這裡住了這麼多年，直到這週我才真的思考過，要是兩年前那樣的火災失控，後果有多不堪設想。我開始不安。陽光海岸有大約三萬定居人口，只有一條公路聯繫，終點是渡輪碼頭。在這種無路可退的地方，緊急疏散會是何種窘況？

我問了當地的朋友。他們看來很擔心，討論誰家有什麼樣的漁船。

藍莓田的死者

白化第九天，有可怕的消息傳來。華盛頓州濃煙嗆鼻的蘇馬斯市（距美加邊境不到一點六公里路程）有名農場工人在西雅圖一家醫院過世。席爾瓦・伊巴拉（Honesto Silva Ibarra）來自墨西哥，持H-2A臨時簽證（核發給從事短期或季節性工作的農業人員）赴美在收成季工作。他現年二十八歲，一直在薩班南農場（Sarbanand Farms，為總部位於加州的蒙傑農場〔Munger Farms〕所有），然後開始感到不舒服。

席爾瓦的同事將他的死歸咎於不安全的工作環境：工時長、休息少、食物和飲水不充足——加上從不列顛哥倫比亞飄來的濃煙。「這些工人都過勞、營養不夠、飲水不足，一連好幾週都是如此。」倡議團體社區對社區發展（Community to Community Development）幹事羅薩琳達．吉連（Rosalinda Guillen）這麼說。該團體表示，有一些工人在工作時昏倒。

一名蒙傑農場代表指出，席爾瓦是在用完糖尿病藥物後死掉的，炎熱和野火的煙跟他的死「一點關係也沒有」。該公司也自稱它全力搶救了。

不論死因為何，當席爾瓦的同事怨言愈來愈多，該公司對待他們的方式正是一面冰冷的鏡子，反映美國那麼多移工的生活有多不安定。在席爾瓦住院後，工人發動一日罷工要答案和更好的工作環境。六十六人立刻以不服從為由遭到解雇。他們發現自己沒辦法回墨西哥的家，最後幾天工作的酬勞也沒有拿到。在搭起抗議帳篷、行進到該公司辦公室、吸引地方媒體關注後，工人拿回他們的酬勞，蒙傑公司「自願為所有被解職的工人提供安全返家的運輸方式」，該公司發言人如此表示。

但他們並未拿回他們迫切需要的工作。蒙傑是沃爾瑪、健全食品（Whole Foods）、喜互惠（Safeway）和好市多（Costco）的供應商。

邊界以北，也有類似暫時性農工在工作時昏厥、不適的報導，煙霧顯然扮演要角。倡議人士指出，雇主非但不會照顧生病的勞工，還常把他們當成瑕疵品送回家。據加拿大廣播公司表示，在炎熱又煙霧彌漫的不列顛哥倫比亞，至少有十名勞工因為「看來病得嚴重到沒辦法工作」而被送回墨西哥和瓜地馬拉。

照例分歧嚴重的災難

我們一再學到同樣的教訓：在高度不平等、深刻不正義與種族錯誤如影隨形的社會，災難不會讓我們一家親，而會繼續加深原已存在的分裂，讓在災難發生前就被壓榨得最嚴重的民眾，在災難期間與之後還會得到額外的劑量。

我們相當清楚卡崔娜、珊迪、哈維、艾瑪等風暴造成的情景。我們對火的了解比較少。但情況在變。例如我們知道，當加州與現在還看不到盡頭的火災季節奮戰時，該州愈來愈仰賴監獄勞動力，囚犯領微薄到驚人的時薪一美元，進行滅火這種最危險的工作。我們知道有數百名南非工人簽約協助對抗亞伯達二〇一六年的麥克默里堡大火——然後在發現他們的待遇遠低於加拿大工人，也少於媒體報導後集體停工。他們立刻被送回家。

我們也知道，一如洪水期間，我們的媒體喜歡報導在美加野火中獲救的寵物，遠勝於在印尼、智利等地的煉獄失去的人命。二〇一二年一項全球研究估計，每年有超過三十萬人死於野火的煙霧和空污，尤以撒哈拉以南的非洲和東南亞最多。

而在這個夏天的不列顛哥倫比亞，我們又多認識一種這樣的不平等在焚燒背景上演的方式。多位原住民領袖提出憂慮，火警期間，他們的社區沒有獲得和非原住民社區一樣等級的緊急應變措施，無論是消防或災後重建。正因如此，數個直接受到火災威脅的原住民保護區拒絕撤離，部分居民留下來滅火——有的有自己訓練有素的消防隊和裝備，其他人則只能拿花園的水龍帶和灑水器。在不只一個案例中，警方的回應是揚言進屋子把孩子帶走，而在一個不久前才假借政策之名系統性逼原住民小孩離開家庭的國家，這種言詞會造成難以磨滅的創傷。

最後，沒有任何第一民族的家庭遭到突擊，自行組織的救火隊也讓許多家庭幸免於難。被火威脅的波拿巴印地安社（Bonaparte Indian Band）酋長萊恩・戴伊（Ryan Day）說：「如果我們全都撤離，這個保護區裡就沒有家了。」

兩個太陽的世界

煙霧彌漫將近一週後，月亮快要圓了。在這裡，人們嚴肅看待滿月；森林裡會舉行幾場受藥物影響的舞會，也會利用月光進行深夜的獨木舟航行。

但當近圓的月亮在八月初升起，我第一眼卻把它誤認成太陽：形狀相同，火紅的顏色也幾乎一模一樣。

這四天，我們彷彿住在另一個星球，有兩個紅色的太陽，沒有月亮。

酸水果

白化兩週了，黑莓終於成熟。我們出門採收。在如此混濁的空氣和陰森的新聞中進行這種無憂無慮的夏日儀式，感覺好奇怪，但我們還是出門了。不停地走，並且不斷地吃，一直是托馬最愛的活動之一。

狀況悽慘。雨量稀少、日照不足，就連最成熟的莓子也是酸的。托馬很快失去興致，不肯再試。我們帶著刮傷的小腿和空空的桶子打道回府。

但我們沒有停止健行。我們每天都花好幾個小時穿過一排排長滿苔蘚的杉木和洋松，吸入高氧的空氣。我喜歡那些森林，從未把它們原始的美視為理所當然。現在我覺得自己幾近崇拜——不僅感謝它們用力擦洗了空氣、提供遮蔭、封存了碳（以環境保育的行話叫「生態系統服務」），也感謝它們堅忍不拔的毅力。感謝它們沒跟其他弟兄一塊兒燒起來。感謝它們不嫌棄我們的失敗，仍與我們同在。至少目前為止是如此。

又見面了

我吸過這陣煙。當然不是現在這些懸浮微粒，而是同樣幾場野火產生的煙。妙就妙在，我是在這裡往東九百多公里，另一個省分吸到的。

七月中我待在亞伯達，於班夫藝文中心（Banff Centre for Arts and Creativity）協助指導環境報導課程。

這一次，氣象預報看起來也很完美：晴朗、溫暖。這一次，氣象預報也在第一天就被一層煙霧竄改，那遮掩了班夫國家公園壯闊的山脈，引發空氣品質警報、頭痛和喉嚨異物感。也是假氣象。

七月時，風往東吹，這就是落磯山脈蒙上煙霧面罩的原因。在加拿大的石油重鎮卡加立（Calgary），煙濃到遮蔽了天邊玻璃帷幕大樓原本閃閃發亮的輪廓，看不到殼牌、英國石油、森科（Suncor）和泛加公司（TransCanada）的標誌。但煙不是在那裡止住，而是繼續往東飄，抵達這塊大陸的中央，到薩克齊萬、曼尼托巴，乃至南方的北達科他和蒙大拿。（航太總署發布了綿延約九百六十公里的驚人煙雲圖。）

然後，一如我的家人往太平洋岸的不列顛哥倫比亞移動，風向驟然轉變，開始把煙雲往西吹，落磯山脈現在像一支網球拍，用一記高吊球把煙霧打回太平洋。

一個夏季第二次吸入來自同樣焚化森林的煙——雖然我已走了九百六十公里、越過省界——是令人毛骨悚然的經驗。我覺得那些髒東西像《LOST檔案》(*Lost*)裡的煙霧怪物一路跟蹤我，緊追不捨。

著火的世界

這場災難令人耿耿於懷的是它的規模，包括時間的規模和空間的規模。就算是哈維那樣摧枯拉朽的颶風，衝擊也多半集中在有限的地理區，而且直接影響的時間相對短暫（雖然災後需要時間重建）。

這些肆虐好幾個月的火災，等級截然不同。首先是直接的衝擊。大片土地燒成焦炭。撤離令顛覆了數萬人的生活。住家、農地、牲畜化為烏有。各行各業（從觀光到鋸木廠）被迫停擺。

接著是那些四處飄送的煙沒那麼直接的衝擊。七、八月，大火的煙霧彌漫了廣達約一百八十萬平方公里的地區，比法國、德國、義大利、西班牙和葡萄牙加起來還大。萬物都受到這種快速移動的災害影響。

而這只是這個漫長火災季節的一個表面現象而已。夏末，美國西部的廣大地區也失火了。洛杉磯的災情創下城市史上最慘重的紀錄；華盛頓州每一個縣都宣布與火有關的緊急狀態。在蒙大拿，一場名為「Lodgepole Complex」的野火燒毀了一千一百平方公里的土地，災情在該區域史上排名第三。而這只是全美火災次數和失火月數雙雙增加的一部分：據氣候中心（Climate Central）一項分析，自一九七〇年代以來，美國的火災季節已延長到一〇五天。

這個火災季，歐洲起火燃燒的地區已經是平均的三倍，而且尚未結束。葡萄牙中部經歷最致命的衝擊：六月，六十多人在大佩德羅岡（Pedrogao Grande）附近的火災中喪命。[18] 西伯利亞大火燒毀了數百戶住家。在智利的夏季月分，該國對抗史上最大的野火，數千人流離失所。在南非的六月，同一個風暴造成開普敦大淹水，也助長附近城鎮史無前例兇猛野火的火勢。就連冰封的格陵蘭，在這個夏天也見到不尋常的燎原野火。舉世聞名、專門研究格陵蘭冰層的氣候科學家傑森·鮑克斯指出：「格陵蘭的氣溫可能是過去八百年來最高的。」

18 這個死亡人數一年後就被希臘超越。從阿提卡（Attica）開始肆虐整個沿海地區的一連串大火，造成上百人死亡，是現代歐洲史上最致命的一起火災。懸崖邊發現一個大家庭的遺體，眾人四肢交纏：當火舌逼近，他們緊緊相擁。「憑本能，眼見大難臨頭，他們抱在一起了。」希臘紅十字會會長尼科斯·伊科諾默波羅斯（Nikos Economopoulos）這麼告訴電視台工作人員。

沒錯，是氣候變遷

變暖、變乾的天氣不是唯一的成因。另一個原因是，人類不斷傲慢地試圖改造遠比我們強大的自然力。火是森林循環的重要一環；留給森林自己決定的話，它會定期焚燒，清出空間給新的生長物、減少易燃性高的矮樹叢和老樹（消防員的行話稱之「燃料」）的量。長久以來，許多原住民文化都用火作為土地照料的重要媒介。但在北美洲，現代森林管理系統性壓抑週期性的森林火災，一方面保護有經濟價值、可送去鋸木廠的樹木，一方面是擔心小火可能會擴散到棲息地（而人類的棲息地愈來愈多）。

沒有週期性的天然焚燒，森林就會塞滿燃料，導致失控狂燒的火勢。小蠹蟲（bark beetle）的侵擾會造成更多燃料，因為那會留下大量又乾又脆的枯樹。有令人信服的證據顯示與氣候變遷有關的炎熱和乾旱，已使小蠹蟲的病蟲害變本加厲。

綜括一切的是這個並不複雜的事實：更熱、更乾的天氣（這與氣候變遷直接相關）為野火營造了理想的條件。事實上，這些影響力會合謀把森林變成鋪設完美的篝火；乾土會發揮類似報紙團的功用，枯死樹木像火種，酷熱則提供火柴。亞伯達大學野火專家麥可．弗拉尼岡（Mike Flannigan）直言：「加拿大焚燒的面積增加，是人為氣候變遷的直接結果。個別事件之間的關聯性比較複雜，但加拿大焚燒的面積自一九七〇年代以來已增加一倍，是溫度變暖的結果。」而根據一項二〇一〇年的研究，在本世紀結束前，加拿大的火災發生率預計將增加七五%。

真正令人擔心的是這個：二〇一七年甚至不是聖嬰年。那是一種週期性的自然暖化現象，常被引用為去年（二〇一六年）大火肆虐南加州和北亞伯達的關鍵因素。

沒有聖嬰現象可責怪，有些媒體總算願意放下模稜兩可。引用德國之聲（Deutsche Welle）的話：「氣候變遷讓世界著火了。」

童話故事與惡性循環

「看起來要下雪了。」托馬神情嚴肅地說，臉緊貼著窗，而窗外正是那白濁的空氣。

自我們離開亞伯達，他五歲的小腦袋瓜就一直在努力理解這些支配他整個夏天的煙霧。努力理解我為什麼久咳不癒，他的皮膚為什麼出疹子。但最難理解的是這個背景音樂：他生命中的大人們憂心忡忡的閒談。

他有各種面向的反應：半夜做惡夢驚醒；寫了「為什麼一切都不對勁？」之類的歌詞；不時莫名大笑。

一開始，他對野火這個概念相當興奮，把那和營火搞混，吵著要烤棉花糖。然後他的祖父解釋，因為森林起火，太陽才會變成那個怪異、鮮豔的圓點。他備受打擊：「那動物怎麼辦？」

我們已經培養出控制憂慮的技巧。先從深呼吸開始，一天做好幾次。但我又想到，吸入過多這種特別的空氣可能不是好事，本來就容易感染的小肺葉更是如此。

我和亞維沒跟托馬說過氣候變遷的事，那看來頗奇怪，畢竟我寫氣候變遷的書，亞維導氣候變遷的電影，而我們醒著的時間大多投入於針對氣候危機做出轉型措施的必要。我們有跟他聊的是污染，當然只說到他能理解的程度。像是塑膠，以及我們為什麼必須把塑膠撿起來，少用一點，因為那會害動物生病。我們也會看汽車和貨車排放的廢氣，聊聊我們可以怎麼從太陽和風汲取電力，並貯存在電池裡。一個小孩可以理解這些概念，非常清楚什麼事該發生（比許多成年人都清楚）。但這整個星球在發高燒，且可能高到地球許多生命在痙攣中流逝的概念，在我看來太過沉重，超過小小孩所能負荷。

這個夏天終結了他所受的保護。這不是我引以為傲的決定，甚至不是我記得自己做過的決定。他只是聽過太多成年人執著於奇怪的天空和那些火災背後真正的原因，現在他終於兜在一起了。

我在一座朦朧中的遊戲場碰到一名年輕母親，她提供了安撫憂慮孩子的建議。她告訴她的孩子森林大火是生態再生循環的好事——焚燒會開闢空間給新的植物生長，熊和鹿才有東西吃。我點點頭，感覺自己像個失敗的母親。但我也知道她在撒謊。火固然是生命週期的自然環節，但此時西北太平洋地區這些遮蔽太陽的火災恰恰相反——它們是行星死亡螺旋的一部分。

很多場火災灼熱、剽悍到只留下焦土，寸草不生。[19] 鮮紅色的阻燃劑像溪流般從飛機灑落，滲入水道，對魚類構成威脅。而一如我兒子擔心的，動物正失去他們森林裡的家。

但最大的危險是森林焚燒時被釋放出的碳。煙來到太平洋岸三週後，我們得知火災已使不列顛哥倫比亞省的全年溫室氣體排放增至三倍，且仍在增加中。

這種排碳的戲劇性增加，就是氣候科學家所警示惡性循環的一部分：燃燒碳會導致氣溫升高及長期無雨、引發更多火災、釋放更多碳到大氣、造成更暖更乾的條件，又招致更多火災。

另一種毀滅性的惡性循環在格陵蘭上演。野火產生「黑炭」（black soot），黑炭固著於冰層，把冰變成灰色或黑色。顏色變深的冰會比易反射的白冰容易吸熱，使冰融得更快，進而導致海平面上升和釋放大量甲烷，這會造成進一步的暖化和更多火災，而更多火災又會造成更多黑化的冰，和融冰。

所以，不行，我不會告訴托馬這幾場火災是生命週期的愉快過程。我們勉強選擇半真半假的話術來讓惡夢退散：「動物知道怎麼躲避火災。牠們會跑去河裡、溪裡和其他森林裡。」

我們討論我們有多需要種植更多樹木來讓那些動物回家。這有幫助，一點點。

19　二〇一八年十一月加州天堂市（Paradise）就是一例。這個人口兩萬七千人的城鎮在加州史上災情最慘重的火災中被夷為平地。

警訊（對某些人來說）

受到這幾場火災重創的地區包括我常造訪的一個地方：賽克維派克人（Secwepemc）的領地，那涵蓋不列顛哥倫比亞內陸一片廣大的土地——現在大多失火了。已故的賽克維派克酋長亞瑟・曼努埃爾（Arthur Manuel）是我的摯友，曾作東招待我好幾次。二〇一七年，我已拜訪過他的領地兩次：一次參加他的葬禮，一次參加他籌畫已久，但來不及召開就心臟衰竭辭世的會議。

那次集會是為了回應加拿大總理賈斯汀・杜魯道批准一項造價七十四億美元的工程，其產能幾乎是從亞伯達載運高碳油砂穿越不列顛哥倫比亞的金德摩根跨山輸油管系統（Kinder Morgan Trans Mountain Pipeline）的三倍。新擴建的輸油網將穿越賽克維派克人土地上的數十條水路，而遭到許多傳統地主強烈反對。亞瑟認為這場抗爭有可能變成「北方版的立岩」。

當野火從今年夏天開始燒，曼努埃爾的朋友和家人立刻據理力爭：在世界燒起來的時候建造更多化石燃料的設施，是既荒謬又魯莽的。賽克維派克原住民糧食主權工作團體（Secwepemc Working Group on Indigenous Food Sovereignty）發表聲明反對輸油管擴張計畫，並要求立刻關閉現有、較小的輸油管，降低火與石油相遇而產生大災變的風險。

「我們正處於必須即刻因應氣候變遷衝擊的關鍵緊急狀態。」賽克維派克族的教師道恩・摩里森（Dawn Morrison）這麼說：「我們家人與社區的健康十分仰賴我們能否獵捕野生鮭魚和取用乾淨的飲水，要是金德摩根輸油管破裂或受火災影響，兩者都會受到威脅。」

這是常識：當石油、天然氣的基礎設施成為燃燒那麼多化石燃料的累積效應的靶心——想想受超級風暴連番侵襲的鑽油平台，或被淹沒的休士頓——我們都該做賽克維派克族人做的：將災難視為一種警訊，提醒我們必須打造一個更安全的社會，馬上行動。

做什麼都行，石油免談

但我們的政治和經濟制度不是這樣建立的；事實上，它們是為了凌駕那種求生反應而建立。因此，金德摩根公司根本不費心回應社區的憂慮，甚至準備這個月就展開擴建工程，而火還在熊熊燃燒。

更糟的是，有些開採業者正積極利用大火的緊急情況來完成平時不可能完成的事。例如，塔塞科礦業公司（Taseko Mines Limited）多年來一直爭取在不列顛哥倫比亞受到大火最嚴重衝擊的一些地區露天開採極具爭議的金礦和銅礦。到目前為止，奇爾哥廷第一民族（Tsilhqot'in First Nation）的激烈反對成功擋住這項有毒的計畫，造就數場關鍵的管制勝利。

但今年七月，在數個受衝擊的奇爾哥廷社區要不奉令撤離、要不堅守陣地自己滅火之際，即將卸任、享有政治賄賂「西部荒野」(Wild West)惡名的不列顛哥倫比亞政府幹了一件不同凡響的勾當。在改選慘敗後、當地政府在執政最後一週發給塔塞科一大堆逕行探勘的許可。「那公然藐視同理心。在我們的人民還在為家園及生命奮戰之際，不列顛哥倫比亞政府卻核發了將摧毀我們更多土地、使之無從修復的許可。」奇爾哥廷酋長羅素・邁爾斯・羅斯(Russell Myers Ross)這麼說。看守政府的一名代表回他：「我明白，鑒於野火災情正危害你們一些社區，這對你們可能是一段難熬的時間。」儘管火災已對他們的人民造成莫大壓力，現在奇爾哥廷族還得上法庭對抗那項舉措，而在面對法律麻煩後，該公司已被迫中止鑽探計畫。

但任何寄望大火會促使杜魯道總理嚴肅投入氣候行動的人，已大失所望。這位加拿大總理喜歡被拍到在不列顛哥倫比亞壯闊的荒野嬉戲(打赤膊更好)，妻子蘇菲・格雷戈瓦(Sophie Gregoire)最近則因為貼出她在溫哥華島衝浪的照片，引來狂風暴雨的表情符號。(那是在火災期間拍的，而且天空看來霧濛濛。)

但儘管滔滔不絕地談論不列顛哥倫比亞的森林和海水，在擴建輸油管和拓展油砂方面，杜魯道仍加足馬力。「沒有哪個在地下發現一千七百三十億桶原油的國家，會把它們留在原地。」他二〇一七年三月在休士頓這麼告訴一群歡欣鼓舞的石油天然氣高階主管。此後，他毫不退縮。就算休士頓被空前猛烈的風暴淹沒，就算杜魯道自己的國家有三分之一著火。這個月，他一名重要部長這麼描述金德摩根輸油管獲准案：「從那時以來，我們的看法絲毫未變：這是個好決定。」在化石燃料上，杜魯道已採用自動駕駛，而似乎沒什麼能讓他改弦易轍。

然後是川普總統。他的氣候犯罪太包羅萬象、層層疊疊，罄竹難書。但值得一提的是他選擇在這個水深火熱的夏天，解散負責評估美國氣候變遷衝擊的聯邦顧問委員會，也給波弗特海（Beaufort Sea）的北極鑽探開了綠燈。20

失去兩間屋子的人

固執己見、不肯從聲聲刺耳的自然訊息中學習的不只是政治人物。

在不列顛哥倫比亞火警期間，加拿大廣播公司（CBC）挖到人性故事的金礦：他們發現有位傑森．舒爾曼（Jason Schurman）先生，在不列顛哥倫比亞的木屋被燒毀了——而一年前，他也有一間屋子在麥克默里堡的大火中燒掉。兩間房子，兩場火，同一個人。CBC把他燒焦房

20 一年後，二〇一八年，川普（現已去職）的內政部長利用破紀錄的野火默默開放更大片的森林供砍伐。這對萊恩．辛克（Ryan Zinke）來說不是什麼新鮮事，他在二〇一五年擔任眾議員期間就曾支持威脅公共森林環境保護的法案。三年後，他仍在重彈砍伐是遏止森林火災最佳途徑的老調。「每年我們都看到森林起火，每年都有人呼籲行動。但一旦我們真的行動，試著幫森林削減已死和瀕死的木材，或試著從濃密、易燃區永續收成木材，卻遭到激進環保分子用濫訟攻擊，他們寧可見到森林和社區焚毀，也不要在樹林裡看到伐木工人。」加州無疑需要更妥善的森林管理和更明智的土地利用政策，但鑑於樹木在為大氣封存碳上所扮演不可或缺的角色，我們最不該做的就是以消防之名恣意擴張伐林。

產(相距大約一千三百公里遠)的照片擺在一起。兩間房子都只有壁爐和煙囪倖存。

在關於這兩場災難所留下人類遺跡的報導中,有許多動人的細節:無盡的文書作業、創傷的回憶和家庭壓力。但對氣候變遷隻字未提。這值得注意是因為舒爾曼在亞伯達油砂現場擔任監工。記者也沒有問他,失去兩間房子,還差點失去兒子,是否讓他開始懷疑他所待的產業(這在加拿大和美國是少數仍支付藍領工人過得起中產階級生活薪水的產業之一)。這個「被燒兩次」的男人的故事反倒成了古怪的人性故事,外加一篇消防員在火場成婚的報導。

當《*Vice*傳媒》(*Vice*)挑了這個令人無法抗拒的故事時,記者確實向舒爾曼提出氣候變遷的問題,而他承認,那可能是煉獄的成因之一。但,一如《*Vice*》常見的風格,那篇報導的重心擺在那名石油工人如何透過巴洛克式的人體藝術來面對他的損失:「刺青持續的疼痛會完全轉移你的注意力……不去想我失去的一切。」

你得習慣這一切

我們是不是全都以某種方式,犯了往世界末日夢遊的罪?在這裡,煙霧讓萬物呈現的柔焦特效,似乎讓這種集體的否認更劇烈。八月,在太平洋沿岸這邊,我們看來都像在夢遊,腳步踉蹌地晃來晃去,做我們的工作和差事,在濃厚的煙雲中度假,假裝沒聽到警鈴在背景鏗鏘作響。

煙，畢竟不是火。不是洪水。不會立刻引起你的關注，或強迫你逃離。你可以與它共存，就算過得不好。你會習慣。

我們就是如此。

我們在煙霧裡划槳板，彷彿那是薄霧。我們帶啤酒和蘋果汽水去海灘，說，往好處想，你幾乎不需要防曬。

在假的、乳白色的天空下，坐在海灘上的我腦中一閃，想到於英國石油深水地平線災難期間，在浸油的海灘上做日光浴的家庭。我倏然一驚：我們也是這樣啊，拒絕讓破紀錄的燎原野火妨礙我們一家人的假期。

災害期間，你會聽到許多對人類韌性的讚美。而我們確實是韌性堅強的物種。但那不見得是好事。我們很多人似乎什麼都能習以為常，甚至包括自己棲息地的穩定毀滅。

一觀「駭」星球之事

陽光海岸一家報紙所戲稱「薄霧的日子」過了一週，《大西洋》（*The Atlantic*）刊登了一篇興高采烈的報導，標題是——〈為阻止全球暖化，人類該讓天空變暗嗎？〉。

那篇報導著眼於一種常被稱為太陽輻射管理的方法：將二氧化硫噴入平流層，創造地球與太陽之間的障礙，強迫降低氣溫。報導指出，川普退出巴黎協定代表會有更多政府，包括中國在內，認真看待暗化太陽之事。

一直到第二十段才首次提及可能的風險，記者引述一位氣候科學家的說法：「駭」這顆星球「可能引發乾旱、洪水之類的後果」。沒錯，那會適得其反。事實上，已經有一大堆同儕審查的研究顯示這類地球改造工程可能會干擾亞洲和非洲的季風，進而威脅到數十億民眾的糧食和供水。

現在，讓我們想像這個腳本：川普、印度總理納倫德拉·莫迪（Narendra Modi）、北韓「最高領導人」金正恩之類的男人被賦予權力來把這些改變氣候的技術當作非傳統武器使用，把我們猛然扔進一個未宣戰的天氣戰爭時代，一個國家為了拯救自己的農作物而犧牲另一個國家的降雨，後者再釋放大洪水報復。

有些準星球駭客堅稱這些最壞情況的風險是可以管理的（雖然他們從未解釋如何管理）。但所有人都勉強承認其次要的缺點。把二氧化硫噴進平流層幾乎保證會創造出徘徊不散的乳白色的霧，讓清澈的藍天成為整個星球的過去式。這些霧霾可能會阻礙天文學家清楚地觀察恆星和行星，較弱的陽光也會削弱太陽能發電機的功能。

就事論事地思考，那可能像是「多買一點時間、讓我們能集體行動」控制污染的輕微代價，

《大西洋》的報導這麼說。但我們的天空已經被無所不在、名副其實籠罩日常生活的煙霧人為調暗了，再刻意把它弄得更暗的前景恐怕不大妙。

失去天空不是小事。我們認為這件事理所當然：就連在最擁擠的城市，我們抬頭就能看到世界並非我們所能掌控——沒錯，是有飛機和衛星，但在那些之外是穹蒼，是未知，是終極的「那裡」。今年八月，在西北太平洋地區的幾乎每一個角落，當我們凝視天際，我們看不到那樣的遼闊。我們只看到我們自己，看到我們崩壞系統的更多碎屑。在煙霧的毯子裡，我們有的是天花板，而非天空——感覺像個令人窒息的蓋子，蓋住了可能性。

我聽到自己焦急地跟亞維建議我們該往北開，開到能呼吸新鮮空氣為止。然後我想起來，假如我們這麼做，將會迎面撞上迅速融化的永久凍土層。只好留在原地。

風向轉變

煙霧彌漫將近整整兩週後，有什麼改變了。我先聽到聲音，然後看到樹枝在動：風。溫度驟降。快到中午時，一塊塊真正的藍，被雲隔開。我已經忘了雲霧怎麼分了——首先，雲比較高，還有各式各樣精緻的形狀和運動。

煙尚未完全消散，但已足夠讓世界豁然開朗。清爽。你知道數日不退的高燒終於鬆動時的那種興奮吧？我的感覺就像那樣。

隔天，下雨了；沒下很多，但足以讓兩千四百名精疲力竭的過勞消防員喘一口氣。我的過敏症狀解除，托馬開始可以一覺到天亮了。

但內陸傳來的消息卻很慘。同一陣風雖然終於吹鬆沿岸的濃霧，卻助長了火場中心的烈焰。原來，對消防隊來說，把煙霧困在這裡那麼久的靜止，是這場火唯一值得慶幸之處。現在那結束了，而雨，下得遠遠不夠。

下一週，不列顛哥倫比亞一再改寫紀錄。八月中旬，火災打破該省一年燒毀最多土地的紀錄：八千九百四十三平方公里。[21]幾天後，數個不同火場結而為一，創下不列顛哥倫比亞史上規模最大的單一火災。

太快了

日蝕來的時候，我除了懼怕還是懼怕。我們有清澈的天空，有幾近完美的觀賞地點，我也知道，理論上，即將發生的事是自然奇景。但我就是還沒準備好又要跟太陽說再見，就算只是短短幾分鐘。我們才剛奪回它欸。

日蝕那段期間我獨自坐在戶外，凝望地平線，緊抓著消逝的光。在新納粹分子在維吉尼亞州夏洛茨維爾（Charlottesville）持火把遊行一週後，世界那麼多地方真的深陷火海的同時，這世界突然黯淡的感覺，竟是如此真實。

全球火災警報系統故障了

在勞動節的週末，不列顛哥倫比亞省還有一百六十多場火在延燒。極度炎熱、乾燥、狂風大作的天氣已聯手營造適合大規模新野火點燃、舊野火大肆擴張的條件。有關當局天天宣布新的撤離令；前一次統計，今年夏季，已有六萬名被迫離家的民眾向紅十字會登記為被撤離者。緊急狀態已第四度延長。

但就連在加拿大，這個消息也無法和哈維颶風的毀滅性災情、南亞及奈及利亞破紀錄水患衝擊的數百萬民眾（包括數十名死者）和這會兒來勢洶洶的艾瑪颶風競爭。緊接著還有搶占頭條的洛杉磯大火、華盛頓州的緊急狀態、從冰河國家公園到北曼尼托巴的新疏散令。九月初的衛星畫面顯示北美大陸從太平洋岸到風暴擾動的大西洋岸，都被煙霧和假天氣掩蓋。

我幾乎來不及記錄接踵而至的災變，而那是我的工作。我深知這點：我們共同居住的房屋

21　僅僅一年，這個可怕的紀錄就在二〇一八年歷史性的火災季節被打破了。

著火了，警鈴同時響起，拚命吸引我們關注。我們要繼續在微光中蹣跚而行、氣喘吁吁嗎？或者這些警報足以讓我們許多人聽見？像賽克維派克族人那樣，在重重煙霧中親身犯難，阻止一條輸油管在他們已燒傷的土地搭建？

煙霧彌漫的夏季已近尾聲，這些問題仍懸在半空。

歷史性時刻的賭注

你們已經向大家證明你們有可能贏。現在你們非贏不可。

二〇一七年九月
工黨大會，英國布萊頓

非常榮幸能參與這場歷史性的會議，感受活力與樂觀。

因為，朋友啊，外面的情況愈來愈糟了。我該怎麼描述一個亂七八糟的世界呢？從國家領袖在推特揚言動用核武、全球被氣候混亂撼動、數萬移民在歐洲外海溺斃，到最近德國最令人擔心的，公然宣揚種族主義的政黨大有斬獲——多數時候，事情就是多到令人難以消受。所以現在，我想在如此廣大的背景下從一個或許不怎麼起眼的例子說起。

加勒比海和美國南部正置身史無前例的颶風季：遭受一個又一個破紀錄的風暴連番重擊。在我們開會的當下，先後遭艾瑪和瑪莉亞衝擊的波多黎各電力中斷，而且可能要斷好幾個月。供水和通訊系統也被重創。島上三百五十萬美國公民正迫切需要他們政府的幫助。

但一如卡崔娜颶風期間，騎士沒有馳援。唐納．川普正忙著讓黑人運動員被開除，因為這群人膽敢凸顯種族主義的暴力而誹謗他們。彷彿這還不夠似的，這會兒禿鷹正在低空盤旋。商業媒體充斥這樣的報導：波多黎各要找回燈光，就必須賣掉它的電力事業。或許道路和橋梁也要賣掉。

這是一種我稱為「趁火打劫」(shock doctrine)的現象，利用令人痛苦的危機偷渡吞噬公領域、讓少數菁英更有錢的政策。我們一再見到這個令人憂鬱的循環。二〇〇八年金融崩潰後如此，現在我們也親眼見證保守黨人如何計畫利用脫歐的局面，未經辯論就強推災難性的貿易協定來支持企業。

我之所以凸顯波多黎各，除了因為那裡情況危急，也因為那裡是規模大得多的全球危機縮影，包含許許多多同樣相互重疊的成分：加劇的氣候混亂、軍國主義、殖民主義的歷史、薄弱而被忽視的公領域、徹底失能的民主。而綜括一切的是：看似深不見底的、對廣大黑褐皮膚人口生命的漠視。在我們這個年代，是不可能把一場危機從其他所有危機撬開出來看的。它們全都融合在一起，彼此鞏固、加深，像一頭搖搖晃晃的多頭獸。我認為以同樣的方式想像現任美國總統會有幫助。

這個人很難三言兩語道盡。所以讓我試試一個本地的例子。大家都知道最近塞住倫敦下水道的那種可怕的東西吧，你們叫它「油脂堡」（fatberg）？嗯，川普——他就是政治版的油脂堡：所有在文化、經濟和政治實體裡的有害東西的混合物，有點像全部一起抓進某種自體黏著的物質中。而我們正發現那非常、非常難以摘除。那變得如此猙獰，猙獰到我們忍不住嘲笑，但別搞錯了：不論氣候變遷或核子威脅，川普都代表一種可以呼應整個地質年代的危機。

但我今天要傳遞給你的訊息是這件事：危機時刻不一定非得走上趁火打劫那條路——那不必變成那些下流有錢人搜刮更多財富的機會。

恰恰相反。

它可以是我們發現更好的自我、找出我們從不知道自己擁有的儲備力量與專注的時刻。每當災難發生，我們都會在草根階級看到它。就像我們曾在格蘭菲塔（Grenfell Tower）大火後見到它。[22] 當該負責的人不見蹤影，社區齊心協力、彼此照應、發起募款，並為生者（和死者）發聲。直到現在，火災已過了一百天，他們還在做，因為正義尚未伸張，且令人憤慨地，只有少數生還者被重新安置。

而我們不只在草根階層見到災難喚醒了我們非凡的內在。人類其實有這麼一段漫長而值得驕傲的歷史：危機促使社會全面實施進步的變革。可以想想新政在美國經濟大蕭條期間讓民眾為社會住宅和老人年金勞動的勝利，或者想想在二次世界大戰的戰慄後英國成立的國民保健署（National Health Service）。

這該提醒我們，重大危機的時刻不見得會把我們擊退，它也可能把我們向前拋。我們的先人都是在歷史上的關鍵時刻向前邁進。而在這個事事千鈞一髮的時刻，我們可以再做一次。但就我們從大蕭條和戰後時期所知，光是抗拒、光是對那些最新的惡行說「不」，絕不可能贏得轉型的勝利。

要在真正的危機時刻致勝，我們需要大膽、前瞻性的「要」——如何重建和應對危機成因的計畫。而那項計畫必須具說服力、可信度，以及最重要的，吸引人。我們必須幫助厭倦而戒慎的大眾，想像自己身在更好的世界。而那就是今天能與各位齊聚一堂，我深感榮幸的原因。因為在上一場選舉，工黨就這麼做了。德蕾莎．梅伊（Theresa May）打了場憤世嫉俗的選戰，利用恐懼和震驚來為自己謀取更多權力——先是對不良脫歐協議的恐懼，再來是害怕曼徹斯特和倫敦發生的恐怖攻擊。反觀貴黨和貴黨的領導人，則著眼於根本原因：失敗的「反恐戰爭」、經濟不平等、弱化的民主等等。

何況你們做的不僅如此。

你們為選民提出大膽而詳盡的宣言，為數百萬民眾擬定具體改善生活的計畫：免學費、資金充足的醫療、積極的氣候行動。在期望愈來愈低、政治想像被扼殺殆盡數十年後，選民終於有了充滿希望、令人振奮的政見可以支持。而且有好多人這麼做，顛覆了菁英階級的預測。23 你們證明三足鼎立和粗劣修補的年代結束了。民眾渴望深刻的改變——他們正大聲呼籲。麻煩在於，許多國家唯有極右派提供或看似提供深刻的改變：那是結合經濟民粹和真確種族主義的有毒混合物。

你們為我們展現了另一種可能：說得體、公正的語言；不畏強權，指出最該為這場混亂負責的勢力，哪怕我們被告知的某些構想已永遠消失。例如財富重分配。例如將基本公共服務國有化。多虧你們大膽直言，我們知道這不只是一種道德策略。這可能成為致勝策略。它讓基層熱起來，讓很久完全不投票的選民動起來。

你們也在上一場選舉展現了另一個同樣重要的事實。你們展現了政黨不需要害怕社會運動的創造力和獨立性——反過來說，藉由參與選舉政治，社會運動也收穫豐碩。

22　二〇一七年六月，倫敦北肯辛頓區（North Kensington）一棟樓高二十四層的公共住宅失火，造成七十多人喪命。後續調查發現各式各樣的疏忽致使大樓極易起火，包括填充塑膠的側板——用來增添大樓美觀，但後來證實易燃性極高；消防設備欠缺保養、通風系統故障和逃生路線太少等等。

23　二〇一七年大選，工黨增加的得票率高於一九四五年以來的任一場選舉。保守黨失去多數黨地位，但和愛爾蘭的民主聯盟黨（Democratic Unionist Party）結盟，繼續執政。

這非常重要。讓我們老實說出原因：政黨通常對掌控全局有點執迷。而真正的草根運動——我們珍視自己的獨立自主，幾乎不太可能被掌控。但我們可以從工黨與動能（Momentum）[24]及其他出色競選組織之間不凡的關係看出，這兩個世界最好的部分是可能結合起來的。只要我們互相傾聽、彼此學習，就可以創造出一股更強大、更靈活的力量，勝過任何單兵作戰的政黨或運動。

我希望各位明白，你們在這裡所做的一切，正在世界各地回響。我們好多人都全神貫注於你們持續不懈的新政治實驗。當然，這裡發生的事本身也反映了一種全球現象。這是一波由年輕人領導的浪潮。他們長大成人時，剛好碰上全球金融體系崩潰，氣候紊亂也砰砰砰地敲門。

很多年輕人出自占領華爾街和西班牙「憤怒者」（Indignados）等社會運動。他們是從說「不」開始——對撙節說「不」、對銀行紓困說「不」、對戰爭和警察暴力說「不」、對頁岩氣和輸油管說「不」。但他們逐漸了解，最大的挑戰是克服新自由主義對我們發動的戰爭：那扼殺了我們的集體想像，希望我們不再由衷相信，原來世間不是只有荒涼。

因此，這些運動開始一起做夢、計畫各種大膽而不同的未來願景，以及步出危機的可靠途徑。最重要的是，他們開始參與政黨，試圖贏取權力。二〇一六年美國民主黨初選伯尼·桑德斯的歷史性選戰就是一例，他得到千禧世代的動力，因為千禧世代明白，安全的中間路線已無法提供他們安全的未來。

在這些及其他案例，競選活動以驚人的速度火力全開，比我一輩子在歐洲或北美見過真正力求轉型的政治綱領都來得快。但每一個案例與案例之間仍不夠貼近。因此，我們值得趁選舉的空檔，思考如何確保下一次，我們所有運動的目標都能完全一致。

一個重要的答案是：保持下去。繼續打造我們「要」的。

但要再更進一步。

在選戰熱潮外，我們還有時間深化議題和運動之間的關係，讓我們的解決方案能一舉解決多重危機。在各個國家，我們可以也必須做更多事情來把經濟不正義、種族不正義和性別不正義的議題連起來。我們需要理解和解釋那些（基於膚色、宗教、性別和性傾向）將某一族群置於支配地位的醜惡制度，是如何始終如一地滿足金權集團的利益。他們是經由讓我們繼續分裂以讓他們繼續得到保護來成就這點。

因此我們務必謹記在心：我們正身處氣候緊急狀態，而這種情況的根源，正是造成經濟緊急狀態的無盡貪婪的制度。但緊急狀態，讓我們回憶一下，也可能是深刻革新勝利的催化劑。

因此，讓我們把零工經濟（gig economy）和挖掘經濟（dig economy）連起來，前者是把人類

---

24 「動能」是與工黨聯合的草根運動，支持革新派的候選人、希望工黨採取左翼的路線。

當原料對待、從中汲取財富而後拋棄，後者則是開採業的公司以同樣輕蔑的態度對待地球。讓我們確切證明，我們可以怎麼從零工和挖掘經濟轉向以照料、修護原則為基礎的社會；讓照顧我們的人、保護我們土地和水源的人，工作都能得到尊敬和重視；沒有任何人、任何地方會被拋棄，不論是在容易失火的住宅裡，或被颶風肆虐的島嶼上。

我要為工黨反對水力壓裂、支持乾淨能源的明確立場鼓掌。現在我們需要提升我們的企圖心，清清楚楚地展現對抗氣候變遷何以是百年難得一見、建立更公正更民主經濟的機會。因為我們在迅速脫離化石燃料之際，不會複製煤油經濟的財富，不會再讓數千億美元的獲利被私有化，巨大的風險被社會化。

我們可以也必須設計出一個制度，讓那些污染者支付一大部分從化石燃料轉型的成本，並讓綠色能源掌握在公共及社區之手。如此一來，營收就會留在你們的社區，支付兒童保育、消防和其他重要服務的費用。唯有這個辦法可以確保被創造的綠色工作是有工會組織、支付維生工資的工作。

我們的格言必須是「讓油氣留在原地，但不拋下任何勞工」。而最好的部分是什麼呢？你們不必等西敏寺來開啟這偉大的轉型。你們可以運用此刻擁有的槓桿。

你們可以把工黨執政的城市轉變成改變世界的烽火台。一個好的開始是將年金撤出化石燃料業，而將那筆錢投入低碳的社會住宅和綠能合作社。如此民眾就能在下一次選舉前親身感受新經濟的效益，打從內心深處明白，沒錯，這世上真的有、永遠有替代方案。

最後，身為這次會議的國際演講人，我想要強調，上述種種並不是要把任何國家變成革新的博物館或堡壘。像英國及美國等富裕國家，都需要政策來反映我們對南方世界的虧欠，坦承我們這麼多年來所扮演的、破壞貧窮國家經濟與生態的角色。

比方說，在這漫長艱困的颶風季，我們聽到很多人談「英屬維京群島」、「荷屬維京群島」、「法屬加勒比」等等。多數人會把它們當成歐洲人喜歡度假的地方看待，但它們其實反映了以下事實：帝國巨大的財富有極大部分是榨取自這些島嶼，是奴役人類的直接結果——而那些財富提供了歐洲和北美工業革命動力、把我們造就成今天這樣的超級污染者。而那與下列事實密切相關：這些島國的未來，正因超級風暴、海平面上升、珊瑚礁死去而面臨嚴峻的危機。

這段令人痛苦的歷史，對今天的我們有何意義呢？

那意味著歡迎移民和難民。那意味著我們該盡本分來協助許多國家增強以正義為基礎的綠色轉型。川普耍流氓不是英國、加拿大或其他地方的我們降低自我要求的藉口。恰恰相反：我們必須以更高的標準要求自己，補美國的不足，直到美國有辦法疏通它的下水道為止。

我堅信這項工作雖然艱鉅，卻是邁向勝利的關鍵步驟；而各位在描繪轉變後的世界時愈有企圖心、愈一致、愈完整，工黨政府的可信度就愈高。

因為你們已經向大家證明你們有可能贏。現在你們非贏不可。

我們都非贏不可。

贏是一種道義責任。勉強接受其他方案的賭注太高，時間也來不及了。

扼殺氣候行動的是資本主義，而非「人性」

千鈞一髮之際，一條通往安全的新政治途徑赫然浮現。

二〇一八年八月

週日，整本《紐約時報雜誌》（*New York Times Magazine*）只有一篇文章，鎖定單一主題：科學塵埃落定、政治觀點看似一致的一九八〇年代，為何無法對抗全球氣候危機。這篇由納丹尼爾・瑞奇（Nathaniel Rich）撰寫的歷史回顧，揭露了當時未選擇其他道路的內幕，數度令我破口大罵。而唯恐有人質疑這場失敗撼動世界的規模，瑞奇的文字穿插了數幅喬治．史坦梅茨（George Steinmetz）拍攝的全頁空照圖。那些照片記錄了地球系統的快速崩解，從格陵蘭冰層融成的急流到中國第三大湖的大量藻華，令人目不忍睹。

這篇長度可比中篇小說的文章，象徵氣候危機長久以來該得到但幾乎從未得到的媒體關注。我們都聽過各式各樣的藉口，用來說明剝奪我們唯一的家園這等小事為何不足以成為動人的新聞報導：「氣候變遷遙不可及」、「有人因颶風和火災喪命的時候，不宜談政治」、「記者追蹤新聞，新聞卻上不了版面——政治人物閉口不提氣候變遷」，當然還有「我們每一次報導，都成了收視率殺手」。

這些藉口都無法掩蓋失職。主流媒體絕對可以憑自己做出決定，地球失衡是重大新聞事件，無疑是我們這個時代最重要的議題。他們絕對有能力運用記者和攝影師的技能，將抽象的科學連上人們親身經歷的極端天氣事件。而要是他們持續這麼做，就能減少新聞記者凌駕政治的必要，因為民眾對此威脅和具體解決方案知道得愈多，就愈會催促民意代表採取大膽的行動。

這就是為什麼看到《紐約時報》傾其編輯部之力支持瑞奇的作品，會讓人如此興奮的原因——他們拍了宣傳影片、在時報中心（Times Center）舉辦現場活動、並附贈相關教育資料。但那也是為什麼看到文章的主旨錯得離譜，會讓人暴跳如雷的原因。

瑞奇指出，在一九七九到一九八九年間，氣候變遷的基礎科學已為世人理解和接受，黨派對此議題的歧見尚未形成，化石燃料公司還沒開始認真打錯誤資訊戰。而全球有相當大的政治動能趨向大膽、有約束力的國際減排協定。寫到一九八〇年代尾聲的關鍵時期，瑞奇說：「不可能有比當時更有利的成功條件了。」

但我們還是搞砸了──「我們」指的是人類，顯然太過短視而無法捍衛自己的未來。為免大家不明白誰該為我們正「失去地球」的事實負責，瑞奇的答案以滿版全頁的呼喊呈現：「一切事實都已明朗，沒有任何事物構成阻礙。什麼也沒有──除了我們自己。」

沒錯，就是你和我。根據瑞奇的說法，不該由那些出席每一場重大決策會議的化石燃料公司負責。（試想美國政府一再邀請菸草公司代表研擬禁菸政策。一旦會議無法產生實質結果，我們會斷言，原因是人類就是不想活嗎？或許我們該認定，整個政治制度已腐敗崩壞？）

自那篇文章上線後，許多氣候科學家和史學家都指出那句話的謬誤。[25] 也有人批評文章裡一再令人發狂地訴諸「人性」，還用冠冕堂皇的「我們」來形容一群同質性極高的美國權力玩家。在瑞奇的紀錄中，我們從頭到尾都沒聽到南方世界政治領袖的聲音，在此關鍵時期及之後，他們要求採取具約束力的行動；他們也是人，卻能關心未來的世代。另外，在瑞奇的文本，女性的聲音就像瀕臨絕種的象牙嘴啄木鳥一樣稀有，就算我們女人真的出現了，多半也是扮演悲劇

25　當瑞奇於二〇一九年把這篇文章擴展成書時，他改掉了這個疏失。

英雄堅忍不拔的妻子。

這些瑕疵皆已有詳盡報導，此處不再贅述。我的焦點是那篇文章的核心前提：一九八〇年代晚期提供大膽氣候行動「不可能比當時更有利的條件」。恰恰相反。我們幾乎想不到人類進化史上有哪個比當時更不恰當的時機來面對這個現實：現代消費資本主義正穩定地讓這個星球愈來愈不宜人居。為什麼？因為八〇年代晚期正是新自由主義聖戰的全盛時期。這種意識型態以解放「自由市場」為名、刻意擬定經濟、社會計畫來在生活每一面向誹謗集體行動之舉，就在這時到達顛峰。但對於這種經濟、政治思想上的劇變，瑞奇隻字未提。

幾年前，當我鑽研同樣的氣候變遷史時，我和瑞奇做出同樣的結論：當時世界有意建立一項強硬而以科學為基礎的全球協議，而這股動能在一九八八年來到重要關頭。那一年，時任航太總署戈達德太空研究所主任的詹姆斯・韓森在國會作證時指出，他「百分之九十九相信有一股名副其實的暖化趨勢」與人類行為有關。同一個月，數百名科學家和決策人士於多倫多召開歷史性的大氣變遷世界會議（World Conference on the Changing Atmosphere），討論第一次減排目標。同年年底，即一九八八年十一月，聯合國政府間氣候變遷專門小組（為各國政府提供氣候威脅相關建言的首要科學機構）首度召開會議。

但當時氣候變遷不只有政治人物和學究關切——也是市井小民茶餘飯後的話題，以至於《時代雜誌》編輯在宣布一九八八「年度人物」時，選了「年度星球：瀕危的地球」。那一期的封面是地球被麻繩綑綁、太陽不祥地在背景落下的照片。「沒有哪個人、哪件事、哪項運動，」記者湯瑪斯・桑克頓（Thomas Sancton）解釋：「比岩石、土壤、水和空氣更能捕獲想像力或占據頭條。那些是我們共同的家。」

（有趣的是，不同於瑞奇，桑克頓並未將行星的浩劫歸咎於「人性」。他深入追溯到猶太—基督「統治」自然概念的誤用，以及這種概念取代下面這種前基督思想的事實：「地球被視為母親，多產的生命賜予者。自然——土壤、森林、海洋——被賦予神性，凡人皆隸屬於它。」）

當我細讀這個時期的氣候新聞時，深刻的轉變真的看來伸手可及——然後，悲劇發生，什麼都溜走了：美國退出國際談判，其餘國家勉強接受無約束力而仰賴狡猾「市場機制」的協議，例如碳交易、碳補償，和更罕見的小額碳稅。所以，真的值得像瑞奇那樣探問：到底發生了什麼事？是什麼阻斷了上述菁英機構在八〇年代末期同時流露的迫切感與決心？

瑞奇斷定（雖然沒有提供社會或科學證據）是某種叫「人性」的東西介入，把一切搞砸。「人啊，」他寫道：「不論在全球組織、民主國家、各行各業、政黨或是作為個體，都不願犧牲現有的便利來避免懲罰加諸未來世代身上。」我們似乎天生「執迷於現在，擔心中期，而將長期拋諸腦後，還可能毒害未來」。

檢視同一段時期，我卻得出截然不同的結論：那段時期乍看像是救命氣候行動的絕佳機會，事後回顧卻蒙受史上惡劣時機之害。因為當你回頭看那個重要關頭，愈來愈清晰的是，就在各國政府打算一起認真管制化石燃料業的同時，新自由主義的全球革命像超級新星一般爆炸，隨之而來的經濟與社會再造計畫，處處與氣候科學和企業管制的必要性發生衝突。

對於這個八〇年代晚期興起的全球趨勢，連附帶一提都沒有，是瑞奇那篇文章大到匪夷所思的盲點。畢竟，以記者的身分回顧一段不算遠的過往，最主要的優勢便是你能看出那些親身經歷騷亂事件的當局者還看不清的趨勢和脈絡。例如，一九八八年的氣候社群無從得知自己正站在驟發性經濟革命的浪尖，而那場革命將改造這個星球上的每一個主要經濟體。

但現在我們知道了。當你回顧八〇年代末，一個昭然若揭的事實是：一九八八到八九年，絕對沒有提供「不可能比當時更有利的成功條件，」而是史上最糟糕的時機，讓人類不可能下定決心認真考量，將星球健康置於利益之上。

讓我們回顧一下當年還發生什麼事。一九八八年，加拿大和美國簽訂《自由貿易協定》，是日後《北美自由貿易協定》（NAFTA）及其他無數協議的原型。柏林圍牆快要倒塌了，而美國右翼意識型態分子將成功抓住這件事作為「歷史終結」的證據和出口許可，將雷根、柴契爾（Margaret Thatcher）的民營化、解除管制和經濟撙節處方輸出到全球每一個角落。

就是這兩股歷史潮流的匯聚——因應氣候變遷而生的全球結構，以及比那強大得多、意在使資本掙脫所有約束的全球結構——使瑞奇正確鑑定出的動能脫軌了。因為如他一再提及，面對氣候變遷的挑戰，除了對污染者實施嚴厲管制，還要投資公共領域來改變我們為生活供電的方式、在城市生活的方式，以及四處移動的方式。

這些在一九八〇和九〇年代是有可能發生——至今依然可能——但必須與新自由主義的計畫正面交鋒，一如當時新自由主義對公共領域的概念宣戰。（柴契爾告訴我們：「沒有社會這種東西。」）同時，這段期間簽訂的自由貿易協定，也忙著依照國際貿易法則，將許多合理的氣候倡議（例如對在地綠色產業提供補助與優惠待遇，以及拒絕水力壓裂和輸油管等污染工程）斥為違法。

如我在《天翻地覆：資本主義vs.氣候危機》一書中所寫：「我們未能採取必要措施來降低排放，是因為那麼做將從根本抵觸去管制化的資本主義，在我們不斷努力設法脫離危機的時期，那是主宰一切的意識型態。我們動彈不得是因為最有機會帶我們避開災難、且對絕大多數人有益的行動，會對箝制經濟、政治過程和多數主流媒體的少數菁英構成極大的威脅。」

但瑞奇對這樣的衝突隻字未提，反倒宣稱「人性」注定了我們的命運，這為什麼重要呢？那很重要是因為如果阻礙行動的力量是「我們自己」，那「失去地球」這個宿命論的標題就下得非常貼切。如果是我們的集體DNA害我們沒辦法犧牲短利來換取增進未來健康與安全的契機，那我們也無望及時扭轉局面來避開毀滅性的暖化。

如果，反過來說，我們人類在八〇年代確實差點自救，卻被菁英自由市場狂熱的浪潮淹沒（即使全球有眾多人口反對），那我們就有相當具體的事情可以做了。我們可以勇於對抗那種經濟秩序，試著以根植於人類和地球安全的制度取而代之——而非不計代價追求成長和利益為宗旨的制度。

好消息（沒錯，是有些好消息）是今天，不像一九八九年，有一項朝氣蓬勃、由綠色民主社會主義派發起的運動，就抱持那樣的願景在美國推進。而那不僅代表選舉的另一種選擇——更是我們地球唯一一條救生索。

但我們必須明白，我們需要的救生索是我們沒有試過的東西，起碼未曾以今天所需的規模嘗試過。當《紐約時報》在推特發文、宣傳瑞奇「人類無能應付氣候變遷的浩劫」的文章時，美國民主社會主義者優秀的環境正義側翼出言糾正：「是資本主義。如果他們是當真想探究哪裡出錯的話，事實是『資本主義無能應付氣候變遷的浩劫』。跳脫資本主義，人類絕對有充分的能力配合生態的限制讓社會欣欣向榮。」

他們的論述雖不完整，但相當出色。人類沒有哪個生存基本要素只能依附在資本主義之下；人類有能力自我組織成形形色色的社會秩序，包括更有遠見、更尊重自然生態環境的社會。事實上，綜觀我們的歷史，人類絕大多數的時間都是這樣生活的，至今許多原住民文化仍保有以地球為中心的宇宙觀。資本主義只是我們這個物種的集體故事之中的一個小光點罷了。

但光是怪罪資本主義是不夠的。沒錯，追求無盡成長與獲利的動力直接阻擋了迅速脫離化石燃料的必要。沒錯，一九八〇與九〇年代在全球解脫束縛、傾巢而出，名喚「新自由主義」

的資本主義，是近數十年來促使全球排放再創高峰的最大元兇，也是自各國政府開始開會討論（討論、討論、再討論）減排後，以科學為基礎的氣候行動的最大障礙。時至今日，即便在自詡為氣候領袖的國家，它仍是最大的障礙。

但我們必須坦承，獨裁的工業社會主義也是環境的災難，最戲劇化的例證便是在前蘇聯經濟於一九九〇年初期解體後，碳排放曾短暫暴跌。現今委內瑞拉的石油民粹也提醒我們，自己定義的社會主義並非天生環保。

讓我們承認上述事實，同時也指出，有強大民主社會主義傳統的國家（例如丹麥、瑞典、烏拉圭）擁有世上最有遠見的環境政策。由此我們可以推論社會主義不見得有利於生態，但一種新型態的民主生態社會主義——並謙卑地向原住民學習如何為未來世代和所有生命的相互關係負起責任——似乎是人類集體倖存的最佳機會。

這是一批社運起家的政治人物和政治候選人崛起帶來的契機。他們推動民主生態社會主義的願景，把數十年新自由主義橫行造成的經濟掠奪和自然世界的滿目瘡痍連結起來。他們齊聲呼籲綠色新政：那可滿足每一個人的基本物質需求、提供種族與性別不平等的真正解方，並催化能源迅速轉型，往百分之百採用再生能源邁進。很多人也宣誓不會收受化石燃料公司的獻金，並承諾將它們送上法庭。

這新一代的政治領導人抨擊唐納・川普對自然全面開戰的做法，也拒絕民主黨高層的新自由主義中間路線——不慍不火地以「市場解決方案」因應生態危機。他們也提出具體的替代方案，摒棄以往和現今榨取式的社會主義。或許更重要的是，新一代的領導者沒有興趣拿「人性」作為一小撮貪腐菁英的代罪羔羊。他們試圖協助人類，尤其是被系統性地置若罔聞、排除在外的成員，找出他們集體的聲音與力量，挺身對抗菁英。

我們並沒有失去地球，只是地球變熱的速度極快，快到就要失去我們之中的許多人了。在這千鈞一髮之際，一條通往安全的新政治途徑赫然浮現。現在不是為流逝的數十年哀悼的時候，是我們該趕緊走上那條途徑的時刻。

波多黎各的災難是人禍

當你計畫性地餓死、忽視一個社會的骨幹，讓它在好天氣也失能，那個社會絕對沒有能力熬過真正的危機。

二〇一八年九月，瑪莉亞颶風一週年

這二十年來，我一直在調查有錢有勢者是如何有系統地利用集體衝擊（例如超級風暴或經濟危機）的痛苦和創傷，來打造更不平等、更不民主的社會。

早在瑪莉亞颶風出現之前，波多黎各就已是教科書的範例了。在狂風來襲前，債務（不正當且多數不合法）是強迫實施嚴酷經濟困苦方案的藉口，阿根廷作家羅多爾福．沃爾許（Rodolfo Walsh）四十年前就寫到這點，並令人激賞地稱之為「miseria planificada」：計畫的不幸。

這個方案有系統地攻擊了凝聚社會的黏著劑：各級教育、醫療、電力和供水系統、運輸系統、通訊網路等等。

這是個被民眾唾棄的計畫，沒有哪個波多黎各的民選代表可被託付實行之責——因此美國國會在二〇一六年通過〈波多黎各監督、管理及經濟穩定法案〉（Puerto Rico Oversight, Management, and Economic Stability Act），簡稱PROMESA。該法案形同發動一場金融政變，讓這塊領地（territory）的經濟直接操縱在非民選的金融監督與管理委員會（Financial Oversight and Management Board）之手。波多黎各人叫它「La Junta」：董事會。

這名稱相當貼切。誠如希臘前財政部長揚尼斯．瓦魯法基斯（Yanis Varoufakis）所言，以前是用坦克推翻政府——「現在則靠銀行。」

就在波多黎各每個機構都已經被董事會攻擊到渾身戰慄的情況之下，瑪莉亞的狂風呼嘯而入。遭遇如此強勁的風暴，就連最堅固的社會都會搖晃。波多黎各不只是搖晃。波多黎各支離破碎了。

不是波多黎各的民眾，而是所有已經被刻意逼上絕路的系統：電力、健康、水、通訊、食物。所有系統都崩潰了。最新一份調查估計，瑪莉亞颶風已造成約三千位民眾喪命，而這個數字已獲波多黎各總督承認。但讓我們講清楚：那些人不全是瑪莉亞殺死的，是令人難以忍受的撙節聯合了非比尋常的颶風，奪走這麼多寶貴的性命。

當然，有些性命是亡於風災水患。但多數人會死，是因為當你計畫性地餓死、忽視一個社會的骨幹，讓它在好天氣也失能，那個社會絕對沒有能力熬過真正的危機。這就是那項調查告訴我們、而唐納．川普若無其事否認的事：最重要的死因是人們無法使用醫療設備，因為電力已經中斷好幾個月；醫療網萎縮到無法供藥給罹患可治療疾病的患者。人們會死是因為奉行環境種族主義的政府任由他們飲用被污染的水。人們會死是因為他們被遺棄、絕望得太久，似乎除了自殺別無選擇。

那些人命不是空前「天災」的結果，更不是我們常聽到的所謂「上帝的作為」。紀念死者要從吐露真相開始。而真相是：這起災難全是人禍。如果你信神，也別把祂牽扯進來。

在風暴來襲前幾年，解雇電力工人的不是神，未能給電網進行基本維修的也不是神。不是神把重要的救濟和重建合約簽給政商關係密切的公司，其中有些連假裝做事的表面工夫都不做。不是神決定波多黎各該進口八五％的糧食——波多黎各群島明明坐擁世界數一數二肥沃的土壤。不是神決定波多黎各該讓九八％的能源仰賴進口化石燃料——這些島嶼豔陽高照、風浪不息，用這些來提供價廉、乾淨的再生能源綽綽有餘。

決定這些的不是神，而是為強大利益集團服務的人。因為這不間斷的五百年來，波多黎各與波多黎各人在世界經濟一直扮演的是讓其他人富有的角色，不論是榨取其廉價勞力或廉價資源，或作為進口糧食和燃料的專屬市場（captive market）。

按照定義，殖民經濟是一種依賴經濟；一種集中化、不平衡、扭曲的經濟。如我們所見，也是極度脆弱的經濟。

就連風暴本身也不該稱為「天災」。這些屢破紀錄的風暴都不再純屬自然——艾瑪和瑪莉亞、卡崔娜和珊迪、海燕（Haiyan）和哈維，還有現在的佛羅倫斯（Florence）和超級颱風山竹（Mangkhut）都不是。我們一再看到紀錄被刷新的原因是，現在的海洋比較暖、潮汐比較高。而那也不是神的錯。

這就是致命的雞尾酒——不只是風暴，而是被氣候變遷增壓的風暴，猛然闖進被蓄意削弱的社會：遠有長達數百年的殖民榨取，近有十年來的無情撙節，而救濟工作無意掩蓋這個事實：窮人的命，是七折八扣地存在於我們的全球體系之中。

瑪莉亞的強風像將樹葉吹離枝幹一般，扯破了這些殘酷制度的體面偽裝，讓它們赤裸裸地被世界觀看。颶風，以及聯邦緊急事務管理署（FEMA）無止境的失敗，已將波多黎各推落萬丈深淵。但我們必須正視這塊領地何以一開始就在懸崖邊搖搖晃晃，險象環生。

我們也不能再把這些失敗歸咎於無能。假如是無能所致，就會有若干修正根本制度、避免重蹈覆轍的作為；重建公共領域、設計更安全的糧食和能源系統、阻止碳污染繼續在未來數十年造就更兇猛的風暴。

但我們卻看到截然相反的事。我們只看到更多災難資本主義利用風暴的創傷以強制大幅削減教育經費、關閉數百所學校、進行一波又一波的住家法拍，還將波多黎各最珍貴的資產私有化。而一如川普否認有數千波多黎各人喪命的真相，他也否認氣候變遷的事實——他的政府必須如此否認，才能推行數十項讓危機變本加厲的有毒政策。

因此，官方如此因應這場現代的浩劫：竭盡所能確保它將一而再、再而三發生。竭盡所能促進這樣的未來：氣候災難來得如此迅速而猛烈，連讓我們的孩子在傷痛的忌日聚在一起哀悼亡者，都變成難以實現的奢求。我們的孩子已經置身下一波緊急狀態，就跟此時此刻，瑪莉亞登陸恰好滿一週年的今天，南北卡羅萊納、印度南部和菲律賓的民眾處境相似。

這就是為什麼數十個波多黎各組織，舉起「民眾團結」(Junte Gente)的大旗，挺身要求不一樣的未來。不是好一點點，而是徹底改善。他們的訊息相當明確：必須將這次風災視為警訊，一種具歷史意義的催化劑，落實回復的正義，以及更換經濟模式的轉型正義。刻不容緩。

一切就從清算和消除該島的不法債務與開除「董事會」開始——董事會的存在就是公然冒犯最基本的自治原則。唯有如此，才能空出政治空間重新設計已辜負那麼多人的糧食、能源、住宅和運輸體系，找出真正能滿足波多黎各人需求的制度。

這場回復正義的運動將汲取當地人的才智和專業知識，妥善利用富饒的土壤餵飽民眾，也汲取太陽能和風力來為群島提供能源。

今天，我想起波多黎各生態農業運動偉大領袖達爾瑪・卡塔吉納（Dalma Cartagena）的一番話。她一直帶頭呼籲島民別再仰賴進口糧食，並透過復興傳統農業實務來強化韌性。「瑪莉亞重創了我們，」她說：「但也讓我們的信念更堅定。讓我們明白正確的途徑。」

由「計畫的不幸」與蓄意設計的依賴所掌控的年代已經結束。是時候該為樂趣而計畫，為解放而設計了。如此一來，當（必定來臨的）下一次風暴來襲，風會呼嘯、樹會彎，但波多黎各將向世界證明，它永遠不會支離破碎。

運動可以成就、也可以毀掉綠色新政

我們被訓練成習慣個別看待我們的問題；但問題其實環環相扣。

二〇一九年二月

「我真的不喜歡他們的政策，比如拿走你的車、拿走你的飛機、『讓我們搭火車去加州』，或『你不准再養牛了』！」

川普總統在德州艾爾帕索（El Paso）這麼怒吼。這是他首度對眾議員亞麗珊卓亞・歐凱秀

——柯提茲和參議員艾德．馬基的綠色新政方案狂轟濫炸，彷彿在競選一般。

這是值得記錄的一刻。因為這些可能成為一位單任總統著名的臨別感言，他大大低估了民眾想採取變革性行動來解決當代三大危機的意願：迫切的生態破壞、經濟不平等加劇（包括種族和性別的貧富差距），以及波濤洶湧的白人至上論。

或者這些話可作為宜居氣候的墓誌銘——如果川普的謊言和恫嚇伎倆成功踐踏了這種迫切需求的架構；那可能助他連任，或給我們一個怯懦的民主黨白宮主人，沒有勇氣，也缺乏民主授權做這種深刻的改變。而這兩套腳本都意味，我們原本還有幾年可以推展必要的轉型工作以將溫度維持在災難等級以下，現在吹了。

二〇一八年十月，聯合國政府間氣候變化專門委員會發表它劃時代的報告，告知我們全球碳排放必須要在十二年以內攔腰折半，而倘若世界最大的經濟體不肯扮演扭轉全局的領導角色，這個目標就不可能達成。如果二〇二一年元月有新政府願意擔綱那個要角，達成目標仍舊非常困難，但技術上可行——尤其如果像加州、紐約等大城市和大州，連同正在進行綠色新政辯論的歐盟，一起繼續提高在此過渡時期的企圖心的話。再輸四年給共和黨人或企業派的民主黨人，等二〇二六年再開始，那就是玩笑了。

因此，要嘛川普是對的，綠色新政是式微的政治議題、是他可以徹底殲滅的議題；要嘛他是錯的，將綠色新政列為核心政見的候選人將贏得民主黨初選，再於大選擊敗川普，有明確的民主授權推行戰時等級的投資，從上任第一日就迎戰我們的三重危機。那很可能會鼓舞世界其他國家起而效尤，改採大膽的氣候政策，給所有人奮力一搏的機會。

好消息是，在寫這篇文章的時候，有幾位爭取領導民主黨的候選人(特別是伯尼．桑德斯和伊莉莎白．華倫)不僅替綠色新政背書，也有勇於面對企圖阻止綠色新政的兩大產業(化石燃料公司和資助那些公司的銀行)的可靠紀錄。這些領導人(以及使他們成為領導人的運動)了解我們需要的轉型有一大關鍵：那不會是雙贏局面。要成功轉型，這幾十年已賺了太多下流利潤的化石燃料公司必須面臨損失，而且不只是失去他們已非常習慣的減稅和補助金，他們也必須失去他們想要的新鑽探和開礦租約，他們非常想要建造的輸油管和出口站也不能獲准建造。他們必須將市值數兆美元的已知化石燃料礦藏留在原地。他們甚至必須交出剩餘的獲利，收拾他們蓄意造成的混亂——數起訴訟正試著確定這件事。

在此同時，如果我們有聰明的政策能鼓勵太陽能板在屋頂激增，大型電力公司將失去可觀的利潤，因為他們的老顧客將跨足發電業。這將為較公平的經濟創造巨大的機會，最終也能減少帳單上的數字——但同樣地，某些強大利益團體，即大規模燃煤發電業必將有所損失，因此他們不樂意見到曾被他們壟斷的顧客變成競爭對手，把能源回售給電網。

願意讓化石燃料公司和他們的盟友蒙受這些損失的政治人物，不能光是拒絕貪污腐敗而已。他們必須挺身為這個世紀奮鬥——非常清楚哪一邊非贏不可。而且還有一個要素是我們絕對不可忘卻的：任何嘗試實施綠色新政的政府，都需要強有力的社會運動，一方面給予支持，一方面催促他們做得更多。

確實，一場綠色新政的動員能否把我們從氣候懸崖拉回來，最關鍵的決定因素是未來幾年社會運動將採取的行動。因為，儘管選出願意支持這場奮戰的政治人物至關重要，那些決定性的問題是無法光靠選舉解決的。問題的核心在於建立政治力量——足以改變「何謂可能」這題微積分之力。

這就是從歷史上那些稀有的章節——富裕國家的政府同意在經濟的礎石實行大規模變革——學到的概括性課題。我們必須記得，富蘭克林．羅斯福是在勞工動盪的歷史浪潮中推動新政的：一九三四年可是有「卡車司機的造反」（Teamster Rebellion）和明尼亞波利的大罷工，同年還有沿岸工人讓西岸港口停擺八十三天，一九三六及三七年則有芬林特（Flint）汽車工人的靜坐罷工。

同一段期間，回應大蕭條痛苦的大眾運動要求全面性的社會振興方案，例如社會安全和失業保險等等，社會主義者則主張廢棄工廠該移交給他們的工人，改為合作社。《魔鬼的叢林》（*The Jungle*）一書的作者、專門揭發醜聞的厄普頓．辛克萊（Upton Sinclair）在一九三四年以此政見競選加州州長：終結貧窮的關鍵是州全額補助工人合作社。他囊括近九十萬票，但一直遭到右翼惡意攻訐，也被民主黨當權派暗中詆毀，而與州長失之交臂。另外也有愈來愈多美國人密切注意休伊・朗（Huey Long），路易斯安那出身的民粹派參議員。他相信所有美國人都該獲得兩千五百美元的年所得保障。一九三五年，小羅斯福在解釋為什麼要在新政增添更多社會福利時，曾說他想要「搶走朗的鋒頭」。

上述種種都提醒我們，小羅斯福是在革新派與左派鬥志昂揚的時機推行新政，使新政方案（以今天的標準看來頗為激進）在當時看來是抑止全面革命的唯一途徑。

類似的動能也出現在一九四八年，美國決定簽署馬歇爾計畫之際。眼見歐洲基礎建設毀損、經濟瀕危，美國政府擔心西歐大半地區會對社會主義人人平等的承諾寄予厚望而受蘇聯影響。的確，戰後有非常多德國人受社會主義吸引，使同盟國列強不得不決定將德國切成兩半，以免整碗被蘇聯捧走。

美國政府就是在這樣的脈絡下，決定它不要以西部荒野式的資本主義重建西德（但五十年後蘇聯解體時，美國卻試著這麼做，結果災情慘重）。相反地，德國將以混合社會民主的模式重建：支持地方產業、強大工會和強健的福利國家。一如新政，馬歇爾計畫的概念是用足夠的社會主義元素打造市場經濟，藉此讓更具革命性的手段流失魅力。一部大獲好評的馬歇爾計畫史作者卡洛琳・艾森柏格（Carolyn Eisenberg）強調：這種方式並非誕生於利他主義。「蘇聯像把上膛的槍。經濟面臨危機，非常多德國人左傾，他們（西方）必須盡快贏得德國人的愛戴。」

出自左翼、以激進運動和政黨形式呈現的壓力，為新政和馬歇爾計畫帶來最革新的元素。

記得這點很重要，因為歐美政黨當前提出的新政仍有相當多缺點，需要進一步強化與拓展，就像原版的新政隨時間進化一般。

歐凱秀—柯提茲和馬基的方案是個鬆散的架構，而儘管媒體屢屢批評那涵蓋太多，其實仍有許多遺漏之處。例如綠色新政需要詳盡敘述下列各項：碳要怎麼留在產地；美國軍方如何使排放大量增加；核能與煤炭為什麼絕不「乾淨」；美國等富裕國家和殼牌、埃克森（Exxon）等強大企業欠了貧窮國家多少債，害他們必須應付並非他們一手造成的危機衝擊。

更基本的是，綠色新政要可信，就需要具體的計畫來確保它所創造優質綠色工作的薪資不會立刻注入高消費的生活方式、最終不慎使排放不減反增——在這樣的腳本中，人人都有好工作和許多可支配的所得，而那些所得全都會花在中國進口、用完即丟、注定送往掩埋場的爛貨。這是我們可稱之新興「氣候凱因斯主義」（climate Keynesianism）的問題：二次世界大戰後的經濟繁榮確實復甦了孱弱的經濟，但也開啟了郊區的雜亂擴張、掀起一股最終將席捲全球每一個角落的消費浪潮。事實上，決策者仍在猶豫，我們是要隨便在沃爾瑪的屋頂擺個太陽能板就喚之綠能呢，或是願意進行更追根究柢的對話，限制那種將購物視為建立身分、社區和文化主要途徑的生活方式。

那樣的對話和綠色新政倡議的那種投資息息相關。我們需要的是限制與創造兼具的轉型，一方面嚴格限制榨取，同時也為民眾創造新的機會來改善生活品質，享受無盡消費循環之外的樂趣，不論那是欣賞公共贊助的藝術、從事都會休閒，或是親近保護荒野而恢復的大自然。最重要的是，那意味較短的工時能讓民眾有更多時間享受這樣的樂趣，不再受困過勞的牢籠而需要速食和麻痺心靈的娛樂應急。

我們已經明白這種生活方式的轉變和休閒活動能真真切切地提升快樂和滿足感，但美國的氣候行動辯論仍陷於將生活品質與個人繁榮和財富累積畫上等號的範式。若想破壞綠色新政的政治路障，就必須先解開這條方程式。

誠如《衛報》的喬治・蒙貝特（George Monbiot）指出，我們星球的資源可以提供我們「私人的自足與公共的奢侈」，例如「美好的公園和遊樂場、公共運動中心和游泳池、藝廊、社區農圃和公共運輸網」等等。但地球不可能為每個人維繫不切實際的私人奢侈夢想。經濟學家凱特・拉沃斯（Kate Raworth）在著作《甜甜圈經濟學》（*Doughnut Economics*）就這樣呼籲：透過「使我們欣欣向榮」的經濟體，不論那是否成長，「以這顆星球允許的方式滿足眾人的需求」。

在這方面，玻利維亞和厄瓜多由原住民領導的運動，有很多可以學習的地方。他們生態轉型的訴求以「buen vivir」的概念為中心：著重美好生活的權利，反對由不斷提高消費和計畫性過時（planned obsolescence）所主導、貪得無厭的生活。

我們可以指望綠色新政的反對者會持續散播恐懼：綠色新政提出的計畫是清苦禁欲的未來，有永不間斷的剝奪和政府管制。不容否認，最富裕的一〇％到二〇％人口的生活方式勢將有所改變。一定會有改變，一定有這一群人必須限縮之處——包括空中交通、肉類攝取和能源揮霍等——但也會有新的樂趣和新的空間任我們盡情享用。

在進行這些困難辯論的同時，我們也要記得地球的健康是決定我們生活品質的最重要因素。而在跋涉過太多卡崔娜、珊迪、瑪莉亞留下的破瓦碎礫，也吸入太多來自太多自燃森林、充滿懸浮微粒的空氣後，我可以很有把握地說，氣候紊亂的未來是個冷酷、嚴峻的未來，能迅雷不及掩耳地把我們擁有的所有物質化為瓦礫或灰燼。我們可以假裝一切照舊、將現狀延伸到未來，這是我們的選項之一。但那是幻想。改變無論如何都會發生。我們的選擇是，要嘛努力塑造改變、符合大眾最大的利益；要嘛被動等待氣候災難的力量、匱乏和對「他者」的恐懼，徹頭徹尾地改造我們。

這就是何以每一個國家的綠色新政都必須內建嚴格制衡（包括固定的碳審核制度）來確保我們真的達到科學要求的嚴格減排目標。如果我們想當然地以為，只要改用再生能源、打造節能住宅，一切就會水到渠成，最後我們可能落得極為諷刺的下場：開啟綠色新政的排放尖峰。

簡單地說，綠色新政必須是持續進行的工作，必須像催促它實現承諾的社會運動、工會、科學家和地方社區一樣強韌。現在，公民社會完全不像一九三〇年代，即新政措施廣獲認可的時代那麼強健或組織健全了——雖然確實有些強韌的動能跡象正運作著，從反大規模監禁和驅逐出境的運動到 #MeToo、教師罷工浪潮、原住民領導的封鎖輸油管、化石燃料撤資、女性大遊行、氣候罷課、日出運動，到爭取全民醫療（Medicare for All）的衝勁，不勝枚舉。

儘管如此，要建立贏得和保護真正釜底抽薪的綠色新政所需的外部力量，還有很長一段路要走，這就是我們能否運用既有架構作為建立那股力量的強大工具，顯得至關重要的原因——這是兩方面的願景，一是聯合目前互不對話的運動，二是大幅拓展所有運動的基礎。

這項計畫的要旨是將目前被嘲笑為左翼「洗衣清單」或「許願清單」的東西轉變成不可抗拒的未來故事，把日常生活許多應當改變的點連結起來，從醫療到就業、托育到牢房、乾淨的空氣到休閒時間。

現在，綠色新政常被形容為一個無關緊要的摸彩箱，因為我們大多都被訓練得不會對資本主義做系統性和歷史性的分析，並將我們制度造成的每一種危機（經濟不平等、對女性施暴、白人至上、無盡的戰爭、生態浩劫）分成各自獨立的區塊，還用牆隔開。以那種僵化的心態，自然很容易把綠色新政全面而多元交織的願景斥為帶點綠色的「洗衣清單」——列出左派想要的一切。

基於這個理由，眼前最具迫切性的工作便是利用每一種可能派得上用場的工具來力陳我們彼此重疊的危機，究竟是怎麼緊緊交纏——而且只能透過整體性的社會和經濟轉型願景加以克服。例如可以指出不論我們多快開始減排，天氣都會愈來愈熱，風暴都會愈來愈猛烈。當那些風暴衝撞因撙節數十年而挨餓的醫療系統，成千上萬民眾會付出生命為代價，就像瑪莉亞颶風過後的波多黎各那樣。這就是為什麼綠色新政納入全民健保不是投機的附加——那是我們要在狂風暴雨的未來保住人命的基本要件。

還有更多關聯必須提出。有些人抱怨氣候政策會被兒童照護和免費中學後教育等不相干的要求壓垮，他們最好記得，照護專業（多數由女性主導）本來就相對低碳，如果有更聰明的規畫，還可以減更多碳。換句話說，那些應當被視為「綠色工作」，該得到和男性主導的再生能源、節能及公共運輸產業等勞動人口同樣的保障、同樣的投資和同樣的維生工資。另外，為了降低那些產業由男性主宰的程度，家庭照顧假和同工同酬皆不可或缺，這就是兩者雙雙納入綠色新政方案的原因。我們被訓練成習慣個別看待我們的問題；但問題其實環環相扣。

要以吸引大眾想像力的方式提出這些關聯，需要民眾大規模實踐參與式民主。對每一個產業（醫院、學校、大學、科技、製造、媒體等）的勞動者來說，第一步是制定自己的計畫：怎麼在迅速去碳的同時促進綠色新政消弭貧窮、創造優質工作、縮小種族與性別財富差距的使命。綠色新政方案確實需要這種民主、權力下放式的領導，有了這樣的領導，會對建立廣大的支持基礎大有幫助，而這個架構就是需要廣大的支持基礎才能挑戰已群起反對的權勢菁英。

可以建立的關聯不勝枚舉。就業保證絕非不相干的社會主義補遺，而是達成迅速、正義轉型的關鍵。那能立刻降低勞動者非得從事危害地球工作的強大壓力，因為所有人都能從容不迫地重新接受訓練，在諸多將大幅擴張的產業找到工作。

上述這些俗稱「麵包與奶油」（即生計）的條款（就業安全、醫療、育兒、教育和住宅）根本上是要創造一個背景，讓我們這個年代放肆猖獗的經濟不安定能夠從源頭解決。而那與我們應對氣候紊亂的能力息息相關，因為人們感覺愈安穩、明白他們的家人不會缺乏食物、醫療和擋風遮雨之處，就愈不容易被種族主義煽動——種族主義專門捕食難免會隨大規模變革而生的恐懼。換句話說，我們就是要以這種方式處理暖化世界的同理心危機。

我要在此提及的最後一個關聯與「修復」的概念有關。綠色新政需要創造待遇不錯的工作、「恢復和保護受威脅、瀕危、脆弱的生態系統」，以及「清理現有的危險廢料和廢址，確保那些地區的經濟發展及永續性」。

全美各地有許多這樣的廢址，在壓裂、採礦和鑽探業者眼中失去用處後，整塊地被放著爛。這與這種文化對待人民的方式如出一轍。當然，我們也被訓練成如此對待我們的所有物：用一次或壞了立刻丟掉買新的。這也和新自由主義時代許許多多員工獲得的待遇類似：他們被利用殆盡而後拋棄，任之深陷成癮和絕望。這整個監禁國家（carceral state）也是這樣：把一大部分的人口關起來，因為讓他們做監獄勞力和私人監獄試算表上的數字，比做自由勞動者更具經濟價值。

修復的責任是該為眾人所知的崇高真相——我們必須修復與地球的關係，修復彼此的關係。因為氣候變遷固然是大氣含有過多溫室氣體所致，但在更深層的意義上，那也是一種榨取的心態——將自然世界和它絕大多數的居民視為可利用殆盡而後拋棄的資源——所造成的危機。我叫它「又叉又挖」(gig and dig)的經濟，並且堅信，除非在每一個層面改變這種世界觀，營造照護與修復的風氣，我們無法走出這個危機。要修復土地、修復我們的物品。無懼地修復我們國家內部的關係，和不同國家之間的關係。

我們必須永遠記得，化石燃料年代是在暴力竊盜統治(kleptocracy)中開始，是被偷的人民和被偷的土地共同開啟看似無盡擴張的新時代。復原之路會穿過清算與修復：清算我們的過往、修復和那些為第一次工業革命付出慘痛代價的民眾的關係。

長久以來，由於未能面對這些殘酷的真相，已讓「我們」這種集體的觀念顯得荒唐；唯有釐清這些事實，我們的社會才能被解放而找到共同的目標。事實上，催生共同目標的意識或許就是綠色新政最大的承諾。因為在我們眼前崩壞的不只是地球的生命維持系統，還有我們的社會結構，而且是許多方面同時崩壞。

碎裂的徵兆隨處可見——從假新聞猖獗、神經錯亂的陰謀論到國家的動脈硬化。在這種背景下，正因其全面性的規模、企圖心和急迫性，綠色新政可能是終能協助克服種種分歧的共同目標。

這不是什麼種族主義、厭女、恐同或恐跨(transphobia，跨性別恐懼症)的神奇療法——我們仍須和那些惡魔正面對決。但如果它成為法律，就算所有權勢者擺好陣式反對它，仍能帶給眾人一種為了成就比我們偉大的事業通力合作的感覺。我們一同創造的事業。也能給我們一個共同的目的地——無疑比現在好的地方。這種一同分擔的任務正是現今資本主義文化迫切需要的東西。

如果決策者看似無法領略四分五裂的民眾和快速暖化星球之間的深刻關聯，不妨回想藝術家在新政時期扮演的核心角色。劇作家、攝影師、壁畫家、小說家都訴說了可能實現的故事。綠色新政要成功，我們也需要各種「說書人」的專業技能：藝術家、心理學家、信仰領袖、史學家等等。

綠色新政的架構必須延續好一段時間，大家才能在其中看到未來。過去犯過錯，未來也不會少。但這些沒有那麼重要，真正重要的是這種成長迅速的政治計畫判斷正確之處。

綠色新政將需要接受各界不斷的提醒和壓力，包括深諳該怎麼做才能讓減排如科學要求一般迅速的專家，以及數十年來一再承受污染和錯誤氣候決策的社會運動。但在保持警惕的同時，我們也要小心，別見樹不見林：抓住那條救生索，是我們神聖的道德責任。

日出運動的年輕發起人對激發綠色新政的氣勢貢獻卓著；談到我們集體面對的時刻時，他們認為那是充滿「希望和危險」的一刻。說得對極了。從現在起發生的每一件事，既希望無窮，又岌岌可危。

綠色新政的藝術

「我們不僅改變了基礎設施，也改變我們做事的方式。我們成為一個現代而富裕、同時具有尊嚴和人情味的社會。」

二〇一九年四月

有時候一項計畫會用上遠超乎創造者預期的強大力量。由我擔任執行製作、和藝術家莫莉・卡拉巴普勒（Molly Crabapple）一起發想的七分鐘影片《來自歐凱秀—柯提茲的未來訊息》（*A*

Message from the Future with Alexandria Ocasio-Cortez）就是一例。

這段由柯提茲眾議員口述、卡拉巴普勒繪圖的影片，場景設在距今二十年後。影片從有一撮白髮的歐凱秀—柯提茲搭乘子彈列車從紐約坐到華盛頓開始。掠過窗外的是成功實施綠色新政所創造的未來。

在綠色新政的概念於美國開始獲得青睞後不久，我和卡拉巴普勒（優秀的插圖畫家、作家和影片製作人）聊天而衍生出這項計畫。我們腦力激盪：該怎麼讓更多藝術家參與計畫呢？畢竟，多數藝術形式都相當低碳，且富蘭克林．羅斯福的新政促成公共贊助藝術的復興，每一種類型的藝術家都直接參與那個年代的轉型。

我們想試著鼓勵藝術家再次為那樣的社會使命共襄盛舉。而且時間點不是要等若干年、等綠色新政成為聯邦法律之後。不是的，我們想要現在就看到藝術，看到藝術協助贏得民心，因為民心將首要決定綠色新政能否有一搏的機會。

卡拉巴普勒建議請歐凱秀—柯提茲口述，而她自己畫插圖來製作這部呈現綠色新政的影片。問題在於：我們要怎麼訴說這個尚未發生的故事？

我們四處請益之後，明白標準的「解釋」影片無法奏效。綠色新政展望這類釜底抽薪的變革，最大的障礙不是人們無法理解提案（雖然錯誤資訊滿天飛）；而是好多人深信，人性絕對無法順利完成這等規模和這麼急迫的事情。很多人相信，反烏托邦是不可避免的結局。

這種懷疑的論調可以理解。我們多數人無法從生活中找到事例，證明社會有辦法共同決定接受運輸、住宅、能源、農業、林業等迅速而根本性的變革——偏偏這正是避免氣候崩潰所需。我們是在這類訊息的轟炸中長大的：這個糟糕透頂、一直在破壞地球、為社會頂層聚積巨額財富的制度，沒有替代方案。從多數經濟學家口中，我們聽到我們是本性自私、追求滿足的人類成員；從歷史學家那裡，我們學到社會變革向來是一位偉人的力作。

好萊塢也沒幫上什麼忙。我們從高預算科技電影獲得的未來願景，幾乎都視某種生態和社會末日為理所當然。彷彿我們都已不再相信我們還有未來，更別說未來可能在某些方面比現在更好。

但並非所有藝術都認為崩潰無可避免。長久以來都有邊緣創作者——從非洲未來派到女權奇幻派——試著反駁未來不會比現在更好而只會更糟、只會出現性愛機器人的想法。其中一位這樣的願景家是偉大的科幻作家娥蘇拉・勒瑰恩（Ursula K. Le Guin），她在二〇一四年獲頒美國國家圖書基金會獎章（National Book Foundation Medal）時，發表了尖刻的演說（她在四年後過世）。「艱難的時世正要來臨，」她說：

> 這時我們都希望聽到作家的聲音，希望作家可以看到現今生活的替代方式，看穿我們令人恐懼的社會和令人著迷、嚮往其他存在方式的科技，甚至想像希望之所在。我們需要

能記住自由的作家——詩人、夢想家、關注廣大現實的現實主義者。……我們生活在資本主義中，它的力量看似勢不可擋——但以前，君王的神權也是如此。任何人為的力量都可以被人類抗拒和改變。抗拒和改變，往往從藝術開始。

藝術鼓勵轉變的力量是原版新政最長久的遺產之一。有趣的是，回到一九三〇年代，新政的變革計畫也曾遭到新聞輿論無情攻擊，但它一刻也沒有慢下腳步。

從一開始，菁英批評家就紛紛嘲笑小羅斯福的計畫——從爬行的法西斯主義到未出櫃的共產主義都有。在一九三三年，那是「他們來搶你的漢堡了！」的同義詞。西維吉尼亞州的共和黨參議員亨利．哈特菲德（Henry D. Hatfield）寫信給一位同事說：「這是專制，這是暴政。這是在消滅自由。平凡的美國人要被簡化成機器人了。」前杜邦（DuPont）公司執行長抱怨，由於政府提供待遇不錯的工作，「今年春天我南卡羅萊納的工廠有五個黑人拒絕工作……邁爾斯堡船屋裡的廚師辭職，因為政府付給他每小時一美元當畫家」。

極右派的民兵成立；一群銀行家甚至密謀推翻小羅斯福——計畫不周就是了。自稱中間路線派的人士則採取更微妙的方針：他們在報紙的社論和專欄警告小羅斯福放慢速度、縮小規模。《看不見的手：商人的反新政聖戰》（*Invisible Hands: The Businessmen's Crusade Against the New Deal*）作者，史學家金．菲利浦．芬恩（Kim Phillips-Fein）告訴我，可媲美今天抨擊綠色新政的文章，在《紐約時報》等媒體屢見不鮮。「他們並非斷然反對，但在很多不同的情況下，他們主張你不該同時進行那麼多變革，那變動太大、太快了。政府該緩一緩，進行更深入的研究才對。」

但儘管有那麼多反駁和排斥，新政受歡迎的程度仍持續飆升，先讓民主黨在期中選舉贏得相對多數，也助小羅斯福在一九三六年贏得壓倒性勝利，連任成功。

菁英的攻擊始終無法讓大眾轉而反對新政的主因是，新政的方案能幫助人民。另一個原因則和藝術無窮的力量有關：藝術幾乎嵌入此劃時代轉型的每一個層面。新政將藝術家視為和其他人一樣的工作者：在大蕭條的深淵，也該得到政府直接援助來執行業務的人。公共事業振興署署長哈利・霍普金斯（Harry Hopkins）有句名言：「喂，他們跟其他人一樣得吃東西啊。」

透過美國聯邦藝術計畫、聯邦音樂計畫、聯邦戲劇計畫、聯邦作家計畫（全都隸屬於公共事業振興署）和財政部繪畫雕刻局（Treasury Section of Painting and Sculpture）及其他數項計畫項目，數十萬名畫家、音樂家、攝影師、劇作家、影像製作人、演員、作家和大批工匠都找到有意義的工作，非裔美籍和原住民藝術家也得到史無前例的支持。

結果便是創造力大爆發，成果豐碩驚人。光是聯邦藝術計畫就創作了近四十七萬五千件視覺藝術作品，包括為公共空間繪製的兩千多張海報、兩千五百幅壁畫和十萬幅油畫。畫家群包括傑克遜・波洛克（Jackson Pollock）和威廉・德・庫寧（Willem de Kooning），參與聯邦作家計畫的作者包括柔拉・涅爾・賀絲頓（Zora Neale Hurston）、拉爾夫・艾理森（Ralph Ellison）和約翰・史坦貝克（John Steinbeck）。聯邦音樂計畫負責二十二萬五千場演出，觸及一億五千多名美國人。

新政各項計畫創作的藝術，有許多是純粹將喜悅與美帶給被蕭條摧殘的民眾——同時質疑「藝術只屬於富人」的普遍概念。如小羅斯福在一九三八年寫給作家亨德里克・威廉・房龍（Hendrik Willem van Loon）的一封信中所說：「我，也有一個夢——帶給遠離城鎮的民眾，除了小村落的民眾，還有紐約市各個角落的民眾……一些真正的繪畫、出版品和蝕刻作，以及真正的音樂。」

有些新政藝術反映了一個心煩意亂的國度，並在過程中無懈可擊地主張為什麼人民迫切需要新政的紓困方案。新政的代表性作品於焉誕生，包括桃樂絲・蘭格（Dorothea Lange）呈現塵暴區家庭被髒污煙霧籠罩而不得不遷徙的攝影作品、沃克・伊凡斯（Walker Evans）充塞一九四一年《現在讓我們讚美名人吧》（*Let Us Now Praise Famous Men*）一書的悲慘佃農影像，和戈登・帕克斯（Gordon Parks）破天荒的哈林區日常攝影等等。

其他藝術家則創作了較樂觀、甚至烏托邦的作品，運用平面藝術、短片和巨幅壁畫來記錄新政計畫引發的轉變——強壯的身體打造新的基礎建設、種植樹木，一路撿拾國家的碎片。

正當我和卡拉巴普勒受新政的烏托邦藝術啟發，仔細斟酌綠色新政短片的構想時，《攔截》

（*The Intercept*）發表了凱特・阿羅諾夫（Kate Aronoff）一篇將場景設在二〇四三年、綠色新政已實現後的文章。文中以小說形式訴說在綠色新政營造的世界長大的「吉娜」（Gina），日常生活呈現何種面貌：「她有相對穩定的童年。她的父母先運用有薪家庭輪休年的權利，而後讓她參加免費托育計畫。」從免學費的大學畢業後，「她先花六個月復育濕地，再去一家她幼時待過的日托中心擔任六個月的志工。」

這篇文章挑動了敏感神經，主因是它想像的未來式不同於《瘋狂麥斯》（*Mad Max*）中，勇士要跟吃人軍閥特攻隊搏鬥的版本。我和卡拉巴普勒決定我們的影片可以呈現類似的東西，但這一次是從歐凱秀—柯提茲的觀點出發。影片將訴說社會如何決定放手一搏而非兩手一攤的故事，並描繪在這位國會議員支持的綠色新政實現之後，世界會是何種樣貌。

最終的成果是一張來自未來、為時七分鐘的明信片，由卡拉巴普勒長期合作夥伴金・波賓德（Kim Boekbinder）和吉姆・巴特（Jim Batt）共同執導、歐凱秀—柯提茲和製片人兼氣候正義行動發起人亞維・路易斯（碰巧也是外子）一起撰稿。這個故事敘述全球最大經濟體的關鍵多數民眾是如何及時相信，我們真的值得一救。

卡拉巴勒普的畫筆繪出一個既熟悉又全新的國家。城市由子彈列車聯繫、原住民長者協助年輕人復育濕地、數百萬人找到翻修低成本住宅的工作——而當超級風暴淹沒大型城市，居民的回應不是羅織罪名或交相指責，而是團結合作。在欣賞多彩多姿畫作的同時，我們聽到歐凱秀—柯提茲的聲音：

在我們對抗洪水、火災和乾旱之際，我們慶幸自己已經展開行動。而我們不僅改變了基礎建設，也改變我們做事的方式。我們成為一個現代而富裕、同時具有尊嚴和人情味的社會。經由投入醫療等普世權利和裨益眾人的工作，我們不再懼怕未來。我們不再懼怕彼此。我們找到了共同的目標。

影片獲得的回應完全超乎我們所預期。影片在四月十七日上線。不到四十八小時，它已被瀏覽超過六百萬次。七十二小時後，它在好幾個聚集一千多人的房間播映——全美巡迴開始，為日出運動發起的綠色新政增添動力。會議廳裡，民眾每隔一句話就歡呼一次。不到一週，多位老師（從小學到大學都有）告訴我們，他們已經在課堂上播放過了。

「我們的學生渴求希望」是典型的回應。好幾百人寫信給我們，說他們剛在桌前哭了——為已經失去的一切而哭，也為還能贏回來的一切而泣。

現在回顧這項計畫，看它在世界傳播的速度，我認為我們已經開始看見，以「綠色新政」作為集體因應氣候變遷的架構真正具有的力量。雖然「新政」的歷史類比有諸多限制，不過透過召喚近百年前小羅斯福在現實世界進行的產業及社會變革，想像距今五十年後的世界，我們的時間範圍拉長了。

突然間，我們不再是社群媒體資訊中那個永無止境的現在的囚犯了。我們成了長久、複雜的集體故事的一部分，在這個故事中，人類不是一套一成不變的特性，而是不斷演進的過程，有能力做深刻的改變。面對沉重的歷史關鍵時刻，透過同時回顧與前瞻數十年，我們不再孤單。先人和未來世代會圍繞在我們身邊，先人會跟我們竊竊私語，說我們可以像當初他們一樣，做這個時刻需要做的，未來世代則在高喊，他們不該只得到那麼少。

雖然綠色新政本身即是充滿希望的願景，但我認為把時間範圍拉長才是許多人熱情回應的緣由。因為沒有比在時間裡漂流，未繫泊於過去與未來更令人迷惘的了。唯有知道我們來自何方、想去向何處，我們才有穩固的地方立足。

唯有如此，我們才會像歐凱秀—柯提茲在影片中所說的那般相信，我們的未來尚未成為定局，「我們有勇氣展望什麼，就可能變成什麼樣」。

後記——綠色新政的膠囊旅行包

綠色新政的批評者對於這一切為什麼注定失敗有諸多嚴肅的論據。華盛頓的政治癱瘓是事實。就算在否認氣候變遷的共和黨員已失去政權的世界，仍有許多中間路線的民主黨人相信他們的選民不愛激進的變革。這些計畫太昂貴了，要讓預算過關是項艱鉅的任務。

我們聽到，更好的行動方針是推動能吸引眾多右派的氣候政策，例如把燃煤改成核能，或對碳課徵輕微的稅，將稅收回饋給每一個公民作為「紅利」。

這些另闢之蹊徑所面臨最大的困難在於：它們就是不足以成事。為贏得浸淫化石燃料財富的共和黨人支持，碳的代價會低到無法造成衝擊。比起再生能源，核能更貴且更難普及——更別說與開採鈾礦和貯存廢料有關的風險了。

事實是，不將產業及基礎建設全面翻修，我們就不可能夠決絕、夠迅速地降低排放以離開危險的軌道。好消息是綠色新政完全不像許多批評者聲稱的那麼不切實際。我已在這本書詳盡說明這點，下面再提出九個綠色新政有機會一搏的理由——而我們每出門闡述一次，機會就多一分。

一、它將創造大量工作機會

世界每一個重金投資再生能源與效率的地方都已發覺，這些產業是比化石燃料有力得多的就業創造者。當紐約州承諾要在二〇三〇年前讓半數能源來自再生能源（這樣的速度不夠快）後，它立刻見到就業創造出現高峰。

美國綠色新政若能加快腳步，將會變成一部就業機器。甚至在缺乏聯邦支援下——何況白宮處處制肘——綠色經濟已經創造出比石油天然氣更多的工作了。根據《二〇一八年美國能源與就業報告》（2018 U.S. Energy and Employment Report，簡稱USEER），風力、太陽能和其他乾淨能源產業的就業人口數，是化石燃料的三倍之多。這種情況會發生是州與市提供獎勵，加上再生能源成本驟降的緣故。綠色新政將是產業的超級新星，同時保證工作的薪資和津貼足以媲美石油天然氣業。

支持這點的研究不勝枚舉。例如二〇一九年，有一項研究以綠色新政式的計畫在科羅拉多州造成的就業衝擊為題，結果發現那創造的就業遠比流失的多。這份由經濟部和麻薩諸塞大學阿默斯特分校（University of Massachusetts-Amherst）政治經濟研究所共同發表的研究，檢視了科羅拉多州要付出多少代價才能達到在二〇三〇年以前減排五〇%的目標。結果發現那大約會損失五百八十五個非管理職的工作，但隨著一年投資一百四十五億美元於乾淨能源，「科羅拉多每年將在州內創造十萬份工作」。

還有更多研究都有類似驚人的發現。美國藍綠聯盟（U.S. BlueGreen Alliance，結合工會與環保人士的組織）提出的一項計畫預估，每年投資四百億的六年公共運輸及高速鐵路計畫將在那段期間創造超過三百七十萬份工作。而根據歐洲運輸工人聯盟（European Transport Workers Federation）的報告，讓運輸部門減排八〇%的綜合性政策，將在歐洲各地創造七百萬份新的工作，而歐洲另五百萬份乾淨能源的工作將大砍九〇%的電力碳排放。

二、支付綠色新政將創造較公平的經濟

如二〇一八年IPCC讓暖化低於攝氏一．五度的報告清楚表明，如果我們不採取具徹底變革力的減排行動，後果將不堪設想。專門小組預估，允許溫度增加兩度（而非一．五度）所造成的全球經濟損害，將達到六十九兆美元。

當然，推動綠色新政也要花很多錢，而該計畫的倡議者已經指出多種籌款方式。歐凱秀—

柯提茲說美國版的財源應比照之前的緊急支出：由美國國會授權動用資金，讓財政部以「世界最後手段的貨幣」，也就是黃金來支撐。根據與她所提政見關係密切的新共識（New Consensus）智庫表示，由於「綠色新政將創造新的商品和服務來跟上與吸收新的支出，我們沒有理由讓融資的恐懼阻止這方面的進展，就像我們不曾讓它阻止戰爭或減稅一樣」。

另外，歐洲之春的綠色新政提案要求實施全球最低公司稅來獲得現今蘋果和谷歌之類的公司靠跨國計畫逃掉的稅收。那也要求反轉中央銀行支持的貨幣正統，以公共投資挹注綠色債券。「要解決我們今天面對的真正生存威脅，我們必須反轉把我們帶到懸崖邊緣的經濟政策。撙節意味著滅絕。」克里斯蒂安．帕倫提（Christian Parenti）等分析師則強調美國聯邦政府可以用其採購政策驅動轉型。

簡單地說，籌措資金的方式林林總總，包括各種攻擊站不住腳的財富集中階級、把重擔轉回給氣候污染罪魁禍首的方式。而我們不難明白那些人是誰。感謝美國氣候問責研究所（Climate Accountability Institute）的研究調查，我們知道一九八八年以來，有高達七一%的溫室氣體排放可上溯至一百個民營和國營化石燃料巨擘，合稱「碳巨頭」（Carbon Majors）。

有鑑於此，我們有各種「污染者付費」的措施可促使最該為這場危機負責的人，為變革出最多力——透過法定賠償、提高權利金和大砍補助金等等。每年全球的直接化石燃料補助高達七千七百五十億美元，光美國就超過兩百億。各國政府該做的第一件事就是將這些補助金移往再生能源與效率的投資。

數十年來將自身超級利益置於人類安全之前的不只是化石燃料公司；明知危險還支持他們投資的金融機構也是。這就是為什麼除了撤除化石燃料的補助金，政府也可以藉由實施金融交易稅，來從金融部門的巨額獲利中分得更公平的一份，根據歐洲議會（European Parliament）的資料，那可以在全球籌得六千五百億美元。

接著是軍隊。根據斯德哥爾摩國際和平研究所（Stockholm International Peace Research Institute）提出的數據，如果把前十大軍事支出國的軍隊預算削減二五%，每年就可以釋放出三千兩百五十億美元——那些資金可用於能源轉型和協助社區防範極端天氣。

另外，根據聯合國的資料，只要把全球億萬富翁的稅提高一%，每年就可籌得四百五十億美元——更別說國際努力關閉避稅天堂可籌得的款項了。據總部設在英國的租稅正義聯盟（Tax Justice Network）高級顧問詹姆斯・亨利（James Henry）表示，二〇一五年全球各地個人藏在避稅天堂未申報的私人金融財富，據估在二十四兆與三十六兆美元之間。關閉一些避稅天堂對支應迫切需要的產業轉型大有幫助。

三、它善用緊急的力量

綠色新政並非把氣候危機視為優先事項檢核表上的一項議題。它聽從葛莉塔・通貝里的呼籲：「要像你家失火那樣行動，因為它真的失火了。」真相是，深刻轉變的科學時限是那麼短，如果接下來三十年沒有年年進行徹底的變革，我們就會失去避免災難性暖化的一線機會。把緊急事件當緊急事件處理，意味著將全副心力投入行動，而非像現在這樣，把全部精力用於呼喊行動的必要。

這將進而使我們脫離會削弱力量的認知失調——我們的文化否認深刻危機的事實，使我們必須讓認知失調，才能生活在其中。綠色新政將我們置於緊急的立足點上：某些人會覺得可怕，但對其他許多人，特別是年輕人來說，卻是宣洩和慰藉，是強而有力的能量來源。

四、它能防止拖延

有些人批評綠色新政決議宣稱美國必須在短短十年內擺脫化石燃料。科學家不是說，世界需要在二〇五〇年前達成淨零排放嗎？是在急什麼？第一個答案是「正義」：因漫無限制的污染而致富的國家需要最快去碳，讓多數民眾仍缺乏潔淨用水和電力的較貧窮國家，能進行較漸進的轉型。

但第二個答案就是戰略層次了：十年期限意味著不能再拖延。在綠色新政之前，每一個對氣候危機的政治回應都將最具企圖心的目標設定在數十年後——那時，做出這些承諾的政治人物早就不在位了。但這些政治人物分派給自己的卻是相對簡單的任務，像是推行總量管制與排放交易制度，或讓老舊燃煤廠退役、改用天然氣等等。直面對抗化石燃料產業整個商業模式的棘手工作，則不斷推卸給繼任者。

接受十年轉型期限不表示一切絕對要在十年內完成。這個決議設定雄心勃勃的期限，但也一再補充「視技術可行的程度而定」。基本上，這代表我們不再推遲，不再踢皮球。現在這批推行綠色新政的政治人物終於肯這麼說了：「將把工作完成的人就是我們。不是別人。」

有鑑於拖延的誘惑已帶給我們星球巨大的傷害，這點非同小可。

五、它能防止衰退

過去三十年來，阻止氣候行動持續推展的最大障礙之一是市場的反覆無常。經濟好的時候，民眾通常比較願意接受多花一點錢買天然氣、電力和「綠色」產品的環境政策。但一再發生且可以理解的是，一旦經濟碰上痛苦的衰退，這種意願便消逝無蹤。

這或許是讓氣候以小羅斯福的新政為榜樣最大的好處。那是史上最著名的經濟刺激計畫，誕生於現代史上最嚴峻的經濟危機。當全球經濟再次陷入衰退或危機（這一定會發生），對綠色新政的支持，將不會像以往那些大型綠色倡議遇到不景氣那般直線下挫了。相反地，我們可以預期支持不減反增，因為有本事創造數百萬就業的大型振興計畫，將是解決人民經濟痛苦的最大希望。

六、它是反撲剋星

往往，當政治人物推行與更廣大的經濟正義議程背道而馳的氣候政策時，他們推行的政策其實既不公又不義——而大眾會有相應的回應。艾曼紐・馬克宏領導的法國就是一例。被對手奚落為「富人總統」的他，為法國提出古典的「自由市場」方案，幫富人和企業減稅、收回得之不易的勞工保護政策、讓高等教育更難進入——全都在前幾任政府厲行撙節後實施。

二〇一八年，他就是在這種背景下實施一種燃料稅，旨在讓開車變貴、進而降低燃料消耗，並且為氣候計畫籌措一點資金。

結果沒有產生預期的效果。大批法國勞工階級已因馬克宏的其他政策承受沉重的經濟壓力，自然視這種市場取向的氣候危機應對之道是對他們的直接攻擊：為什麼超級富豪可恣意給他們的噴射機加油開往避稅天堂，他們卻得多付點錢才能開車上班？數十萬勞工怒氣沖沖上街頭，其中很多人身穿黃色反光背心（「黃背心」，gilets jaunes），數起抗議事件演變成全面性的暴動。

「政府介意世界末日，」許多黃背心大聲呼喊：「我們介意的是這個月底。」亟欲重新掌控國家，馬克宏收回燃料稅，並提高最低工資、做出其他讓步——同時殘酷地鎮壓黃背心運動。

綠色新政方案的優點之一是它不會導致這樣的反撲。它的架構絲毫不會強迫人民在介意世界末日和介意月底之間做選擇。綠色新政的重點在設計出兼顧兩者的政策，同時降低排放、又能降低勞工經濟壓力的政策——透過確保人人能在新經濟體找到好工作；確保人人獲得醫療、教育和托育等基本社會保護；以及確保綠色工作是優質、有工會、能扶養家庭、有福利和度假時間的工作。碳當然必須有個價格，但如果能不讓勉強餬口的人來負擔額外的成本，政策會有更好的存續機會。

七、它可培養大批支持者

從發起之初，綠色新政最常聽到的批評便是：著眼於經濟和社會正義，會讓氣候行動比單純聚焦於碳排放的計畫更難推銷。「我心向綠能，」湯瑪斯・佛里曼在《紐約時報》寫道：「但我的腦袋說，你們不可能同時徹底改變我們的能源系統和社經制度。我們得先從能源／氣候著手。因為就環境而言，亡羊補牢，為時已晚。亡羊，一切就結束了。」

這番話想當然地認為綠色新政的社會／經濟成分會把它壓垮。事實上，正是這些成分抬升了它。

不同於把變革的成本轉嫁給勞動百姓的措施，綠色新政明確著眼於將減少污染列為最脆弱的勞工和最被排擠的社區的當務之急。這改變了遊戲規則，讓我們在國會有了代表，那些為勞動階級爭取維生工資和無毒空氣水的議員——例如拉希達・特萊布女士，她協助成功對抗科氏工業集團在底特律的有毒石油焦山。

如果你是經濟贏家階級的一員，且由更大的贏家提供資金，就像許多政治人物那樣，那麼你草擬的氣候法案很可能受到這個概念引導：改變應該愈微小、愈不要挑戰現狀愈好。畢竟，對你和你的金主來說，現狀運作得沒什麼問題。就是這種心態，讓總量管制與排放交易在歐巴馬當政期間過不了參議院那關，也是這種心態讓黃背心炸在法國馬克宏的臉上。

反觀領導人若來自被現有制度辜負的社區，就會毫無拘束地秉持截然不同的態度了。他們的氣候政策可以擁抱更深刻的系統性變革，因為他們的基層正需要深刻的變革才能繁榮昌盛。

數十年來，氣候立法的最大障礙向來是力量的錯配。來自化石燃料公司、反對氣候行動的力道既兇猛、饒富創意又頑強。但換成以市場為基礎而順利進入政治議程的薄弱（且通常不正義）氣候政策，就頂多得到微溫的支持而已。

但綠色新政已證明自己有力量動員真正多元交織的群眾運動作為後盾——它面面俱到的企圖心不會扣分，反而是得到支持的主因。誠如氣候正義組織多年來所主張，這項運動若交由能從變革獲益最多的社群領導，他們一定會奮戰到底。

八、那會建立新的聯盟—讓右派折翼

綠色新政還面臨這樣的關卡：把氣候行動與其他琳瑯滿目的革新政策目標連結起來，保守派會更堅信全球暖化是偷渡社會主義的陰謀，政治極化勢將加劇。

無庸置疑，華府的共和黨員會繼續把綠色新政抹黑成把美國轉變成委內瑞拉的處方——這點我們十分確定。但這樣的憂慮錯失了把氣候緊急狀態當成浩大基礎建設和土地復育計畫來處理的一大效益：要彌合意識型態的分歧，沒什麼比一項把工作和資源帶給受傷社群的具體計畫更快的了。

小羅斯福就深知這點。例如，當他推展平民保育團的營隊時，他刻意將許多營隊集中於反對他當總統的農村地區。四年後，當那些社區實際經歷新政的好處，他們就比較不會受制於共和黨「社會主義者接管政府」的恐嚇牌，很多人改投民主黨了。

我們可以預期，大規模推動創造就業的綠色基礎建設和土地復育計畫也會產生類似的效應。還是有些人會堅信氣候變遷是騙局——但如果那是既能創造優質工作、又能幫環境解毒的騙局，特別是在現今經濟發展形同超級監獄（supermax prison）的地區，又有什麼關係呢？

九、我們是為這一刻而生

到目前為止，我們面臨最大的障礙是絕望：一切已經太遲、我們耽擱太久、絕對無法在短時間內把工作完成的感覺。

假如轉變的過程是從零開始，我們真的沒希望了。但真相是，這數十年來，已有數十萬民眾和許多組織準備好要進行綠色新政式的突破了（原住民社群區更是這樣保障生活方式千百年了）。這些力量已默默為氣候應變措施塑造了以正義為中心的地方模範和道路測試政策——我們要怎麼保護森林、創造再生能源、設計公共運輸等等。

「社會是誰？」一九八七年的英國首相柴契爾夫人問，為她對社會服務的無情攻擊辯護。「沒有這種東西！只有男性個體、女性個體和家庭。」

那種冷酷看待人類的觀念——我們只是一大堆原子化的個體和核心家庭，除了發動戰爭，沒辦法一起幹什麼有意義的事——已經壓抑我們對公共的想像很久了。怪不得有那麼多人認為我們絕對無法挺身度過氣候的難關。

但三十多年後，就如冰河正在融化、冰層正在解體一般確切無疑，「自由市場」的意識型態也在瓦解，而在自由市場原本盤踞之處，關於人類還可能怎麼活的新觀念也在成形。它來自街頭、來自學校、來自職場、甚至來自政府議會。這種觀念說，把我們所有人集合起來，會形成社會的結構。

而當人類的未來面臨危機，沒有我們辦不到的事。

謝辭

西蒙與舒斯特（Simon & Schuster）出版社的Jonathan Karp看著這本書一路從構想到付梓。非常感謝他對我的信賴、許多受用的編輯洞見，以及對這世界的急切關注。感謝Lake Bunkley幫助我們走過每個步驟，以及Jenna Dolan細緻的文字編輯。很高興能與我的老編輯摯友，加拿大企鵝蘭登書屋（Penguin Random House Canada）的Louise Dennys再次合作，她提供許多真知灼見。我們都很開心能和英國企鵝蘭登書屋的專業團隊合作。

好友Anthony Arnove也是我的經紀人，幫這本書在世界各地找到美滿的家，也提供寶貴的編輯建議。而Jackie Joiner讓一切嗡嗡作響，從架網站到規畫巡迴一手包辦。沒有她共事，我一定會迷失方向。我們都很感謝Julia Prosser、Shona Cook、Annabel Huxley和其他好多人，恕無法一一列舉。

從《天翻地覆》合作至今的優秀夥伴Rajiv Sicora協助了這本書多數文章的研究調查。Sharon J. Riley是〈煙的季節〉和〈閏年：結束漫無限制的故事〉兩篇的研究者，Jennifer Natoli和Nicole Weber則大力協助新的研究與近況更新。我要感謝艾爾．魏茲曼允許我使用他刊於《法醫建築》（*Forensic Architecture*）的乾燥線地圖。

Johann Hari是極其敏銳的首位讀者和親切的朋友。我也感謝這些文章原本的編輯，特別是我長年的同事和朋友：Betsy Reed、Roger Hodge、Richard Kim和Katharine Viner。沒有身邊親朋好友的指教與支持，我不可能繼續走這條路，其中包括Kyo Maclear、Bill McKibben、Eve Ensler、Nancy Friedland、Andrea Schmidt、Astra Taylor、Keeanga-Yamahtta Taylor、Harsha Walia、Molly Crabapple、Janice Fine、Seumas Milne、Jeremy Scahill、Cecilie Surasky、Melina Laboucan-Massimo、Bonnie Klein、Michael Klein、Seth Klein、Misha Klein、Christine Boyle、Michele Landsberg和不屈不撓的Stephen Lewis。Courtney Butler和Fatima Lima為我保障了工作的空間。

寫作期間，我一直得到羅格斯大學（Rutgers University）一群新同事的支持，包括Jonathan Potter、Dafna Lemish、Juan Gonzales、Mary Chayko、Lisa Hetfield，尤其是Kylie Davidson。我虧欠Gloria Steinem，是她付出一輩子的努力，才有我今天的立足之處。感謝《攔截》投入無懼的新聞工作，並為我的作品提供如此溫暖的家；也感謝我擔任研究員的典型媒體研究中心

（Type Media Institute，前為美國國家研究中心〔The Nation Institute〕）。躍進組織了不起的團隊每天從早工作到晚，努力為我們大家將這些文章中的願景化為活生生的現實。他們給我的鼓勵無法估量，而由Leah Henderson、Katie McKenna和Bianca Mugyenyi組成的團隊更以百折不撓的企圖心和自信心領導我們。

這本書要獻給我的良師益友亞瑟・曼努埃爾，他的離世在我的生命、也在全球的氣候正義與原住民主權運動中，留下一個無法填補的空洞。我要感謝曼努埃爾一家人讓他的精神永垂不朽，並向我們展現何謂真正的領導。

感謝外子亞維・路易斯提供卓越的編輯建議，就像他先前為我寫的每一本書所做的一樣。想到他一直忙著拍攝有關綠色新政的影片，並協助讓新的綠色新政聯盟在不只一個國家順利開展，頗令人難以專注。兒子托馬的存在則天天提醒我們倆，失敗不是眼前的選項。

文章出處

本書收錄的文章中，有幾篇曾經以修訂過的形式刊載於下列出版品：

〈墨西哥灣漏油事件：世界的一個洞〉（Gulf Oil Spill: A Hole in the World），《衛報》，二〇一〇年六月十八日。

〈資本主義 vs. 氣候〉（Capitalism vs. the Climate），《國家》（*The Nation*），二〇一一年十一月九日。

〈地球工程：試水溫〉（Geoengineering: Testing the Waters），《紐約時報》，二〇一二年十月二十七日。

〈科學怎麼叫我們反叛〉（How Science Is Telling Us All to Revolt），《美國新政治家》（*New Statesman America*），二〇一三年十月二十九日。

〈氣候變遷是生存的奮鬥——但我們不忍目睹〉（Climate Change Is the Fight of Our Lives—Yet We

Can Hardly Bear to Look at It）：《衛報》，二〇一四年四月二十三日。

〈氣候變遷是我們只能一同解決的危機〉（Climate Change Is a Crisis We Can Only Solve Together），二〇一五年大西洋學院畢業典禮致辭，二〇一五年六月六日。

〈激進的梵蒂岡〉（A Radical Vatican），《紐約人》（*The New Yorker*），二〇一五年七月十日。

〈任他們淹死：暖化世界的他者化暴力〉（Let Them Drown: The Violence of Othering in a Warming World）：二〇一六年愛德華・薩依德倫敦演說，《倫敦書評》（*London Review of Books*），二〇一六年六月二日。

〈我們正撞上強取豪奪的牆〉（We Are Hitting the Wall of Maximum Grabbing）：二〇一六年雪梨和平獎獲獎演說，二〇一六年十一月十一日；《國家》，二〇一六年十二月十四日。

〈煙的季節：在一個野火與颶風的夏天，我兒子問：「為什麼一切會出錯？」〉（Season of Smoke: In a Summer of Wildfires and Hurricanes, My Son Asks "Why Is Everything Going Wrong?"）：《攔截》，二〇一七年九月九日，研究助理：Sharon J. Riley。

〈二〇一七年工黨會議演說〉（Speech to the 2017 Labour Party Conference）：二〇一七年工黨年度大會，英國布萊頓，二〇一七年九月二十六日。

〈扼殺氣候行動的是資本主義，而非「人性」〉（Capitalism Killed Our Climate Momentum, Not "Human Nature"）：《攔截》，二〇一八年八月三日。

〈波多黎各的災難是人禍〉（There's Nothing Natural About Puerto Rico's Disaster）：《攔截》，二〇一八年九月二十一日。文章以前一天在紐約市聯合廣場「瑪莉亞週年」（One Year Since Maria）發表的言論為基礎，那是由UPROSE和OurPowerPRnyc發起的活動。

〈綠色新政的戰線已劃〉（The Battle Lines Have Been Drawn on the Green New Deal）：《攔截》，二〇一九年二月十三日。

娜歐蜜・克萊恩作品集05

刻不容緩：當氣候危機衝擊社會經濟，我們如何尋求適合居住的未來？
On Fire: The (Burning) Case for a Green New Deal

作者	娜歐蜜・克萊恩Naomi Klein
譯者	洪世民
副主編	石瑷寧
責任企畫	林進韋
美術設計	莊謹銘
內文排版	薛美惠
總編輯	胡金倫
董事長	趙政岷
出版者	時報文化出版企業股份有限公司
	108019 台北市和平西路三段240號1-8樓
	發行專線｜02-2306-6842
	讀者服務專線｜0800-231-705｜02-2304-7103
	讀者服務傳真｜02-2304-6858
	郵撥｜1934-4724 時報文化出版公司
	信箱｜10899臺北華江橋郵局第99信箱
時報悅讀網	www.readingtimes.com.tw
法律顧問	理律法律事務所｜陳長文律師、李念祖律師
印刷	勁達印刷有限公司
初版一刷	2020年7月3日
定價	新台幣420元

時報文化出版公司成立於一九七五年，並於一九九九年股票上櫃公開發行，於二〇〇八年脫離中時集團非屬旺中，以「尊重智慧與創意的文化事業」為信念。

ISBN 978-957-13-8266-1

刻不容緩：當氣候危機衝擊社會經濟,我們如何尋求適合居住的未來? / 娜歐蜜.克萊恩(Naomi Klein)著；洪世民譯. -- 初版. -- 臺北市：時報文化, 2020.07 ｜ 面； 公分. -- (娜歐蜜.克萊恩作品集；5)｜譯自：On fire : the (burning) case for a green new deal｜ISBN 978-957-13-8266-1(平裝)｜
1.環境經濟學 2.環境保護 3.全球氣候變遷 4.資本主義 ｜550.16 ｜109008736